张卓元———

著

张卓元桑榆论集

经济管理出版社

ECONOMY & MANAGEMENT PUBLISHING HOUSE

图书在版编目（CIP）数据

张卓元桑榆论集/张卓元著. —北京：经济管理出版社，2023.6
ISBN 978-7-5096-9093-2

Ⅰ.①张… Ⅱ.①张… Ⅲ.①经济学—文集 Ⅳ.①F0-53

中国国家版本馆 CIP 数据核字（2023）第 119899 号

组稿编辑：丁慧敏
责任编辑：丁慧敏
责任印制：黄章平
责任校对：王淑卿

出版发行：经济管理出版社
　　　　　（北京市海淀区北蜂窝 8 号中雅大厦 A 座 11 层　100038）
网　　址：www.E-mp.com.cn
电　　话：（010）51915602
印　　刷：唐山昊达印刷有限公司
经　　销：新华书店
开　　本：720mm×1000mm/16
印　　张：17
字　　数：270 千字
版　　次：2023 年 6 月第 1 版　2023 年 6 月第 1 次印刷
书　　号：ISBN 978-7-5096-9093-2
定　　价：98.00 元

编者按

本书是一本论文集。编入本书的，是张卓元老师 2018~2022 年撰写的 28 篇经济学文章，均已公开发表在《中国社会科学》《经济研究》《经济学动态》等报刊。本书分为四篇，一是经济发展，二是经济改革，三是经济理论，四是其他，每篇均按发表时间先后排序，其中经济改革文章较多，为 13 篇，占比近半。

从书名可以看出，编入本书的文章，绝大部分是张卓元老师进入高龄后（85~90 岁）的作品，尽管张老师笔耕不辍，但近两三年发表的文章还是逐渐少了。我们希望张老师今后要量力而行，不要过分操劳，并祝愿张老师继续保持健康的身体，写出有自己见解的文章！

除个别文字改动外，文章均按发表时原样编入。限于编者水平，如有不当之处，恳请大家不吝指教！

程锦锥
2023 年 3 月

目　录

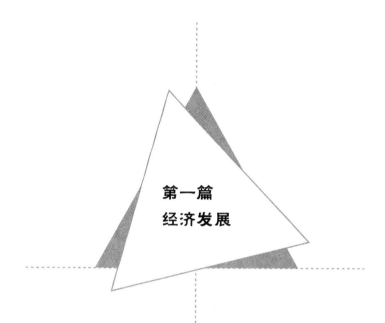

第一篇
经济发展

"十四五"时期我国应力争进入
高收入国家行列*

摘　要："十四五"时期是我国迈过"中等收入陷阱"、进入高收入国家行列的关键时期。我国 2019 年和 2020 年人均 GDP 均已超过 1 万美元，离高收入国家门槛已不远。"十四五"时期仍是我国发展的重要战略机遇期，许多经济学家均预测我国可以保持每年 5% 左右的中速增长，在"十四五"后期进入高收入国家行列。为此，在经济发展路径上，要坚持以新发展理念为指导，实现主要靠创新驱动的高质量发展，同时加快完善高水平社会主义市场经济体制，为经济高质量发展提供制度保障。

关键词："十四五"；高收入国家；高质量发展；创新驱动；高水平社会主义市场经济体制

2020 年，我国全面建成小康社会、实现第一个百年奋斗目标后，按照党的十九大报告的部署，我国经济社会将进入一个新的发展阶段即建设现代化经济体系阶段，并规划了于 2035 年基本实现社会主义现代化，2050 年把我国建成富强民主文明和谐美丽的社会主义现代化强国。"十四五"（2021～2025）时期是我国建设现代化经济体系的第一个五年规划时期。党的十九届五中全会通过的《中共中央关于制定国民经济和社会发展第十四个五年规划和二〇三五年远景目标的建议》，为开启全面建设社会主义现代化国家新征程作出了系统的部署，深刻指明了今后一个时期我国发展的指导方针、目标任务、战略举措，对于动员和激励全国人民继续抓住重要战略机遇期，推动全面建设现代化经济体系开好头，落实好党的十九大报告的要求具有十分重要的意义。

* 《中国浦东干部学院学报》2021 年第 15 卷第 1 期。

　　"十四五"时期也正好是我国进入高收入国家行列的关键时期。我国2018年人均GDP按当年汇率计算已近9800美元，2019年人均GDP已超过1万美元，达到10276美元，2020年人均GDP肯定比2019年还要高一些（有专家估计是10500美元），但离世界银行高收入国家标准人均GNP（与人均GDP大体相当，比如2018年按全年人民币平均汇率计算的人均GDP为9783美元，而世界银行公布的中国人均GNP为9732美元）12235美元（2019年美元，2012年以来高收入国家标准一直都是1.2万多美元，预计2025年高收入国家标准不会有大的变化）还有一定距离。我们应力争在"十四五"时期通过高质量发展，开始进入高收入国家行列。进入高收入国家行列，是我国基本实现现代化、成为中等发达国家必经的节点（以人均GDP高于2万美元为中等发达经济体标准）。根据党的十九届五中全会建议，我们预测，2021~2035年，我国经济将持续保持年均5%左右中速增长（年均增长4.73%，15年即可翻一番），完全可以实现两级跳，第一级跳是"十四五"末进入高收入国家行列，第二级跳是2035年进入中等发达国家行列，从而意味着我国社会主义现代化建设将迈出决定性的步伐。

一、"十四五"时期是我国迈进
高收入国家行列的关键期

　　在我国全面建成小康社会、实现第一个百年目标，开启全面建设社会主义现代化征程中，首先要迈出的一步就是进入高收入国家行列，成功跨越"中等收入陷阱"。习近平总书记2014年11月10日在出席亚太经济合作组织领导人同工商咨询理事会代表对话会时的讲话中指出，"对中国而言，'中等收入陷阱'过是肯定要过去的，关键是什么时候迈过去、迈过去以后如何更好向前发展"。[1]"十四五"时期正是我国迈过"中等收入陷阱"的时期。2019年和2020年，我国人均GDP均已达到和超过1万美元，离高收入国家门槛已不远。2020年尽管遭受新冠肺炎疫情的严重冲击，但我国应对得当，经济迅速恢复和发展，是全球唯一能保持经济正增长的主要经济体。"十四五"时期仍是我国发展的重要战略机遇期，许多经济学家预测我国可以保持每年5%左右的中速增长，在"十四五"后期进入高收入国家行列，迈过"中等收入陷阱"。因此，"十四五"时期是我国进入高收入国家行列的关键期。

我国进入高收入国家行列有重要意义。因为1980年以来，世界上有不少国家在进入中等收入国家行列后，在二三十年甚至更长时间内一直滞留在中等收入水平上，没有进入高收入国家行列。2006年，世界银行发表的《东亚经济发展报告》首次用"中等收入陷阱"描绘了在东南亚和拉美一些国家出现的现象，即它们在进入中等收入阶段后，人均国民总收入水平未能持续提高甚至出现倒退，因而无法顺利稳定地进入高收入国家或经济体行列。当然，中等收入国家和地区经过相当长时间以后，一般都是会进入高收入阶段的，问题是要花多少时间。韩国和中国香港只用了18年，日本和新加坡用了19年，而拉美一些国家则滞留了半个世纪还没有进入高收入阶段。所以，所谓跌入"中等收入陷阱"，是指一些国家和地区在中等收入阶段滞留时间过长（如四五十年）。此后，如何避开"中等收入陷阱"，引起人们的广泛注意和兴趣，成为许多国家经济学家研究的课题。

为什么会出现"中等收入陷阱"？一般认为，发展中国家在摆脱贫困时，往往追求经济的快速增长，容易忽视技术创新、发展方式转变、结构优化升级，以致经济与社会、投资与消费、城乡、区域、经济增长与资源环境失衡和分配不公，结果容易出现社会危机或经济停滞甚至负增长、失业率提高、收入差距拉大等。世界银行专家认为，从低收入阶段进入到中等收入阶段后，国家的经济发展战略和增长机制需要有新的突破，而延续过去的战略和机制会使一国难以从中等收入国家向高收入国家转变，从而跌入"中等收入陷阱"。这说明，从中等收入国家发展为高收入国家，中间是有一个坎的，要跨过这个坎后，才能进入高收入国家行列。我国改革开放40多年经济一直保持快速增长的成功实践证明，在党和政府领导下，2019年我国人均GDP跨过1万美元后，经过四五年的努力，我国肯定能比较顺利地跨越这个坎，于"十四五"后期进入高收入国家行列。

二、高质量发展是我国进入高收入阶段的保证

要使我国顺利进入高收入国家行列，最重要的是要在经济发展路径上，实现从粗放式高速增长，转变为主要靠创新驱动的高质量发展。正像"十四五"规划建议明确指出的，"十四五"时期经济社会发展要"坚定不移贯彻创新、协调、绿色、开放、共享的新发展理念，坚持稳中求进工作总基调，以推动高质量发展为主题，以深化供给侧结构性改革为主线，以改革创新为根本动力，以满足人民日益增长的美好生活需要为根本目的，统筹发展和安全，加快建设现代化经济体系，加快构建以国内大循环为主体、国内国际双循环相互促进的新发展格局，推进国家治理体系和治理能力现代化，实现经济行稳致远、社会安定和谐，为全面建设社会主义现代化国家开好局、起好步"。[2] "十四五"以高质量发展为主题，这是在我国十几个五年计划或规划中首次提出的。过去一般是以发展为主题，比如中央关于制定第十个五年计划的建议是"把发展作为主题，把结构调整作为主线"；中央关于制定第十二个五年规划的建议是"以科学发展为主题，以加快转变经济发展方式为主线"。《中共中央关于制定国民经济和社会发展第十四个五年规划和二〇三五年远景目标的建议》明确以高质量发展为主题，也就决定了要以供给侧结构性改革为主线，因为推进供给侧结构性改革正是着力于创新驱动发展和转变经济发展方式，坚持质量第一、效率优先，落实党的十九大关于我国经济已由高速增长阶段转向高质量发展阶段的科学判断。

2001年我国人均GDP为1042美元，开始进入中等收入国家行列以后，比较早就认识到经济高速外延扩张后需要及时转变经济增长方式，转变经济发展战略和机制。2005年，《中共中央关于制定"十一五"规划的建议》明确提出，要以科学发展观为指导，突出转变经济增长方式，从多年来"高投入、高消耗、高排放、低效率"的粗放型增长方式，转变为"低投入、低消耗、低排放、高效率"的资源节约型增长方式，建设资源节约型环境友好型社会。但是，由于"路径依赖"，2005年、2006年持续出现"三过"（固定资产投资增速过快、信贷投放过多、贸易顺差过大）问题，经济继续两位数

增长但付出的资源环境代价过大。2007 年，党的十七大报告进一步提出要转变经济发展方式，实现三个转变，即"由主要依靠投资、出口拉动向依靠消费、投资、出口协调拉动转变，由主要依靠第二产业带动向依靠第一、第二、第三产业协同带动转变，由主要依靠增加物质资源消耗向主要依靠科技进步、劳动者素质提高、管理创新转变"。[3]

2015 年，党的十八届五中全会提出了"创新、协调、绿色、开放、共享"的新发展理念，致力于加快转变经济发展方式，突出创新驱动推进产业升级，深化供给侧结构性改革不断提升供给质量。2017 年党的十九大报告更明确指出，我国经济已由高速增长阶段转向高质量发展阶段，正处在转变发展方式、优化经济结构、转换增长动力的攻关期。经过几年的努力，我国在经济保持中高速增长的同时，转方式、调结构方面已取得重大进展。2013～2019 年，经济增速分别达到了 7.8%、7.3%、6.9%、6.7%、6.8%、6.6% 和 6.1%；研究与试验发展经费支出已逐步达到并超过国内生产总值的 2%（世界上创新型国家都在 2% 以上），2017 年为 2.12%，2018 年为 2.18%，2019 年为 2.19%；2018 年科技进步对经济增长的贡献率已提高到 58.5%，2019 年进一步提高到 59.5%（发达国家为 70% 左右）；世界知识产权组织评估显示，我国创新指数排名从 2018 年的第 17 位上升到 2019 年的第 14 位，成为世界第二大研发投入国和知识产权出口国，研发人员总量稳居世界第一，发明专利申请量和授权量居世界首位；第三产业增加值占国内生产总值的比重，已由 2012 年的 45.5% 提高到 2019 年的 53.9%；最终消费支出对国内生产总值增长的贡献率，已由 2012 年的 55.4% 提高到 2019 年的 57.8%；居民消费支出占国内生产总值的比重，由 2012 年的 35.4% 提高到 2019 年的 38.8%；高技术产业、装备制造业增速明显快于一般工业，以 2019 年为例，全年规模以上工业增加值比上年增长 5.7%，其中战略性新兴产业增加值比上年增长 8.4%，高技术制造业增加值增长 8.8%，占规模以上工业增加值的比重为 14.4%，装备制造业增加值增长 6.7%，占规模以上工业增加值的比重为 32.5%；单位国内生产总值能耗持续下降，2018 年比上年下降 3.1%，2019 年又比 2018 年下降 2.6%；等等。我国这几年的实践充分证明，高质量发展，是能不断满足人民日益增长的对美好生活需要的发展，是创新成为第一动力、协调成为内生特点、绿色成为普遍形态、开放成为必由之路、共享成为根本目的的发展。

这几年我国经济持续增长的经验说明，在新发展理念指引下，我国经济将继续走高质量发展的道路，尽管经济增速可能还要降一点，但保持5%左右的增速是不会有什么问题的，这也大大高于世界平均增速，能够保证我国顺利进入高收入国家行列，也能保证我国2035年基本实现社会主义现代化和在21世纪中叶把我国建成富强民主文明和谐美丽的社会主义现代化强国。不刻意追求较高的经济增速，以5%左右的中速作为预期目标，可以使大家更加集中精力追求经济的高质量和高效率的增长，无须为提高0.1个、0.2个百分点的增速而大量放水，超发货币，特别是无须为此而放松对房地产市场的调控力度，放松对地方政府靠多卖地增加财政收入提高经济增速的冲动的抑制，因为那样做对高质量发展是不利的，还有可能积累风险。

总之，我国经过40余年的改革开放，经济迅速腾飞，到2019年，人均GDP已超过1万美元，离进入高收入国家行列仅几步之遥。特别是，党中央从2005年就明确提出转变经济增长方式，党的十八大后更突出创新驱动发展战略，用更大力度转方式调结构，逐步转向高质量发展。因此，从2021年开始的"十四五"时期，我国完全能够在新发展理念引领下，经过三五年的努力，达到高收入标准，开始进入高收入国家行列。

一个国家或地区开始达到高收入水平，并不意味着稳定地进入高收入国家或地区行列。历史上有的国家曾一度达到高收入水平，但因种种原因不久又退回到中等收入水平，不能持续地稳定地跻身高收入国家行列。我国在"十四五"后期开始进入高收入阶段，应该不会有什么问题。此后，还需有三五年的努力，使我国稳定地持续地处于高收入国家行列。为此，需要坚持以下两点：

第一，坚持以新发展理念为指导。只有坚持创新、协调、绿色、开放、共享的新发展理念，才能持续实现高质量高效益发展，才能保证经济不出现停滞甚至倒退，建设现代化经济体系才能顺利进行。新中国成立71年的经验教训告诉我们，搞经济建设不能只搞建设不顾民生改善，也不能只看GDP增速而不看经济增长付出的资源环境代价。新中国成立的头30年，经济增速不算慢，1953~1978年年均GDP增速达6.1%，而且还建立起社会主义工业化的初步基础，但是经济大起大落，1958年GDP增速达21.3%，而1960年、

1961年、1962年连续三年经济负增长,其中1961年GDP下降达27.3%,带来灾难性后果。"文化大革命"后期国民经济濒临崩溃,最主要表现是90%以上农民仍然在贫困中挣扎,连温饱问题都没有解决。改革开放后有一段时间经济增速很快,常常达两位数,但是正如2007年党的十七大报告说的,经济增长付出的资源环境代价过大,这就意味着是不可持续的。因此,必须转变经济增长和发展方式,致力于依靠科技进步、劳动者素质提高和激活市场主体活力推动增长,致力于节能降耗环保,还要拿出较大资源进行社会建设,改善民生,消除贫困,这就势必使经济增速放缓,以提高增长的质量和效益。只有这样,才算真正做到创新发展、协调发展、绿色发展、开放发展、共享发展,才是科学的、健康的、可持续的发展,才是高质量的发展。

第二,坚持先富带动后富,走共同富裕的道路。我国是一个幅员辽阔的大国,各地经济发展不平衡是长时期都存在的。2019年,我国已有北上广深等十几个城市人均GDP超过2万美元,率先进入高收入甚至中等发达国家水平。随着经济持续增长,我国进入高收入行列的城市和地区将不断扩大和增加。可以想象,过几年全国人均GDP超过高收入标准时,在国内仍然会有相当一部分地区人均GDP在高收入标准以下,生活在这些地区的人们是被平均为高收入水平的。正如2020年5月28日李克强总理答记者问时说的,2019年,我国人均年可支配收入是3万元,但是有6亿中低收入及以下人群,他们平均每个月的收入也就1000元左右。协调发展和共享发展是新发展理念的重要内容,因此,在全国人均GDP达到高收入标准后,先富起来的地区要在继续率先发展的同时,很好带动一部分还没有达到高收入标准的地区也跟着富起来,比如用三五年时间,使全国80%甚至90%以上的地区和人民都达到高收入标准。可以说,到那时,我国才算稳定地持续地进入高收入国家行列。这好比我国在20世纪末人民生活总体上已达到小康水平,2002年党的十六大考虑到我国当时达到的小康,还是低水平的小康、不全面的小康、发展很不平衡的小康,所以提出21世纪头20年要集中力量,全面建设惠及十几亿人口的更高水平的小康社会,使经济更加发展、民主更加健全、科教更加进步、文化更加繁荣、社会更加和谐、人民生活更加殷实。实践证明,这一重大决策是非常英明、科学的。2020年,我国如期全面建成小康社会,如期实现全面脱贫。因此,我国在进入高收入门槛后,需要有一段巩固时期,当然不必像全面建设小康社会那样要用 20 年，但至少也要用三五年。

三、加快完善高水平社会主义市场经济体制，为经济高质量发展提供制度保障

2013 年，党的十八届三中全会决定提出，"到二〇二〇年，在重要领域和关键环节改革上取得决定性成果，完成本决定提出的改革任务，形成系统完备、科学规范、运行有效的制度体系，使各方面制度更加成熟更加定型"。[4]现在看来，到 2020 年，我们基本上实现了上述决定中 336 项改革举措的要求，建立起比较完善的社会主义市场经济体制。与此同时，改革没有完成时，改革永远在路上。改革既有阶段性，又有连续性。按照马克思主义基本原理，在社会生活中，生产力是最活跃最积极的因素，随着社会生产力的发展，原有的生产关系和管理体制的一些环节，可能从原来适应生产力的发展，变为不适应了，这就是要不断改革的原因。

2020 年 5 月 11 日，中共中央、国务院印发了《关于新时代加快完善社会主义市场经济体制的意见》，对此后一个时期深化经济体制改革、加快完善社会主义市场经济体制进行顶层设计，按照党的十九大和党的十九届四中全会部署，在更高起点、更高层次、更高目标上进一步解放思想，继续坚持社会主义市场经济体制改革方向，大力深化市场化改革，扩大高水平开放，着力解决市场激励不足、要素流动不畅、资源配置效率不高、微观经济活力不强等突出问题，推动社会主义市场经济体制不断完善和发展，为高质量发展提供强大动力和体制保障。

为了更好地启动改革新征程，特别需要在要素市场化配置上有新的突破，而要素价格市场化是要素高效配置的关键，因为价格是最重要的信号，信号准确才能使要素真正配置到最有效率的环节中去，而合理的价格只能在市场交换中才能形成。要素价格由市场形成，就要开展和维护公平竞争，增强流动性，打破垄断特别是行政垄断，推进能源、铁路、电信、公用事业等行业竞争性环节市场化改革，对自然垄断环节则要加强监管，或者公开公平拍卖特许经营权。要继续完善利率市场化，健全反映市场供求关系的国债收益率

曲线，完善人民币汇率市场化形成机制。资本市场要继续推进上市公司注册制改革，发展普惠金融，支持实体经济发展。建立城乡统一的建设用地市场，在符合规划和用途管制前提下，允许农村集体经营性建设用地出让、租赁、入股，实行与国有土地同等入市、同权同价。下决心研究和解决一些特大城市周边遍布的小产权房转正问题。继续深化户籍制度改革，提高各项社会保障的统筹层次等，提高城乡劳动力的流动性，防止利润侵蚀工资。继续发展技术市场，培育和发展数据市场，切实加强知识产权保护，鼓励创新，让技术创新成果真正归于创新者，这对生产经营活动中提质增效是至关重要的。做到生产要素的市场化配置，就能提高整体资源配置效率，实现高质量发展。

更好地处理政府与市场的关系，激发各类市场主体活力。深化简政放权、放管结合、优化服务改革，全面实行政府权责清单制度，使各类市场主体活力迸发出来。继续优化市场化法治化国际化营商环境，党的十八大以来我国营商环境有很大改善，全球排名从 2017 年的第 78 位提升至 2019 年的第 31 位，但还有较大的改善空间。实施统一的市场准入负面清单制度，继续放宽市场准入，凡是对外资开放的同样对内资开放。千方百计保住市场主体，扩大市场主体，以便更好地保就业保民生。要把党中央、国务院确定的各项减税降费等帮扶企业的政策真正落到实处，而不能只停留在文件上。

我们还要看到，市场化改革可能还会剩下少量硬骨头需要在"十四五"时期啃下来。比如，我国至今仍未对炒股获利和存款利息征税，房地产税也迟迟不能立法和开征，导致我国居民家庭总财产净值的基尼系数，2016 年已达到 0.7 以上的高位。[5]这将促使一些较富有的人倾向于多投资（特别是房地产投资）积累财产，这是我国居民收入基尼系数多年来在 0.47 左右高位徘徊的原因之一。而居民收入基尼系数偏高，会严重影响内需的扩大和消费的持续增长，不利于经济结构的优化升级，也不利于公平正义的伸张。这也是我国构建以国内大循环为主体、国内国际双循环相互促进的新发展格局需要解决的一个问题。而收入分配制度的改革和调整涉及人们的切身利益，必须慎之又慎，稳步推进，颇费时日。又如，中国经济有强大的韧性，经得起风吹雨打，很重要的一个原因就是党坚持了"两个毫不动摇"，特别是毫不动摇鼓励、支持和引导非公有制经济发展，支持民营经济发展。但是在落实这一重要方针过程中，还有一些阻力，不少民营企业家反映他们仍然存在融资难融资贵和对他们的产权保护不力等问题。笔者认为，由于科技不断进步和居民收入的增长，人们对物质产品和服务的需求越来越多样化、个性化、差异化，过去一直认为随着生产社会化程度的提高，大生产必将排挤小生产，规模经济效益会不断提高，现在看来已发生变化，以至于现在还看不到由于生产社会化程度的不断提高要求建立全面的社会主义公有制的前景。大生产和小生产将长期并存，共同发展，这就决定了民营经济包括个体经济长期存在和发展的客观必然性。所谓民营经济退场论是违背生产关系要适应生产力发展的客观规律的，是会带来生产大破坏经济大灾难的。别的不说，几亿人的就业问题，难道都由国有企业去解决吗？所以，"两个毫不动摇"是非常重要的、需要不折不扣全面贯彻的方针。

继续扩大高水平对外开放，为我国经济高质量发展注入更强动力，向全球产业链、供应链、价值链高端迈进。我们正处于经济全球化不断深化的时期，尽管不断有单边主义、贸易保护主义的干扰，但全球化进程是不可逆转的。我们要顺应经济全球化的潮流，继续扩大开放，更加重视以开放促发展、促改革。开放有利于我们更好地利用两种资源、两个市场，开放通过促进技术转移、干中学等有利于实现创新驱动发展，开放还有利于促进市场竞争提高效率，等等。党的十八大以来，我国实施新一轮高水平对外开放，推动形成全面开放新格局。其中比较突出的是《外商投资法》的出台并于 2020 年 1 月 1 日起施行，外商投资准入前国民待遇加负面清单管理制度全面实行，外商投资准入特别管理措施全国目录已从 2017 年版的 100 条减少为 2020 年版的 33 条。我国今后要继续沿着扩大开放的道路走下去，以获取更多开放红利，实现经济持续和高质量发展。

为贯彻落实党中央、国务院决策部署，进一步扩大金融业对外开放，2020 年 5 月 7 日，中国人民银行、国家外汇管理局发布《境外机构投资者境内证券期货投资资金管理规定》。根据规定，多项利好政策包括：落实取消合格境外机构投资者境内证券投资额度管理要求，对合格投资者跨境资金汇出入和兑换实行登记管理；实施本外币一体化管理，允许合格投资者自主选择汇入资金币种和时机；大幅简化合格投资者境内证券投资收益汇出手续，取消中国会计师出具的投资收益专项审计报告和税务备案表等材料要求，改以完税承诺函替代；取消托管人数量限制，允许单家合格投资者委托多家境内托管人，并实施主报告人制度。[6]可见中国对外开放步伐正在加快。国家外汇管理局统计数据显示，2020 年第一季度，境外投资者净增持我国境内债券同比增长 48%，规模为 167 亿美元。

共建"一带一路"要不断扩展。到 2020 年上半年，我国累计与 138 个国家和 30 个国际组织签署 200 份共建"一带一路"合作文件。到 2020 年 8 月底，中欧班列累计开行近 2.9 万列。2020 年对外贸易在全球新冠肺炎疫情严重冲击下逆势增长。开放型经济新体制加快构建，到 2020 年上半年，已设立 21 个自由贸易试验区，海南成为内地首个自由贸易港。这些，都必将持续有力推动我国高质量发展。

参考文献

［1］习近平出席亚太经合组织领导人同工商咨询理事会代表对话会　强调中国是区域合作受益者　更是积极倡导者和推进者［N］. 人民日报，2014-11-11.

［2］中共中央关于制定国民经济和社会发展第十四个五年规划和二〇三五年远景目标的建议（二〇二〇年十月二十九日中国共产党第十九届中央委员会第五次全体会议通过）［N］. 人民日报，2020-11-04.

［3］胡锦涛. 高举中国特色社会主义伟大旗帜　为夺取全面建设小康社会新胜利而奋斗——在中国共产党第十七次全国代表大会上的报告（2007 年 10 月 15 日）［N］. 人民日报，2007-10-25.

［4］中共中央关于全面深化改革若干重大问题的决定（2013 年 11 月 12 日中国共产党第十八届中央委员会第三次全体会议通过）［N］. 人民日报，2013-11-16.

［5］罗楚亮. 遗漏的高端人群与收入（财富）不平等［J］. 经济资料译丛，2017(4).

［6］QFII/RQFII 取消托管人数量限制［N］. 经济日报，2020-05-08.

China Should Strive to Become One of the High-Income Countries during the Fourteenth Five-Year Plan Period

ZHANG Zhuoyuan

(Institute of Economics, Chinese Academy of Social Sciences, Beijing 100836)

Abstract: The Fourteenth Five-Year Plan period is a critical phase in which China will overcome the "middle-income trap" and become one of high-income countries. In 2019 and 2020, China's GDP per capita exceeded 10 thousand USD, not far from that of high-income countries. The Fourteenth Five-Year Plan period is still an important strategic opportunity for China's development. Many economists predict that China, after keeping middle - speed growth, that is, around 5% annual growth, will be ranked as one of high-income countries in the later phase of the Fourteenth Five-Year Plan period. Therefore, we should stick to the guidance of new development ideology in the path of economic development so as to achieve innovation-driven high-quality development. Meanwhile, we should accelerate our pace of improving high - level system of socialist market economy to provide systematic support for high-quality economic development.

Key Words: The Fourteenth Five-Year Plan; High-income Country; High-quality Development; Innovation-driven; High-level System of Socialist Market Economy

党领导市场化改革带来生产力大解放[*]

摘　要：改革开放以来，我国创造了举世瞩目的经济增长奇迹，这是在党的领导下持续推进市场化改革的结果。我国向社会主义市场经济体制迈进，展现了制度变迁和生产力发展的一些规律，为经济体制转型提供了中国经验，值得归纳总结。市场化改革惠及全国人民，为共同富裕打下了坚实的物质基础。

关键词：党的领导；市场化改革；生产力发展；共同富裕

党的十一届三中全会以来，党领导中国推进市场化改革，带来生产力的大解放、大飞跃。中国经济连续 42 年（1979～2020 年）以年均近两位百分数（9.2%）的高速持续增长，实现了不单是中国，而且是全世界历史上从未有过的崭新奇迹。42 年来，以 GDP 衡量的中国经济总量增长了 39 倍以上，中国经济总量占世界的比重从 1978 年的 1.8% 跃升至 2020 年的 17%。这就为我国在 21 世纪中叶发展成为现代化的经济体、实现中华民族伟大复兴打下了最坚实的基础。

在中国共产党的坚强领导下，中国通过市场化改革推动经济持续快速增长的奇迹，有许多经验值得研究，有一系列规律性的东西值得探索。我认为，至少有以下几点，可以提出来研究讨论。

一、循序渐进，不搞急转弯

中国市场化改革之所以取得巨大成功，在于这一改革是逐步有序推进并

---

* 《经济学动态》2021 年第 5 期。

不断深化的，不搞急转弯。因为从传统的计划经济体制转向社会主义市场经济体制，几乎是180度的大转弯。只有逐步转弯，积部分质变为大质变，才能在保持经济社会稳定的条件下逐步解放生产力、发展生产力，同时不会带来社会不同群体经济利益的剧烈变动和社会的重大震荡，进而取得了经济连续42年每年都正增长，其中有15年达到两位数增长的令世人惊叹的耀眼业绩。

在市场化改革方面，分四级跳。改革开放之初是引入市场机制，让经济初步活跃起来；1984年确认社会主义经济是有计划的商品经济，为走向社会主义市场经济打开了大门；1992年确立社会主义市场经济体制改革目标，明确在社会主义国家宏观调控下使市场在资源配置中发挥基础性作用；2013年进一步提出使市场在资源配置中起决定性作用，使社会主义市场经济体制走向成熟、定型。

与此相适应，在所有制结构调整和改革方面，1979年起开始利用外商直接投资，1980年允许个体工商户注册登记营业，1988年允许私营企业注册登记营业，非公有制经济被认定为公有制经济的有益补充。随着非公有制经济的迅速增长，1997年，党的十五大确立公有制为主体、多种所有制经济共同发展的基本经济制度，同时确认个体、私营等非公有制经济是社会主义市场经济的重要组成部分。2002年，党的十六大确定"两个毫不动摇"的方针，即毫不动摇地巩固和发展公有制经济，毫不动摇地鼓励、支持和引导非公有制经济发展。2018年，习近平总书记进一步提出"民营企业和民营企业家是我们自己人"①。农村从1979年起逐步实行家庭联产承包责任制，实现了农村集体所有权和经营权的分离，极大调动了广大农民的生产经营积极性。党的十八大以后，2014年正式确立坚持农村土地集体所有权、保障农户土地承包权和搞活土地经营权的"三权分置"制度，全面深化农村市场化改革。在农村实行家庭联产承包责任制的同时，乡镇企业异军突起。1996年，乡镇企业从业人员达1.35亿，创造增加值近1.8万亿元。此后，乡镇企业逐步开展了以改变政企不分、明晰产权关系为重点的改革。到2006年，168万家乡镇企业中的95%实行了各种形式的产权制度改革，其中20多万家转成股份制和

① 习近平：《在民营企业座谈会上的讲话》，《人民日报》2018年11月2日。

股份合作制企业，130 万家转成个体私营企业。国有企业在 1993 年以前主要进行放权让利改革，1993 年明确国有企业改革方向是建立现代企业制度，到 2017 年，以党中央、国务院指示 68 家央企集团层面年底前转为公司制为标志，国务院国资委系统已全部实现公司制改革。1997 年提出调整国有经济布局，国有资本逐步向关系国民经济命脉的重要行业和关键领域集中。2013 年，明确国有资产监督管理机构"以管资本为主"，优化国有资本配置；放开自然垄断行业的竞争性业务；推进混合所有制改革等，国企改革在国资改革带动下继续稳步深化。

在经济运行机制改革方面，1979～1984 年，价格改革以调整价格为主，同时放开小商品和鲜活农副产品价格。1985 年以后以放开价格为主，到 1992 年，市场调节价的比重在商品零售环节已占 93%，在农产品收购环节已占 82%，在工业生产资料出厂环节已占 74%，在服务业环节也已占 64%。这表明，当时的价格改革走在了整个经济体制改革的前列。到 2017 年，97% 的商品和服务价格已放开由市场调节，远远超出 20 世纪 80 年代人们对价格改革目标的设想。2005 年起，着力推进资源产品价格市场化改革。党的十八大以来，进一步以推进生产要素价格市场化改革为重点，更好地推动要素的市场化配置。在宏观经济调控方面，1985 年"巴山轮会议"之后，国家对宏观经济的管理已逐步从直接管理转变为以间接管理为主，主要运用财政政策和货币政策，配合产业、区域等政策，保持宏观经济的稳定运行。改革开放以来我们曾遭受两次（1988～1989 年和 1993～1995 年）中度通货膨胀的袭击，居民消费价格指数上涨率超过两位数，但治理及时，没有酿成大祸。1979～2020 年，中国居民消费价格指数年均上涨 4.69%，说明中国改革开放以来经济运行总体是稳定的。

以上一系列统计数据表明，改革开放以来，我国在党的领导下逐步推进市场化改革，不断解放社会生产力，没有接受急转弯、企求一次到位的主张，从而实现了在保持经济社会稳定状态下的经济长期持续快速增长，创造了令世人瞩目的中国奇迹。

二、顶层设计，立足国情，勇于进取

中国的市场化改革始终是在党的领导下进行的。党领导市场化改革的最重要办法是通过每五年一次的党代表大会的报告和每年一次的中央全会决定形成顶层设计。报告和决定集中体现了党对如何推进市场化改革的顶层设计，改革就是在这样的顶层设计下一步一步向前推进的。而党在进行顶层设计的时候，既立足实际，从国情世情出发，又勇于进取、抓住机遇，不失时机地努力推进市场化改革。我有幸参加过党的几次代表大会报告、三中全会决定和五年计划（规划）建议等的起草工作，对市场化改革顶层设计的过程有一些了解。下面拟谈谈个人对如何形成改革的顶层设计的粗浅体会。

党的集体智慧的结晶。党中央对举行党代表大会和中央全会都极为重视，每次都成立专门的起草小组，在玉泉山集中。起草小组成员是越来越多，我第一次参加的党的十四届三中全会决定起草时，起草组才二十六七人，到2013年参加党的十八届三中全会决定起草时，起草组成员已达六十四人。起草组组长都是中央领导同志，起草工作从头到尾都是在中央政治局和政治局常委会领导下进行的。起草工作时间都在半年以上。2002年11月8日召开的党的十六大，早在2001年10月下旬就组成了起草组，起草报告历时一年多，是我参加过的经历时间最长的一项文件起草工作。文件起草一开始由总书记作报告，提出总的方向和要求，之后一般要经历到一些地方调研、听取中央各部门的汇报和意见、不断分析国内国际形势及其变化趋势、研究中国的市场化改革可以迈出哪些步伐和可以出台哪些举措等过程和环节。在玉泉山等处有大组讨论，如经济组、文化组、党建组、综合组等，工作班子讨论最多。在讨论时充分发扬民主，各种意见都可以提，但不能外传，特别是不能说哪个意见或举措是起草组某人贡献的。文件起草由工作班子成员执笔，一般情况下文件先后会有二十多稿，不断修改和完善。大体在开会当年的8月完成正式的征求意见稿，发全国一百多个省部级单位征求意见，然后根据他们的意见（一般有两三千条以上），逐条研究讨论是否采纳修改。经中央政治局常委会讨论后形成报告稿或决定稿，在向大会作报告或向中央委员会做说明后，再根据与会代表或中央委员们提出的意见进行修改，最终形成大会报告稿或决定。这说明，党代表大会报告稿和全会决定都是集思广益、采纳各方意见后确定的，是全党集体智慧的结晶。

思想交锋，排除干扰。起草文件过程中也有思想交锋。最突出的是，起草党的十五大和党的十六大报告时，曾出现由几百人甚至上千人签名的万言书，其中主要对国有企业改革和发展个体私营等非公经济不满，指责市场化改革造成国有资产流失，公有制主体地位受到动摇，要求停止国有企业改革。实际上，20世纪末，由于国有企业固有的弊病，不适应市场竞争，大量国有企业特别是中小企业陷入困境，连年亏损。2000年初，国有小型工业企业超过5万户，职工约1400万人，盈亏相抵至1999年已连续6年亏损，亏损额600亿元左右。在流通领域，国有物资企业连续7年亏损，商业企业连续5年亏损，粮食企业更是挂账几千亿元，外贸企业亏损面也很大。许多地方政府都把这些小企业看成是烫手的山芋。面对这种严峻形势，1997年党的十五大报告提出，"采取改组、联合、兼并、租赁、承包经营和股份合作制、出售等形式，加快放开搞活国有小型企业的步伐"。① 事实证明，中央关于国有企业"瘦身健体"的决策是完全正确的。记得一次大组会上，起草组组长特别说到，他受总书记的委托，专门找了为首上万言书的一位老同志，向他说明中央的改革意图，谈了三个小时之久，没有让步。大家知道，尽管有几百人签名上万言书，但中央领导市场化改革的决心是坚定不移的。

反复打磨，精益求精。起草报告或决定稿是反复打磨的过程，除了要求坚持市场化改革方向，提出切合实际的改革举措外，在文字上也力求精简准确。几乎每次起草文件都有一两次在形成征求意见稿或提供上会稿前，要求工作班子成员每人对现有文稿删去十个或二十个不必要或可简化的字句，然后在工作班子讨论时一起讨论是否可以删节。对党代表大会报告还要求有气势。记得在起草党的十七大报告后期，曾不止一次请一位声音洪亮的成员，对起草文稿从头到尾高声朗读一遍，让大家听听是否气势雄伟，劲头足不足，需要做哪些改进。改革也是一场革命，革命就要有革命的精神。从这里也说

---

① 中共中央文献研究室：《改革开放30年重要文献选编》（下），中央文献出版社2008年版，第902页。

明党的顶层设计是力求做到精益求精的。

强力推动，积极落实。中国的市场化改革始终是在党中央的支持和直接推动下逐步推进的。党的十八大以后，针对此前存在某些重发展轻改革倾向，以及既得利益群体不愿意进一步深化市场化改革的问题，党的十八届三中全会决定中央成立全面深化改革领导小组（后改为中央全面深化改革委员会），负责改革总体设计、统筹协调、整体推进、督促落实。此后，中国市场化改革开启新征程，迈出了更大的步伐，取得了更显著的成效。我一直认为，社会主义市场经济体制初步建立以后，在改革进入深水区的攻坚阶段，为了更好冲破既得利益的藩篱，更需顶层设计和顶层推动。举一个例子，2017年，正是在中央全面深化改革委员会和国务院直接指示下，占央企总数近2/3的68家央企，才从依据1988年的《中华人民共和国企业法》建立起来的企业集团，改革为公司制，相应地也从总经理或厂长负责制转变为自主经营、自负盈亏、自担风险的市场主体，建立起公司法人治理结构。那时距离1993年中央明确国有企业改革的方向是建立现代企业制度即现代公司制已有23年。与此相关，根据国有企业改革三年行动计划，国家机关和事业单位、地方所属国有企业公司制改革，将于2021年年底完成收尾工作。① 我们看到，党的十八大后，在完善产权制度和要素市场化配置，实行高水平的对外开放，增强改革的系统性协同性等方面，均取得重要进展，正在向建立高水平高标准社会主义市场经济体制不断迈进，这些都是在以习近平同志为核心的党中央强力领导和推动下取得的。

三、市场化改革成果惠及全国人民

解放生产力和发展生产力不是改革开放的最终目的，其最终目的是造福广大人民群众，使全国人民共同富裕，让人人共享改革发展成果。正如邓小平同志说的，"社会主义与资本主义不同的特点就是共同富裕，不搞两极分

---

① 《国有企业公司制改革今年全面完成》，《人民日报》2021年3月21日。

化"。① 中国在 40 多年党领导市场化改革推动下，经济持续快速发展，带动居民收入和消费水平不断提升。1978 年，全国居民人均可支配收入仅为 171 元，人均消费支出为 151 元。2020 年，全国居民人均可支配收入达 33189 元，扣除价格变动因素，比 1978 年实际增长 26.2 倍；全国居民人均消费支出 21210 元，扣除价格变动因素，比 1978 年实际增长 19.4 倍。1978 年，全国居民恩格尔系数为 63.9%；而到 2020 年，全国居民恩格尔系数为 30.2%，比 1978 年下降 33.7 个百分点。党的十八大以来，农村居民人均可支配收入实际增速连续多年快于城镇居民，城乡居民收入差距逐渐缩小，2020 年城乡居民人均可支配收入之比已下降至 2.56。② 1978~2020 年全国人均实际收入和消费居然分别大幅增长了 26 倍和近 20 倍，这在世界各国历史上是绝无仅有的，这是党领导中国市场化改革给全国人民带来的最大实惠。

需要指出，改革开放后脱贫工作也取得巨大成效。1978 年，我国农村人口 79014 万，而按当年价现行农村贫困标准衡量，其中贫困人口规模达 7.7 亿，农村贫困发生率高达 97.5%。随着经济增长和人民收入水平的提高，脱贫攻坚工作在 2020 年全面建成小康社会时取得巨大成功，农村贫困人口实现全部脱贫，困扰中华民族几千年的绝对贫困问题得到历史性解决，创造了人类减贫史上的奇迹。

还要看到，中国市场化改革解放和发展生产力给中国人民带来的实惠，还不仅限于收入和消费水平的成十倍提高，同时有生活质量的显著变化和提升。这里我想特别提出以下三点：

（1）市场化改革带来买方市场格局的形成，极大地方便了群众的生活。改革开放前，由于传统体制必然带来短缺经济，物资供应紧张，许多重要消费品都实行凭票供应，许多地方票证多达一百多种，还要排队购买，老百姓生活很不方便；供应什么买什么，还要限量供应，消费者没有多少选择权。改革开放后，由于引入市场机制，放开价格，商品供应日渐丰富，票证一个

---

① 《邓小平文选》（第三卷），人民出版社 1993 年版，第 123 页。

② 《辉煌 70 年》编写组：《辉煌 70 年——新中国经济社会发展成就 1949—2019》，中国统计出版社 2019 年版，第 17 页；《中华人民共和国 2019 年国民经济和社会发展统计公报》，《人民日报》2020 年 2 月 28 日；《中华人民共和国 2020 年国民经济和社会发展统计公报》，《人民日报》2021 年 3 月 1 日。

个被取消，到 1998 年，已告别困扰中国老百姓几十年的卖方市场，形成买方市场格局。记得 20 世纪 80 年代我们有机会到发达国家和地区访问时，都对那里的超市、购物中心可以非常方便自由选购各类商品羡慕得不得了，都热切期盼中国也有那样的超市和购物中心。短短十几年后，由于市场化改革的推进，市场日益繁荣，我们中国也建立起大量的超市和购物中心，从而大大方便了大家的生活，开始感受到消费者权益，美好梦想变为现实。

（2）社会保障制度不断健全，已织就世界上最大的民生安全网，大大增强了人民群众的获得感。1979 年改革开放后，首先恢复和改进干部和工人的退休养老制度、劳动保险医疗制度。此后由于出现个体、私营和外资经济，原来只针对国有企事业单位的社会保障制度已不适用，开始探索建立新的覆盖面更广的社会保障制度。1992 年后，改革社会保障制度以适应社会主义市场经济体制进入全面试点、基本制度确立和逐步健全阶段。党的十八大后，社会保障体系不断发展、完善，社会保险覆盖面日益扩大，社会保险基金不断增加，社会保障水平逐步提高。中国社会保障经过四十多年发展，已成为名副其实的社会稳定器、安全网。其中最突出的是覆盖面越来越广，如基本养老保险的参保人数从 20 世纪 90 年代的不到 2 亿，增加到 2020 年底的参加城镇职工基本养老保险人数 45638 万，参加城乡居民基本养老保险人数 54244 万。在医疗保险方面，1998 年只有 509 万人参加城镇职工基本医疗保险，而到 2020 年，全国参加基本医疗保险人数已达 136101 万人，几乎覆盖全民。其中参加职工基本医疗保险的 34423 万人，参加城乡居民基本医疗保险的 101678 万人。同期失业保险覆盖人数从 7927.9 万增加到 21689 万；工伤保险覆盖人数从 3781.3 万增加到 26770 万；生育保险覆盖人数从 2776.7 万增加到 23546 万。[①] 社会保障体系的逐步发展和完善，社会保障水平的逐步提高，将逐步解除老百姓的后顾之忧，使他们敢于消费，提高当下的生活质量，这是民生改善非常重要的标志。

（3）改善生态环境，也是提高居民生活品质的重要方面。随着经济的快速增长，生态环境问题逐渐突出。那种拼资源、拼环境、先污染后治理以求

---

① 郑秉文等：《社会保障理论和政策发展 70 年》，载张卓元、张晓晶：《新中国经济学研究 70 年》（上卷），中国社会科学出版社 2019 年版，第 575 页；《中华人民共和国 2020 年国民经济和社会发展统计公报》，《人民日报》2021 年 3 月 1 日。

短期经济增速最大化受到广泛的批评和抵制，老百姓渴求过生态环境优良、能呼吸到新鲜空气和喝上干净的水、周围是绿水青山的舒心日子。2005年，党的十六届五中全会建议提出要建设资源节约型社会和环境友好型社会。2012年，党的十八大报告从过去的"四位一体"布局扩展为"五位一体"布局，把生态文明建设单独列出，同经济建设、政治建设、文化建设、社会建设并列。2013年，党的十八届三中全会决定的第十四部分是"加快生态文明制度建设"，提出"建设生态文明，必须建立系统完整的生态文明制度体系，实行最严格的源头保护制度、损害赔偿制度、责任追究制度，完善环境治理和生态修复制度，用制度保护生态环境"①。此后，按照习近平总书记关于"绿水青山就是金山银山"的思想，大力整治环境、保护生态，并已取得显著成绩，生态环境持续明显改善，人民群众要求过上美好生活的追求正在逐步得到满足。良好的生态环境是老百姓过高质量生活的客观要求，为此是要付出一定代价、投入一定资源的，如同其他改善民生的举措需要投入一定的资源（比如每年国家财政性教育经费占GDP比重就达4%以上、每年国家财政拨付养老基金和医疗经费都是好几千亿元）一样，这自然会相对降低原来粗放型增长的速度。但这是保持经济可持续发展所必要的，是人类走向文明社会的必然选择，完全符合社会发展的客观规律，肯定会得到广大人民群众的衷心拥护。

参考文献

[1] 习近平：《在民营企业座谈会上的讲话》，《人民日报》2018年11月2日。

[2] 邓小平：《邓小平文选》（第三卷），人民出版社1993年版。

[3] 中共中央编写组：《中共中央关于全面深化改革若干重大问题的决定》，人民出版社2013年版。

[4] 国家统计局：《中华人民共和国2019年国民经济和社会发展统计公报》，《人民日报》2020年2月28日。

[5] 国家统计局：《中华人民共和国2020年国民经济和社会发展统计公报》，《人民日报》2021年3月1日。

---

① 中共中央编写组：《中共中央关于全面深化改革若干重大问题的决定》，人民出版社2013年版，第52页。

[6]《国有企业公司制改革今年全面完成》,《人民日报》2021 年 3 月 21 日。

[7]《辉煌 70 年》编写组:《辉煌 70 年——新中国经济社会发展成就 1949—2019》,中国统计出版社 2019 年版,第 17 页。

[8] 中共中央文献研究室:《改革开放 30 年重要文献选编》(下),中央文献出版社 2008 年版,第 902 页。

[9] 郑秉文等:《社会保障理论和政策发展 70 年》,载张卓元、张晓晶:《新中国经济学研究 70 年》(上卷),中国社会科学出版社 2019 年版,第 575 页。

Marketization Reform Led by the Communist Party of China Brings Great Liberation of Productive Forces

ZHANG Zhuoyuan

(Institute of Economics, Chinese Academy of Social Sciences, Beijing 100836)

Abstract: Since the reform and opening up, China has created a remarkable miracle of economic growth, which is the result of continuously promoting marketization reform under the leadership of the Communist Party of China. China's progress towards the socialist market economic system shows some laws of institutional changes and productivity development, which provides China's experience for the transformation of economic systems and is worth summarizing and generalizing. Market-oriented reform benefits the people of the whole country and lays a solid material foundation for common prosperity.

Key Words: The Leadership of the Communist Party of China; Marketization Reform; Productivity Development; Common Prosperity

科学顶层设计推动实现中国经济增长奇迹*

◎**核心观点**◎

党中央通过五年一次的中国共产党全国代表大会（简称"党代会"）和每年一次的中国共产党中央委员会全体会议（简称"中央全会"），对如何推进改革做出科学的顶层设计，具有很重要的指导作用。

我们党一步步推动经济体制改革往前走，不仅注重顶层设计，也不断强化顶层推动。

数据作为生产要素，推进其优化配置是一个比较新的课题，也是推动经济发展数字化、网络化、智能化的基础工程。

◎**精彩语录**◎

改革坚持"摸着石头过河"，逐步推进，不搞急转弯。

经济运行好坏的关键在于资源配置效率，市场比计划配置资源更有效率。

只有真正实现要素市场化配置，经济才能实现高质量增长。

◎**人物小传**◎

张卓元，1933年生于广东梅县。著名经济学家、中国社会科学院学部委员，曾获孙冶方经济科学奖论文奖、著作奖，中国社会科学院优秀成果奖等多项奖励。2013年获第二届吴玉章人文社会科学奖终身成就奖。

张卓元长期研究中国经济体制改革，是价格改革理论的阐释者之一，曾参与多份中央文件的起草工作。一直活跃在经济理论研究第一线，对于社会主义基本经济理论、价格理论和国资改革等诸多领域有着深入研究，并形成一系列学术成果，多次参与中央重要文件起草的经历，使他的经济理论研究与中国的改革实践紧密结合在一起。

---

* 《南方日报》2021年7月7日。

在张卓元看来，中国共产党领导中国推进社会主义现代化建设取得巨大成就，实现经济快速增长，关键在于稳妥推进市场化改革的同时，始终以科学的顶层设计为经济建设提供有力指导。进入全面建设社会主义现代化国家新征程，面对构建高水平社会主义市场经济体制这一新的历史任务，要着力加快要素市场化配置改革，从根本上推动经济实现高质量发展。

作为来自广东的经济学专家，张卓元对家乡经济发展的期待更为深切。他认为，广东不仅要在改革开放、高质量发展、创新驱动上走在前列，也要努力实现均衡发展、协调发展，为实现共同富裕打下坚实基础。

经济体制改革向纵深推进

《南方日报》：怎么看中国共产党带领中国在推进社会主义现代化建设上取得的成就？

张卓元：改革开放以来，党领导推进市场化改革，极大地解放了生产力，实现经济增长的奇迹，我认为成功原因有二：

第一，在推进改革过程中坚持"摸着石头过河"、逐步推进，不搞急转弯。在保持社会总体稳定下推进市场化改革，使经济能够保持长期稳定增长。

第二，党中央通过五年一次的党代会和每年一次的中央全会，对如何推进改革做出科学的顶层设计，具有很重要的指导作用。

具体来看，党的十二届三中全会作出关于经济体制改革的决定，肯定社会主义经济是公有制基础上有计划的商品经济。经过一段时间发展以后，1992年，中央确立社会主义市场经济体制的改革目标；20世纪末，我国初步建立社会主义市场经济体制，到了党的十六大，中央提出完善社会主义市场经济体制；2013年，党的十八届三中全会提出全面深化改革，作出"让市场在资源配置中起决定性作用"的重要论断，并成立中央深改组，2018年后上升为中央全面深化改革委员会；2020年印发文件，进一步提出构建更加系统完备、更加成熟定型的高水平社会主义市场经济体制。

从中可以看出，我们党在一步步推动经济体制改革往前走，不仅注重顶层设计，也不断强化顶层推动。

随着经济体制改革向纵深推进，生产力得到进一步解放、经济实现增长，老百姓收入水平、生活水平也随之提高，人们有越来越多的获得感。

要素市场化配置是基础性关键性改革

《南方日报》：20 世纪 90 年代，围绕"市场经济"与"计划经济"曾有过争论。从您的经历来看，当时明确"建立社会主义市场经济体制"的决策是怎样形成的，对之后中国完善经济体制有什么影响？

张卓元：在党的十四大召开之前，一些人士包括理论界对市场化改革的方向有疑虑。在这样的背景下，如何推进改革是个需要好好研究的问题。当时中央认为有必要听听专家的意见。

在随后召开的一系列座谈会上，与会的大部分专家学者比较支持市场取向改革，大家就这个问题畅所欲言、深入探讨，最终一致认为要把社会主义市场经济体制作为改革目标，主要根据是整个经济运行好坏的关键在于资源配置的效率，而市场配置资源会比计划配置资源更有效率。

从实践来看，建立健全社会主义市场经济体制这一改革目标在党的十四大及其之后的每一次党代会中都有所体现，中国加速推进市场化改革，对之后的发展起到很重要的推动作用。

《南方日报》：2020 年，党的十九届五中全会审议通过"十四五"规划建议，提出"构建高水平社会主义市场经济体制"。在您看来如何实现？将会面临哪些新挑战？

张卓元：党的十九大报告提出，"经济体制改革必须以完善产权制度和要素市场化配置为重点"。

完善产权制度，对国有企业来说，主要是完善知识产权保护制度，推动国企在创新发展方面发挥更大作用；同时要很好地保护非公经济产权、促进非公有制资本自由流转，推进混合所有制改革。

相较而言，要素市场化配置显得更为关键。只有真正实现要素市场化配置，经济才能实现高质量增长，在我看来这是当前推进现代化建设比较关键的问题。

与此前的价格改革不同，要素市场化配置改革涉及土地、劳动力、资本、技术、大数据等多方面，各有各的特殊情况和挑战。

比如资本要素的配置，近年来，上市公司注册制改革取得较大进展；土地方面各地正在探索推进农村土地"三权分置"改革，目前农村集体经营性建设用地可以入市；劳动力自由流动涉及户籍制度改革，一些地区已经放开落户。

数据作为生产要素，推进其优化配置是一个比较新的课题，也是推动经济发展数字化、网络化、智能化的基础工程。目前，我国数据要素的市场化配置还处于起步和发育阶段，市场规模还较小，需要加快推进相关体制机制建设。

国资监管从管企业转向管资本

《南方日报》：您从 20 世纪 90 年代开始研究国有企业改革，主张加快国有企业改革步伐，积极引入竞争机制。如何看待目前国企改革成效？深化国有企业改革还面临哪些挑战？

张卓元：总的来说，国有企业改革经历了漫长的历程。在党的十四届三中全会以前，国有企业改革主要是放权让利、扩大企业自主权，这在一定程度上调动了国有企业生产经营的积极性，但相对其他领域改革而言，那个时期国有企业制度创新仍进展缓慢。

当非公有制经济发展起来后，国企特别是国有小型企业面临较多困难，其中一些无法适应市场经济，需要地方财政进行补贴，导致地方财政负担较重。

当时中央提出国有企业"三年脱困"、抓大放小、"瘦身健体"，投入不少资金帮助大企业通过债转股等方式实现脱困，小企业通过出卖、股份合作制、租赁等多种方式"甩掉包袱"。"三年脱困"以后，国有企业数量从 30 多万家减少到 20 万家左右。

进入 21 世纪，国有大中型企业迅速发展壮大，国企在国民经济重要行业和关键领域继续发挥主导作用。到 2017 年，中央企业中的 68 家在集团层面完成公司制改革。

　　总体来看，国有企业改革基本沿着市场经济的方向推进。中国特色社会主义进入新时代后，国资监管逐步从以管企业为主转向以管资本为主，从做强做优做大国有企业发展为做强做优做大国有资本和国有企业，积极发展混合所有制经济，推进垄断行业改革，说明国有企业改革在不断深化。

　　《南方日报》：广东是改革开放的前沿阵地，新征程中如何更好推动高质量发展？

　　张卓元：广东改革开放一直走在全国前列，率先一步发展起来，人口也在不断增长，显示出发展后劲。特别是珠三角地区兴旺发达、加快发展，在创新驱动发展上积累了一定优势。未来广东要继续在改革开放、推动经济高质量发展、实施创新驱动发展战略上走在前列，不断积累和创造先进经验和做法，发挥好"排头兵""先行地""实验区"的作用。

　　广东也要致力于解决均衡发展这个问题，加大力度扶持粤东、粤西、粤北地区发展，逐步缩小地区间差距。

稳中求进：从改革思路到工作总基调[*]

稳定是发展的基石，行稳是致远的前提。习近平总书记多次强调，要坚持稳中求进工作总基调。这既是治国理政的重要原则，也是做好经济工作的根本方法。深刻理解"稳中求进"的丰富内涵，把握其发展的重要脉络，对在新发展阶段推动经济高质量发展迈出更大步伐具有重要意义。

把握历史脉络

近年来，中央经济工作会议都提出经济工作要稳中求进，其中绝大多数年份都提出要坚持稳中求进工作总基调。所谓"稳中求进"，就是既要"稳"，也要"进"。不稳无法进，不进难以稳，两者相辅相成、相互促进。稳，就是要保持宏观经济政策基本稳定，保持经济平稳较快发展，保持物价总水平基本稳定，保持社会大局稳定。进，就是要继续抓住和用好我国发展的战略机遇期，在转变经济发展方式上取得新进展，在深化改革开放上取得新突破，在改善民生上取得新成效。改革开放 40 多年来，自从提出稳中求进工作总基调后，我国一直保持物价总水平基本稳定。特别是 2012～2019 年，各年 GDP 与上年同比变动均不超过 1 个百分点，即使是新冠肺炎疫情全球大流行的 2020 年，中国经济依然交出了亮眼的答卷，中国是全球唯一实现经济正增长的主要经济体。一般认为，经济稳定的重要标志是经济增长稳定、物价基本稳定和就业充分等。这说明，2012 年以后，由于坚持稳中求进工作总基调，我国经济一直既快又稳地持续健康发展。

回望历史，"稳中求进"的概念，最早出现在 1988 年，当时有一些经济

---

* 《经济日报》2021 年 9 月 30 日。

学家接受相关机构委托，就当时的中期改革纲要提出意见。1985年以来，我国经济处于偏热状态，投资增速过快，货币供应量增加过多，居民消费价格指数年上涨率偏高，出现通货膨胀，导致经济出现波动。这一系列情况使改革进程受阻。正是针对上述情况，经济学家们提出此后经济发展和改革均应稳中求进，认为保持经济稳定增长是使改革得以逐步深化的基本条件。因此，这不仅是针对当时情况的现实方针，而且应当成为一个长期方针。要看到，经济不稳定、大起大落，相关政策一松一紧轮番交替，这样既不利于经济发展，使经济结构恶化、效益下降，又使比较全面的配套改革无法有序地出台，阻碍着改革的进程。稳定经济，必须先稳定物价、控制通胀。要做到这一点，就必须稳定经济增长速度，控制投资需求和消费需求总量，消除超常规的周期性波动。只有先稳定经济，改革才能有效推进和深化。此后，学界一般认为持上述观点的经济学家为"稳健改革派"。

应当说，"稳中求进"在20世纪80年代只是理论研究的一个成果，是针对当时改革发展中出现的问题提出的一项改革思路，在学界并没有引起热烈的讨论。在当时，希望发展改革快些再快些的人大有人在，也有人认为通货膨胀不会影响改革深化。但是，党和政府一直强调要正确处理改革发展稳定的关系，如果经济社会不稳定，那么什么事也干不了。党的十六大报告指出，"坚持稳定压倒一切的方针，正确处理改革发展稳定的关系。稳定是改革和发展的前提。要把改革的力度、发展的速度和社会可承受的程度统一起来，把不断改善人民生活作为处理改革发展稳定关系的重要结合点，在社会稳定中推进改革发展，通过改革发展促进社会稳定"。因此，中国的改革发展一直是在较好处理改革发展稳定的关系下前进的，改革开放40多年来，我国不仅在经济总量上得到极大提升，而且在经济质量上有了显著提升，经济社会发展取得了巨大成就，举世瞩目。

理解丰富内涵

自从近年来党中央把"稳中求进"进一步提升为工作总基调后，其内涵、功能、意义等已同20世纪80年代提出的"稳中求进"改革思路有了重大变化和扩展，至少表现在以下三个方面：

第一，提升功能和意义。20 世纪 80 年代，"稳中求进"主要是作为一种改革思路提出来的，而近年来，"稳中求进"则被明确为工作总基调，不但层次级别提到抓总的高度，而且覆盖面囊括全部经济工作。过去提出"稳中求进"，是针对当时经济过热、物价不稳定使经济改革难以推进的情况提出的，需要先想办法把经济稳定下来，使市场化改革能继续"进"，通过改革的不断深化推动经济增长。而作为工作总基调的"稳中求进"，则要统领经济社会发展全局，包括改革、发展以及改善民生、搞活微观主体、改善宏观调控等都要坚持稳中求进。正如 2016 年中央经济工作会议指出的，"稳中求进工作总基调是治国理政的重要原则，也是做好经济工作的方法论"，"稳是主基调，稳是大局，在稳的前提下要在关键领域有所进取，在把握好度的前提下奋发有为"。

第二，深化"稳"的内涵。20 世纪 80 年代稳定经济的着力点是稳定物价、治理通货膨胀。党的十八大以来，由于宏观调控得当，物价总水平一直保持基本稳定，因此"稳中求进"中"稳"的着力点已逐渐转向稳就业、稳市场主体。2018 年中央经济工作会议提出，要进一步稳就业、稳金融、稳外贸、稳外资、稳投资、稳预期，其中打头的是稳就业。2019 年中央经济工作会议继续提出要全面做好"六稳"工作，其中打头的还是稳就业。2020 年中央经济工作会议继续提出要扎实做好"六稳"工作、全面落实"六保"任务，其中"六保"是指保居民就业、保基本民生、保市场主体、保粮食能源安全、保产业链供应链稳定、保基层运转，这也是把稳就业、保就业放在首位，保市场主体主要也是保就业。与此同时，我国多年来实施就业优先政策。我国是一个人口大国，这些年每年需要在城镇就业的新成长劳动力都在 1000 万人以上，还有一些失业人员需要就业，一些农村劳动力需要转移就业。所以中央要求把就业优先放在经济发展更加突出位置，把支持实体经济的政策落实到位，把扩大有效需求的举措落实到位，把激发市场主体活力的改革落实到位，着力缓解民营、小微企业融资困难，发挥新产业新业态促进拓展新就业岗位的作用，带动更多就业。

第三，升华"进"的内容。首先，在经济增长方面，我国经济已由高速增长阶段转向高质量发展阶段。所谓高质量发展，是能够很好满足人民日益增长的美好生活需要的发展，是创新成为第一动力、协调成为内生特点、绿色成为普遍形态、开放成为必由之路、共享成为根本目的的发展。现在，我们已开启全面建设社会主义现代化国家新征程，力争到 2035 年基本实现社会主义现代化，到 21 世纪中叶建成富强民主文明和谐美丽的社会主义现代化强国。其次，在改革方面的"进"，则是要建设高水平的社会主义市场经济体制，重点是完善产权制度和要素市场化配置。最后，要更加重视民生改善，把做大的"蛋糕"分好，向实现全体人民共同富裕不断迈进。改革开放后，中国经济迅速腾飞，人民收入和生活水平普遍大幅度提高。与此同时，也存在收入差距较大的现象。党中央多次强调坚定不移走共同富裕道路。《中华人民共和国国民经济和社会发展第十四个五年规划和 2035 年远景目标纲要》提出，坚持居民收入增长和经济增长基本同步、劳动报酬提高和劳动生产率提高基本同步，持续提高低收入群体收入，扩大中等收入群体，更加积极有为地促进共同富裕。《中共中央　国务院关于支持浙江高质量发展建设共同富裕示范区的意见》发布，提出到 2025 年浙江省推动高质量发展建设共同富裕示范区取得明显实质性进展，到 2035 年浙江省高质量发展取得更大成就，基本实现共同富裕。习近平总书记在主持召开中央财经委员会第十次会议时强调，共同富裕是社会主义的本质要求，是中国式现代化的重要特征，要坚持以人民为中心的发展思想，在高质量发展中促进共同富裕。这就为我们做好经济工作进一步指明了方向。我们要牢牢把握，坚持循序渐进，正确处理效率和公平的关系，推动共同富裕取得更为明显的实质性进展。

第二篇
经济改革

我国国有企业改革 40 年的进程与展望*

中国国有企业改革（本文所论述的国有企业专指国有工商企业），是中国经济体制改革最重要的领域，也是最困难和争议最多的改革。中国的国有企业，从作为上级主管部门的附属物和"算盘珠"，到改革成为政企分开、政资分开的独立的市场主体和法人实体，是一个脱胎换骨的过程，其艰难困苦的程度可想而知。经过改革开放近 40 年的努力，可以认为，国有企业改革最困难的阶段已经过去，国有企业微观经济基础再造的任务已初步实现，绝大多数国有企业已基本上成为同社会主义市场经济相适应的市场主体，自主经营、自负盈亏。国有经济继续有力地在国民经济中发挥着明显的主导作用。

国有企业改革可以分为以下三大阶段：第一阶段为 1979~1992 年，主要是探索改革的正确方向。第二阶段为 1993~2012 年，以建立现代企业制度为方向，积极推进国有大中型企业公司制股份制改革。第三阶段为 2013 年至今，以国资改革带动深化国有企业改革。下面，先分别论述三大阶段改革，后论述从战略上调整国有经济布局、改革国有资产管理体制、推进垄断行业改革、发展混合所有制经济、转变政府职能和国有企业改革顶层设计等问题。

一、1979~1992 年探索国有企业改革的正确方向

1978 年 10 月，经国务院批准，四川省选择了重庆钢铁公司等 6 户地方国营工业企业，在全国率先进行"扩大企业自主权"试点，试点的主要内容是，逐户核定企业的利润指标，规定当年的增产增收指标，允许企业在年终完成计划后提留少量利润作为企业的基金，并允许企业给职工发放少量奖金。

---

* 魏礼群：《中国改革与发展热点问题研究》，商务印书馆 2018 年版。

1979 年 1 月，四川省把试点工业企业由 6 户增加到 100 户，同时在 40 户国营商业企业中也进行了扩大企业自主权的试点。1979 年 5 月 25 日，原国家经济贸易委员会、财政部等六部委联合发出通知，确定在首都钢铁公司等 8 户企业进行扩大经营管理自主权的改革试点。1984 年 5 月，《国务院关于进一步扩大国营工业企业自主权的暂行规定》规定了扩大企业十个方面的自主权，即生产经营计划权、产品销售权、产品定价权、物资选购权、资金使用权、资产处置权、机构设置权、人事劳动权、工资奖金使用权、联合经营权等。

1981 年年初，山东省等地以及以首钢为代表的企业在扩大企业自主权的基础上实行了利润包干的经济责任制。之后，全国各地陆续实行了一些不同的包干办法。首都钢铁公司制定向国家上缴利润每年递增 7.2% 的"上缴利润递增包干"经济责任制方案，得到国务院领导批准。于是，以山东省和首钢为代表的经济责任制改革在全国广大国有企业中蓬勃开展起来。

在这期间，还实行了两步利改税方案。1983 年 2 月 28 日，国务院批转财政部《关于国营企业"利改税"试点办法（草案）的报告》，决定从 1983 年 1 月 1 日开始，对国营企业实行"利改税"办法。具体做法是：国有企业保留原来（按销售收入计征）的工商税，把相当于基数利润的部分改为所得税，凡有盈利的国营大中型企业，按 55% 的税率计征所得税，所得的税后利润，一部分上缴国家，一定三年不变。剩余部分按照国家核定的留利水平留给企业。小型国营企业则实行利润按 8 级超额累进税率缴纳所得税，由企业自负盈亏。

1984 年 9 月 19 日，国务院批转了财政部《关于在国营企业推行"利改税"第二步改革的报告》，决定从 1984 年 9 月开始实施第二步"利改税"方案。主要内容：一是改变企业利润上缴形式，国家对国营企业实现利润分别征收所得税和调节税，调节税后的剩余利润作为企业留利；二是允许企业在征收所得税前从利润中归还技措贷款；三是调节税采取一户一率的办法分别核定；四是放宽小型企业标准；五是亏损企业和微利企业继续实行盈亏包干；六是增加税源。

由于外部体制不配套，"调节税"鞭打快牛现象的出现及当时历史条件的限制，利改税推行后国营企业利润连续 22 个月滑坡。利改税的作用尚未发挥就被承包制所取代，利改税改革事实上没有成功。

1987年3月召开的第六届全国人民代表大会第五次会议明确肯定了承包制。会议通过的《政府工作报告》指出，"今年改革的重点要放在完善企业经营机制上，根据所有权与经营权适当分离的原则，认真实行多种形式的承包经营责任制"。从1987年开始，全国掀起了第一次承包热潮①。到1987年底，全国预算内企业的承包面达78%，大中型企业达80%。1990年，第一轮承包到期的预算内工业企业有3.3万多户，占承包总数的90%。接着又开始第二轮承包。

从扩大经营自主权到承包制的放权让利改革，使国营企业开始有一定的活力。但是，承包制也有重大缺陷，承包制"一对一"谈判强化了政企不分，只有激励没有约束，所有权经营权分离了，但所有者缺位，所有权不能约束经营权。经营者滥用经营自主权谋取私利或小集体利益，普遍出现"内部人控制"，短期行为，以致不少企业承包一轮，国有资产流失一轮，"富了和尚穷了庙"，后果严重。实践告诉我们，国有企业改革不能以承包制为方向，必须另找出路，实行制度创新。

早在1987年，国家体改委委托中央和地方8家单位做中期（1987~1995年）改革规划纲要时，北京大学课题组、中央党校课题组等都明确提出应以股份制和现代企业制度作为国有企业改革的目标模式，而承包制由于存在着种种难以克服的缺陷和矛盾，不可能成为企业改革的目标模式。国家体改委综合规划司在汇总各家改革纲要时说，"各家方案较一致的看法是：中期改革的目标，应该是通过新旧体制的转换，确立社会主义商品经济新体制的主导地位。这种新经济体制的基本框架是'政府调控市场，市场引导企业'，它包括相互联系的三个方面内容，即经济运行的市场化，企业形态的公司化，宏观调控的间接化"。"企业形态的公司化，就是要把竞争性行业的大中型国营企业改造成股份有限公司或有限责任公司，建立起真正的企业法人制度。"② 可见，中国许多经济学家对当时普遍实行承包制的做法是不赞成的，至少认为不能作为中国国营企业改革的目标模式。

---

① 张卓元、郑海航：《中国国有企业改革30年回顾与展望》，人民出版社2008年版，第31-34页。

② 国家经济体制改革委员会综合规划司：《中国改革大思路》，沈阳出版社1988年版，第2页。

二、1993~2012 年确定国有企业改革的方向是建立现代企业制度并推行公司制改革

　　1992 年，党的十四大报告确立社会主义市场经济体制改革目标，明确市场在国家宏观调控下对资源配置起基础性作用。1993 年 11 月，党的十四届三中全会作出了《关于建立社会主义市场经济体制若干问题的决定》，在党的文件中第一次提出国有企业改革的方向是建立现代企业制度，并指出现代企业制度的特征是：产权清晰、权责明确、政企分开、管理科学。据我记忆，这四个特征是文件起草组反复研究和讨论，并专门请当时有关主管部门的负责人和专家一起经过多次会议商议后敲定的。现在看来，这四个特征的概括还是比较准确的。从此，中国国有企业改革进入制度创新阶段。

　　1999 年，党的十五届四中全会专门针对国有企业改革和发展问题作出决定，这是改革开放以来对国有企业改革和发展唯一的由中央全会专门作出的决定。1999 年《中共中央关于国有企业改革和发展若干重大问题的决定》（以下简称《决定》），对党的十五大报告关于国有企业改革和发展问题作了更为系统、深入和具体的阐述。《决定》专门论述了从战略上调整国有经济布局、推进国有企业战略性改组、建立和完善现代企业制度等问题。其中，对国有大中型企业实行规范的公司制改革作了新的完整的论述。《决定》说，"公司制是现代企业制度的一种有效组织形式。公司法人治理结构是公司制的核心。要明确股东会、董事会、监事会和经理层的职责，形成各负其责、协调运转、有效制衡的公司法人治理结构。所有者对企业拥有最终控制权。董事会要维护出资人权益，对股东会负责。董事会对公司的发展目标和重大经营活动作出决策，聘任经营者，并对经营者的业绩进行考核和评价。发挥监事会对企业财务和董事、经营者行为的监督作用。国有独资和国有控股公司的党委负责人可以通过法定程序进入董事会、监事会，董事会和监事会都要有职工代表参加；董事会、监事会、经理层及工会中的党员负责人，可以依照党章及有关规定进入党委会；党委书记和董事长可由一人担任，董事长、总经理原则上分设。充分发挥董事会对重大问题统一决策、监事会有效监督

的作用。党组织按照党章、工会和职代会按照有关法律法规履行职责。股权多元化有利于形成规范的公司法人治理结构，除极少数必须由国家垄断经营的企业外，要积极发展多元投资主体的公司"。需要指出，健全公司法人治理结构，1997年在党的十五大报告起草时已提出，但因认识不一致（怕很多人看不懂）删掉了，时隔不到两年，公司法人治理结构已作为公司制的核心写在党的四中全会决定中，说明改革进展之迅速和人们对改革认识程度提高之快。

中国国有企业由于多年来实行承包制不能适应市场经济的发展，还带来国有资产的流失，使许多国有企业包括大中型企业出现亏损，陷入困境。1997年党和政府提出帮助国有大中型企业脱困的任务，其目标是，从1998年起，用三年左右的时间，使大多数国有大中型亏损企业摆脱困境，力争到20世纪末大多数国有大中型骨干企业初步建立现代企业制度。到2000年底，这一目标已基本实现。1997年底，国有和国有控股大中型工业企业为16874户，其中亏损的为6599户，占比39.1%。到2000年，亏损户减为1800户，减少近3/4。在帮助亏损企业脱困的同时，进行了现代企业制度试点，逐步推行公司制股份制改革，努力使国有和国有控股大中型企业成为适应社会主义市场经济发展的市场主体和法人实体。三年国有大中型工业企业脱困，用去银行呆坏账准备金1500亿元以上，技改贴息200亿元左右，实施债权转股权共580户，债转股总额4050亿元，并于2000年4月1日开始停息，当年即可减少企业利息支出195亿元①。

还要看到，国有大中型工业企业只占全部国有企业的一小部分。据财政部材料，1998年底，全国国有企业（不含国有金融企业）共23.8万户。其中小企业困难很大，连年亏损。据有关部门2000年初统计，我国国有小型工业企业超过5万户，职工人数约1400万人，盈亏相抵至1999年已连续6年亏损，亏损额300亿元左右。在流通领域，国有物资企业连续7年亏损，商业企业连续5年亏损，粮食企业更是挂账几千亿元，外贸企业亏损面也很大。面对这种严峻情况，1997年党的十五大报告提出，"采取改组、联合、兼并、租赁、承包经营和股份合作制、出售等形式，加快放开搞活国有小型企业的

---

① 《经济日报》2001年6月19日。

步伐"。全国各地按照抓大放小的方针，采取了多种多样的形式，最主要的形式是出售，放开搞活小企业。这里包括山东省诸城模式（搞股份合作制）、广东顺德模式（出售）、湖南长沙模式（产权与职工身份双重置换）、四川宜宾模式（净资产转让）等。①

国有中小企业改革最艰难的是约3000万职工下岗分流。1999年，国有企业用工人数为6400万人，经过十多年改革，截至2010年，国有企业职工人数已下降到3599万人。从1997年党中央、国务院提出"鼓励兼并、规范破产、下岗分流、减员增效、实施再就业工程"的方针到2002年的5年间，党中央、国务院采取一系列政策措施，做企业富余人员的分流安置工作。到2002年，累计分流达2750万人。当时中国尚未建立社会保障体系，这些下岗分流人员如何安置，成为关系近3000万人（及其家庭）的生活和社会稳定的大问题。各地按照"企业消化为主，国家帮助为辅，保障基本生活"的方针，积极探索各行业内和企业建立下岗职工再就业中心。其运作模式是：企业下岗职工离开企业但不直接进入社会，而是进入行业再就业中心，接受中心的管理。再就业中心对下岗职工进行培训，发放下岗生活费，办理各种社会保险，并根据劳动力供求信息推荐就业。需要说明的是，在3000万下岗分流职工中，有一部分并没有进入再就业中心，有一些被买断了工龄，拿到的钱也很少，有的连1万元都不到，就被推到社会，生活很艰难。此后他们有时也找企业和政府，要求帮助。国务院国资委负责同志曾在一次会上说，国资委成立后，有相当长一段时间，大部分精力都用于处理国企改革的历史遗留问题，最主要是下岗分流职工的生活安置问题。

国有企业经过三年脱困，放开搞活小型企业和一部分中型企业，3000万职工下岗分流，特别是对国有大中型企业积极推行公司制股份制改革，使国有企业特别是大中型企业浴火重生，逐渐适应社会主义市场经济而发展壮大起来。

1994年，国务院就确定了100家国有企业进行现代企业制度试点，各地区、各部门随后也相继选择了一批企业进行试点，据统计，到1998年全国各地共有2714家企业进行了试点工作。经过各方面四年努力，试点工作基本上

---

① 邵宁：《国有企业改革实录（1998—2008）》，经济科学出版社2014年版，第三章。

达到了预期目标。按计划，1997 年百家试点工作结束，不再组织新的试点，转入正常的规范过程，成熟一家，改制一家。在国务院确定的百家试点中，原来有 74 家独立的工厂制企业，另有 26 家为行政性总公司和行业主管局。试点后，有 93 家改制为公司制企业，其中 70 家由工厂制改为国有独资的集团公司，在明确国有资产投资主体、理顺集团内部母子公司体制后，生产主体或子公司的投资主体实现了多元化。与此同时，各地选择进入试点范围的 2714 家企业中，共有 2066 家企业实现了改制，其中有限责任公司 712 家，股份有限公司 700 家，国有独资公司 654 家①。

经过 20 年的公司制股份制改革，到 2012 年底，90% 的国有企业已完成了公司制股份制改革，中央企业净资产的 70% 已在上市公司，中央企业及其子企业引入非公有资本形成的混合所有制企业户数已占到总户数的 52%。

在改革推动下，国有企业活力和竞争力不断增强，效益不断提高，国有经济快速发展。美国《财富》杂志发布的 2011 年世界 500 强中，中国内地上榜的达 70 家，其中 64 家为国有或国有控股企业。表 1 是 1998~2012 年国有工商企业发展的若干经济指标。

表 1　1998~2012 年国有工商企业发展的若干经济指标

项目	1998 年	2003 年	2012 年
国有企业户数（万户）	23.8	14.6	14.5
资产（万亿元）	14.87	19.78	85.37
营业收入（万亿元）		10.73	42.38
利润总额（亿元）	213.7	3202	16100
上缴税金（亿元）		8362	33500
中央企业数（户）		196	116
央企利润总额（亿元）		3006	13000
央企税金总额（亿元）		3563	18000

资料来源：邵宁：《国有企业改革实录（1998—2008）》，经济科学出版社 2014 年版；本书编写组：《党的十八届三中全会（决定）学习辅导百问》，党建出版社、学习出版社 2013 年版；迟福林：《市场决定》，中国经济出版社 2014 年版；《中国财富网》；《百度题库》。

---

①　邵宁：《国有企业改革实录（1998—2008）》，经济科学出版社 2014 年版，第 375 页。

三、2013年以来国资改革带动深化国有企业改革

2013年，党的十八届三中全会决定提出，"完善国有资产管理体制，以管资本为主加强国有资产监管，改革国有资本授权经营体制，组建若干国有资本运营公司，支持有条件的国有企业改组为国有资本投资公司。国有资本投资运营要服务于国家战略目标，更多投向关系国家安全、国民经济命脉的重要行业和关键领域，重点提供公共服务、发展重要前瞻性战略性产业、保护生态环境、支持科技进步、保障国家安全"。2015年9月24日，《中共中央、国务院关于深化国有企业改革的指导意见》对"以管资本为主"作了进一步解释。指出，"国有资产监管机构要准确把握依法履行出资人职责的定位，科学界定国有资产出资人监管的边界，建立监督权力清单和责任清单，实现以管企业为主向以管资本为主的转变。该管的要科学管理、决不缺位，重点管好国有资本布局、规范资本运作、提高资本回报、维护资本安全；不该管的要依法放权、决不越位，将依法应由企业自主经营决策的事项归位于企业，将延伸到子企业的管理事项原则上归位于一级企业，将配合承担的公共管理职能归位于相关政府部门和单位"。

各级国资委要实现从"以管企业为主"向"以管资本为主"转变，把原本属于企业的经营权归位于企业，是其职能的重大转变，涉及机构设置、人员配置、简政放权、利益调整等，是一种脱胎换骨的改变。同时，这也是重大的理论创新，既是实现国有企业政企分开、政资分开、所有权与经营权分离的治本之策，也有利于强化国有企业的市场主体地位、激发国有企业活力竞争力，有利于推进国有资本优化配置、向重点领域集中，还有利于维护国有资本的安全、防止国有资产流失。

根据中央决定精神，从2014年起，国务院国资委先后选择了神华集团有限责任公司、国投等八家央企开展国有资本投资公司试点，并选择了中国诚通控股集团有限公司、中国国新控股有限公司两家央企开展国有资本运营公司试点，截至2017年底，各地国资委共改组组建国有资本投资、运营公司89家。国务院国资委主任肖亚庆曾说，"两类公司试点取得了积极成果。在

总结经验的基础上，今年进一步扩大两类公司试点范围，更重要的是要在推进综合性改革上下功夫，着力提高国有资本运作效率和水平。创新国有资本运营模式，推动各类国有资本基金规范运作、发展壮大"①。

国资委以管资本为主，逐步建立国有资本投资公司和运营公司这两类公司，这就有利于增强国有资本的流动性，让国资委专注于优化国有资本配置，提高国有资本运作效率。特别是，这两类公司也是市场主体，它们可以成为国有企业和国资监管机构的隔离层，今后国资委不是国有企业事事都要向其请示的顶头上司，国资委不再"既是老板又是婆婆"了。这就有利于国有企业真正做到政企分开、政资分开。最重要的是企业董事会对重大事项有决策权了。《中华人民共和国公司法》（以下简称《公司法》）对股份有限公司和有限责任公司董事会赋予十一项职权，包括决定公司的经营计划和投资方案；制订公司的年度财务预算方案、决算方案，利润分配方案和弥补亏损方案，增加或减少注册资本以及发行公司债券的方案；决定公司合并、分立、解散或者变更公司形式的方案；决定公司内部管理机构的设置；决定聘任或者解聘公司经理及其报酬事项，并根据经理的提名决定聘任或者解聘公司副经理、财务负责人及其报酬等事项。因此，今后国有企业改革的一个重点，是健全董事会，落实董事会《公司法》赋予的决策权，以此完善公司治理结构，完善现代企业制度即现代公司制。2017 年，中国国企改革的一项重大举措是：6 月 26 日，中央全面深化改革领导小组第三十六次会议通过《中央企业公司制改制工作实施方案》。会议强调，公司制是现代企业制度的有效组织形式，是建立中国特色现代国有企业制度的必要条件，今年年底前基本完成国有企业公司制改制工作。2017 年 7 月，国务院办公厅出台了《中央企业公司制改制工作实施方案》，要求 2017 年年底前，按照 1988 年《全民所有制工业企业法》登记、国资委监管的中央企业（不含中央金融、文化企业）要全部改制为按照《公司法》登记的有限责任公司或股份有限公司，加快形成有效制衡的公司法人治理结构和灵活高效的市场化经营机制。此次改革涉及需要转制的 69 户央企集团公司总部（当时央企总共 101 户，改制的 69 户央

---

① 《经济参考报》2018 年 3 月 7 日。

企资产近 8 万亿元，以及 3200 余户央企子企业资产 5.66 万亿元）①。这也是落实国务院国资委以管资本为主的重要条件，因为这些央企集团公司只有真正转为公司制后，国务院国资委今后才有可能不再去直接管这些企业，转为以管资本为主。

四、从战略上调整国有经济的布局和结构

1997 年，党的十五大报告提出，"要从战略上调整国有经济布局。对关系国民经济命脉的重要行业和关键领域，国有经济必须占支配地位。在其他领域，可以通过资产重组和结构调整，以加强重点，提高国有资产的整体质量。只要坚持公有制为主体，国家控制国民经济命脉，国有经济的控制力和竞争力得到增强，在这个前提下，国有经济比重减少一些，不会影响我国的社会主义性质"。"把国有企业改革同改组、改造、加强管理结合起来。要着眼于搞好整个国有经济，抓好大的，放活小的，对国有企业实施战略性改组。以资本为纽带，通过市场形成具有较强竞争力的跨地区、跨行业、跨所有制和跨国经营的大企业集团。采取改组、联合、兼并、租赁、承包经营和股份合作制、出售等形式，加快放开搞活国有小型企业的步伐。"

1999 年，党的十五届四中全会发布的《关于国有企业改革和发展若干重大问题的决定》进一步指出，"从战略上调整国有经济布局，要同产业结构的优化升级和所有制结构的调整完善结合起来，坚持有进有退，有所为有所不为。目前，国有经济分布过宽，整体素质不高，资源配置不尽合理，必须着力加以解决。国有经济需要控制的行业和领域主要包括：涉及国家安全的行业，自然垄断的行业，提供重要公共产品和服务的行业，以及支柱产业和高新技术产业中的重要骨干企业。其他行业和领域，可以通过资产重组和结构调整，集中力量，加强重点，提高国有经济的整体素质"。在论述推进国有企业战略性改组部分，特别提出要放开搞活国有中小企业。这是对党的十五大报告抓大放小方针的进一步发展。

---

① 《经济参考报》2017 年 7 月 27 日。

改革开放前，在城市是国有企业一统天下，仅是工商企业就数以十万计。改革开放后，由于在经济活动中引入市场机制，开始出现市场竞争。在这种情况下，许多国有企业特别是中小型企业，由于其固有的体制机制弊端，如机构臃肿、冗员多、缺乏创新、出工不出力、产品多少年一贯制等，对此很不适应，这些企业由于没有市场竞争力，逐渐出现亏损甚至资不抵债。20世纪90年代中期以来，由于整个市场格局逐渐出现买方市场，这种情况越发严重。不少地方政府逐渐把当地国有小型企业看成负担、包袱。所以大体从1995年以后，逐渐有地方政府想办法让这些国有小型企业转制，比如山东诸城将这些企业转为股份合作制。广东顺德也是较早出售国有小企业的。其实这种情况是好的。

正是在这样的背景下，中央先是提出抓大放小的方针，接着又提出抓大放中小的方针，调整国有经济的布局，主要是要抓好国有大中型企业特别是大型骨干企业。1997年提出帮助国有企业三年脱困，脱困对象就是国有大中型企业，而且主要是工业企业。与此同时，提出着眼于搞好整个国有经济，而不企求把每一个国有企业都搞好，因为这是不可能做到的。1999年党的十五届四中全会还明确，国有经济主要控制关系国民经济命脉的四大行业和领域，控制了这些行业和领域，国有经济就具有较强的控制力，就能有效地在国民经济中发挥主导作用，左右国民经济的发展。

抓住大型企业，从整体上搞好国有经济，在此后又有两大方面的发展，一个是着力抓好中央企业，另一个是党的十九大报告提出的推动国有资本做强做优做大。

2003年，为加强对国有资产的监管，国务院和地方（省和市两级）成立国有资产监督管理委员会（以下简称国资委），划归国务院国资委监管的有196家中央企业。中央企业是国有企业的顶梁柱。当时在全国国有工商企业的国有资产总量中，中央企业占了一半多一点（56.7%），特别是，中央企业的资产质量普遍比较好，垄断行业中的大型骨干企业全部是中央企业。2003年，根据对中央企业的分析，190户中央企业，第一类涉及国防军工、自然垄断、提供重要公共产品、战略资源等直接关系国家安全和国民经济命脉的重要行业和关键领域的企业38户，占中央企业总数的20%，资产总额约占中央企业的72%。第二类涉及冶金、机械、电子、化工、建筑等国民经济支柱产业中的骨干企业和科技型企业 84 户，占中央企业总数的 44%，资产总额占中央企业总资产的 16%（其中重要的大企业 16 户，资产总额占中央企业的 10%）。第三类涉及其他行业领域的企业 68 户，资产总额约占中央企业的 12%[①]。2003 年成立国资委时，196 户中央企业的资产总额为 6.9 万亿元，而到 2017 年底，中央企业资产总额已发展到 54.5 万亿元。2016 年，中国有 83 家国有企业进入《财富》世界 500 强，其中绝大部分是中央企业。到 2016 年，中央企业研发经费约占全国研发经费支出总额的 1/4。2013～2016 年国家科技奖励中，中央企业获得 335 个奖项，占获奖项目总数的 1/3[②]。所以，要从整体上搞好国有经济，最关键的是要搞好中央企业，加快中央企业的改革和发展。

党的十九大报告提出要推动国有资本做强做优做大，这比从整体上搞好国有经济更加确切。因为国有经济中有部分公益性福利性企业或单位，它们的任务主要是做好服务，而不一定要求它们都去做强做优做大。国有资本做强做优做大，重要标志是要培育出越来越多的具有全球竞争力的世界一流企业。还有，2013 年，党的十八届三中全会通过的《中共中央关于全面深化改革若干重大问题的决定》（以下简称《决定》）提出的国有资本投资重点，也比党的十五届四中全会《决定》提出的四大行业和领域更加确切和全面。党的十八届三中全会《决定》提出，国有资本投资运营要服务于国家战略目标，更多投向关系国家安全、国民经济命脉的重要行业和关键领域，重点提供公共服务、发展重要前瞻性战略性产业、保护生态环境、支持科技进步、保障国家安全。党的十八届四中全会《决定》要求国家控制自然垄断的行业，党的十八届三中全会《决定》则提出国有资本继续控股经营的自然垄断行业，实行以政企分开、政资分开、特许经营、政府监管为主要内容的改革，根据行业特点实行网运分开，放开竞争性业务，推进公共资源配置市场化。所以，国有资本需要控制的，是垄断行业中的自然垄断业务，竞争性业务则要放开。党的十八届三中全会《决定》还把保护生态环境列为国有资本投资的一个重点，这是新提出来的。

---

① 邵宁：《国有企业改革实录（1998—2008）》，经济科学出版社 2014 年版，第 474 页。
② 《人民日报》2017 年 7 月 28 日。

1997 年以来，由于贯彻落实上述调整国有经济布局和结构的方针，已取得明显成效。首先，国有工商企业的户数逐渐减少。1998 年，全国国有企业户数为 23.8 万户，而到 2012 年，已减为 14.5 万户，中央企业也从 2003 年的 196 户减少为 2018 年的不到百户。其次，国有资产大幅增加。1998 年，全国国有企业资产总额为 13.5 万亿元，而到 2016 年底，全国国资监管系统企业资产总额达到 144.1 万亿元。最后，国有资本进一步向重要行业和关键领域、向前瞻性战略性产业、向优势企业集中。到 2017 年，国有资产在军工、电信、民航、能源等领域占比达 90% 以上。还有，公司制股份制改革不断推进，截至 2016 年底，中央企业各级子企业公司制改制面达到 92%，省级国资委监管企业改制面超过 90%①。而中央企业 2017 年下半年已将 69 户尚未进行公司制改革的转为公司制。

需要指出，直到 2017 年，从战略上调整国有经济布局和结构的任务尚未完成。党的十九大报告指出，"加快国有经济布局优化、结构调整、战略性重组"。存在的问题主要是，国有企业户数还是太多，很多还是处于一般竞争性行业，特别明显表现在涉足房地产行业的企业和资产太多，国有资本尚未很好像党的十八届三中全会《中共中央关于全面深化改革若干重大问题的决定》要求的那样向五个方面集中。垄断行业改革滞后，许多非自然垄断环节不愿放开，妨碍资源的优化配置。由于国资改革进展缓慢，也影响国有企业改革的深化，包括影响国有经济布局和结构的优化。国有企业要想真正成为政企分开、政资分开的市场主体，也有待国资改革的进一步深化。

五、改革国有资产管理体制

中国有庞大的国有资产。改革开放后，随着国有经济的快速发展，国有资产包括总资产和净资产都在快速增长。为了更有效地运用好这笔劳动人民创造的巨大资产，需要改革国有资产管理体制，建立和健全适合社会主义市场经济的国有资产管理体制。1998 年，国务院成立了国家国有资产管理局。

---

① 《人民日报》2017 年 7 月 28 日。

上海、深圳、武汉、青岛等地分别建立了国有资产监督管理机构，探索国有资产管理模式。在改革试点方面，1994年，国务院决定把中国石化总公司等三个全国性行业总公司作为国家控股公司试点。1998年以来，国务院先后批准了石化、军工、电力等领域44家企业集团进行授权经营试点。1998年，国务院对大型国有企业实行了稽查特派员制度，两年后过渡到向国有重点大型企业派出监事会①。20世纪八九十年代，改革的深化暴露出国有资产管理存在两大方面问题：一是"九龙治水"、多头管理，有了成绩都抢着要算在自己名下，出了问题则互相推诿，谁都不负责任。二是"内部人控制"严重，常常造成国有资产流失。2002年，党的十六大报告在总结过去各方面经验的基础上，明确了国有资产管理体制改革的原则。这就是，建立由中央政府和地方政府分别代表国家履行出资人职责，享有所有者权益，权利、义务和责任相统一，管资产和管人、管事相结合的体制。此后国有资产管理体制改革加快并取得进展。

首先是组建机构。继2003年国务院国资委成立后，到2004年6月，全国31个省份（不含港澳台地区）和新疆生产建设兵团国资委全部成立，地（市）级国有资产监督管理机构组建工作也基本完成。与此同时，制定了《企业国有资产监督管理暂行条例》和与此相配套的规章。经历14年起草的《企业国有资产法》已于2007年12月列入全国人大常委会议程。2008年10月28日，全国人大常委会通过并发布了《中华人民共和国企业国有资产法》，并于2009年5月1日起实施。

发展业绩喜人。到2016年底，全国国资监管系统企业资产总额达到144.1万亿元，比1998年的14.87万亿元增加了近9倍，上缴税费总额约占全国税收收入的1/3，增加值贡献占到全国GDP的1/7。其中中央企业资产总额达到50.5万亿元，比2003年增加6倍多②。1998年，进入《财富》世界500强的国有企业只有3家，而到2016年，则猛增到83家。这说明中国国有企业的竞争力大幅提升。

2003年，党的十六届三中全会还提出建立国有资本经营预算制度的任

---

① 全国人大财政经济委员会法案室：《国有资产管理体制改革与立法》，《中国发展观察》2007年第12期。

② 《人民日报》2017年7月28日。

务；2007 年，党的十七大报告进一步提出要建立国有资本经营预算制度。这是深化国有资产管理体制改革的重大举措。1994 年以来，国有企业的利润是留归企业支配的，那时国有企业处境比较困难，利润不多。经过多年的发展，特别是进入 21 世纪后，国有企业利润大幅度增加，2007 年达 1.62 万亿元，其中中央企业利润近万亿元。在这种情况下，利润全部留归企业已不合适，建立国有资本经营预算制度提上了议事日程。这样做，有利于加快推进国有企业的资产重组和兼并破产支付必要的改革成本，还可用一部分收上来的利润支付对老职工的欠账等。

2003 年开始建立的管资产和管人、管事相结合的国有资产监督管理体制，运行了十年后，人们发现，各级国资委都出现了对所监管的国有企业，既当老板又当"婆婆"的现象，许多应当由企业董事会决定的事情，都要向国资委请示报告，企业的法人财产权得不到尊重，董事会形同虚设，政企和政资没有很好分开，影响企业的活力和创造力。这说明，国资改革需要进一步深化。

2013 年，党的十八届三中全会《中共中央关于全面深化改革若干重大问题的决定》提出，"完善国有资产管理体制，以管资本为主加强国有资产监管，改革国有资本授权经营体制，组建若干国有资本运营公司，支持有条件的国有企业改组为国有资本投资公司"。还提出，"划转部分国有资本充实社会保障基金。完善国有资本经营预算制度，提高国有资本收益上缴公共财政比例，二〇二〇年提高到百分之三十，更多用于保障和改善民生"。

这意味着，第一，国资委的职责有重大变化，要从以管企业为主向以管资本为主转变。国资委与国有企业中间将出现国有资本投资运营公司，从二层架构变为三层架构，让国有资本投资运营公司真正成为国有企业的老板，只履行老板的职责，不当"婆婆"。因此，国资委转变职能的当务之急，是尽快组建国有资本投资和运营公司，把国有企业出资人的职责尽快交给国有资本投资运营公司，让国有企业真正拥有法人财产权和自主经营权。2014 年国资委确定的八家中央企业开展国有资本投资公司试点和两家央企国有资本运营公司试点后，已取得一定成效。一是基本完成了向投资、运营公司的转型。根据国有资本投资运营公司功能定位，各企业内部实施了总部职能调整、业务板块整合、子企业授权议权等多项改革，实现了管理体制的重塑和再造。

二是充分发挥了投资、运营公司的平台作用。投资公司立足优势产业，推进产业重组整合，在产业引领和供给侧结构性改革中充分发挥表率作用。运营公司探索国有资本市场化运作，支持了央企结构调整、创新发展和提质增效。三是积极探索了企业内部机制改革的途径方式。不少试点企业开展综合性改革试点，率先推进落实董事会职权、职业经理人制度、薪酬分配差异改革、混合所有制改革等，推动企业加快形成市场化经营新机制，有力激发了企业活力①。2018年3月5日，《政府工作报告》要求，"深化国有资本投资、运营公司等改革试点，赋予更多自主权"。相信在党和政府推动下，两类公司试点将取得新进展。

第二，着力健全公司法人治理结构，重点是加强董事会建设。要切实落实和维护董事会依法行使重大决策、选人用人、薪酬分配等权利，保障经理层经营自主权，法无授权任何政府部门和机构不得干预。加强董事会内部的制衡约束，国有独资、全资公司的董事会和监事会均应有职工代表，董事会外部董事应占多数，落实一人一票表决制度，董事对董事会决议承担责任。

第三，逐步提高国有资本收益上缴公共财政的比例。党的十八届三中全会通过的《中共中央关于深化改革若干问题的决定》明确要求到2020年国有资本收益上缴公共财政比例提高到30%，这是一个相当高的要求。这项改革措施2014年就有动作，3月25日财政部公布的经营预算明确从2014年起，中央企业国有资本收益收取比例在现有基础上提高5个百分点②。此后这一比例也在逐步提高。

六、积极推进混合所有制改革，发展混合所有制经济

《中共中央关于全面深化改革若干重大问题的决定》的一个重要亮点，是提出积极发展混合所有制经济。"积极发展混合所有制经济。国有资本、

---

① 《经济参考报》2018年3月13日。
② 《经济参考报》2014年3月26日。

集体资本、非公有资本等交叉持股、相互融合的混合所有制经济，是基本经济制度的重要实现形式，有利于国有资本放大功能、保值增值、提高竞争力，有利于各种所有制资本取长补短、相互促进、共同发展。允许更多国有经济和其他所有制经济发展成为混合所有制经济。国有资本投资项目允许非国有资本参股。允许混合所有制经济实行企业员工持股，形成资本所有者和劳动者利益共同体。"

党的十八届三中全会《决定》强调积极发展混合所有制经济，推动混合所有制改革，我们认为其背景主要有以下三点：

第一，是为了充分动员国有资本和其他社会资本更好地共同推动社会主义市场经济的发展。中国经过 30 多年的改革开放，伴随着经济的高速增长，国有资本、集体资本、个体私营非公有资本都呈现几十倍的增长，2010 年以来，每年利用外资均在 1000 亿美元以上。根据财政部 2014 年 7 月 28 日公布的数据，截至 2013 年底，全国国有企业资产总额 104.1 万亿元，所有者权益 37 万亿元。2012 年年底，私营企业注册资本达 31 万亿元。居民储蓄存款也大量增加，到 2014 年年初，居民的银行储蓄存款余额达 47 万亿元，其中定期存款占一半以上。在这种情况下，积极发展混合所有制经济，有利于更好地动员各类资本参与社会主义现代化建设。同时这也意味着，我国经济在宏观层面上，已经是混合经济了，即国有经济、集体经济、个体私营经济和外资经济共同发展。我们今天讲发展混合所有制经济，主要指微观层面的发展混合所有制企业，而且主要是推进国有企业的混合所有制改革，真正实现投资主体多元化。

第二，国有资本和非国有社会资本交叉持股相互融合，可以更好地发挥各自优势，取长补短，实现高质量发展。大家知道，国有资本实力雄厚，而民营资本社会资本更具活力，这两方面有机结合，能够取得 "1+1>2" 的效应。可是在党的十八届三中全会《决定》作出前一段时间，不少地方国企却热衷于找央企合作，企求靠央企雄厚实力带动自己的发展。实际上，这并不是地方国企改革的方向。地方国企改革的方向仍然是实现投资主体多元化的公司制、股份制、混合所有制。混合所有制是公司制和股份制的升级版。因为公司制可以是国有独资公司，股份制也可以是由多个国有投资主体组建的股份制企业，而混合所有制企业则一般应当是既有国有资本，又有非国有资本或非公有资本，从而真正做到投资主体多元化。

第三，为垄断行业改革打开一条通道。比较长的一段时间，垄断行业都以存在网络型自然垄断业务为由，拒绝引入非国有战略投资者，打着自然垄断的名义，行行政垄断之实。而随着科技进步，所有垄断行业都会出现越来越多的非自然垄断的竞争性业务。但是中国垄断行业改革一直进展缓慢，困难重重，有的专家甚至认为垄断行业改革是一个"伪命题"，也有的专家认为中国经济面临的不是垄断问题，而是集中度不够的问题。以致垄断行业普遍效率不高，影响资源的优化配置，同时收费高、服务质量差。举一个例子，中国汽油价格比美国高出不少，而品质并不高，成为大城市空气重要的污染源。这里面除了中国的税收较高外，重要的是原油进口长时期被"三桶油"垄断，炼油厂也被他们垄断，缺乏竞争，造成成品油质次价高，消费者利益受损。因而各方面都要求加快垄断行业改革。《关于促进市场公平竞争维护市场正常秩序的若干意见》要求自然垄断行业放开竞争性业务，就是为了进一步推进垄断行业改革。而发展混合所有制经济，正是为垄断行业放开竞争性业务打开一条通道。也就是说，垄断行业可以把竞争性业务向社会引入非国有资本，组建混合所有制企业，这样做，不但可以放大国有资本的功能，更重要的是在市场竞争推动下能提高效率，实现创新发展。我国经过30多年的改革开放，处于竞争性领域的国有企业，一般均已实行公司制股份制改革，投资主体已经多元化了，已经是混合所有制经济了。剩下国有独资的，主要是处于垄断领域的大型特大型国有企业，它们的改革必须从打破垄断入手。2013年9月6日，国务院常务会议提出，尽快在金融、石油、电力、铁路、电信、资源开发、公用事业等领域向民间资本推出一批符合产业导向、有利于转型升级的项目，形成示范带动效应，并在推进结构改革中发展混合所有制经济。此后改革有一些进展。

2014年7月15日，国务院国资委宣布在中央企业启动混合所有制经济试点，并确定中国医药集团总公司、中国建筑材料集团公司开展混合所有制经济试点。主要探索发展混合所有制经济的有效途径，目的有六个：一是探索建立混合所有制企业有效制衡、平等保护的治理结构；二是探索职业经理人制度和市场化劳动用工制度；三是探索市场化激励和约束机制；四是探索混合所有制企业员工持股制度；五是探索对混合所有制企业的有效监管机制以及防止国有资产流失的方法和途径；六是探索在混合所有制企业开展党建工作的有效机制①。与此同时，全国许多省市也纷纷推出发展混合所有制经济的方案。如重庆市提出，用3~5年时间，使2/3左右国有企业发展成为混合所有制企业，适宜上市的企业力争全部上市。广东省则计划2017年混合所有制企业户数比重将超过60%等。党的十八届三中全会至2016年底，中央企业及下属企业共推进混合所有制改革1995项，中央企业集团及下属企业混合所有制企业（含参股）占比达到了68.9%，上市公司的资产、营业收入和利润总额在中央企业"总盘子"中的占比分别达到61.3%、62.8%和76.2%②。

2017年后，混合所有制改革有新进展。主要表现在，由国家发展和改革委员会牵头的混合所有制改革试点企业第一、二批共19家，第三批31家，三批共50家。国家发展和改革委员会新闻发言人介绍，试点企业通过混合所有制改革，有三个明显成效，投资实力明显增强，杠杆率明显降低，经济状况明显改善，特别是中国联通、东航物流等落地实施，改革力度大，市场反映积极，营造了良好社会氛围。前两批试点的都是央企，进入第三批试点的有地方国企，而且有垄断行业大企业。三批混合所有制改革试点示范项目，不仅涵盖了中央企业和部分地方国企，而且实现了电力、石油、天然气、铁路、民航、电信、军工七大重要领域全覆盖，并延伸到国有经济较为集中的一些重要行业。

作为第一批改革试点的企业，东航物流通过混改在2017年取得了营业收入同比增长三成、利润总额增长超七成的好成绩，同年净资产回报率也达到53.25%，远高于世界一流航空物流企业15%净资产回报率的平均水平。在混合所有制改革中，东航物流成功引入了诸如普洛斯、德邦快递等外资和民营资本，外资和中高级管理人员、核心业务骨干等员工持股比例达到25%。第二批混改试点企业中国联通，是首例垄断领域央企，共引入包括腾讯、百度、阿里巴巴、京东等民资在内的14家战略投资者，联通集团持股比例由62.7%降至36.7%，集团公司管理职能人员编制减少51.3%，31个省级分公司压减机构205个，集团二级机构正副职退出14人，省级分公司中层干部受聘平均

---

① 《人民日报》2014年7月16日。
② 《人民日报》2017年7月28日。

退出率15%，实现了组织扁平高效、资源内耗大幅减少。同时，中国联通向7800余名核心员工授予占总股本2.7%的限制性股票，调动了最核心要素的积极性①。

截至2017年底，我国已有超过2/3的中央企业引进了各类社会资本，半数以上的国有资本集中在公众化的上市公司，3家中央企业成为集团层面的混合所有制企业，中央企业二级子企业以下混合所有制企业户数占比超过50%。

可以设想，通过新一轮混合所有制改革后，中国国有企业将出现如下格局：保留极少数国有独资企业，包括国有资本投资公司和运营公司，重要公益性企业等；垄断行业国企一般将发展为混合所有制企业，其中自然垄断环节业务国有资本控股，有一段时间还要绝对控股，竞争性业务国有资本控股或参股；竞争性行业一般实行混合所有制经营，国有资本可以控股或参股，参股多也可以采取国有资本投资公司持有优先股的办法，有些也可以退出。

参考文献

［1］国家经济体制改革委员会综合规划司：《中国改革大思路》，沈阳出版社1988年版。

［2］中共中央编写组：《中共中央关于建立社会主义市场经济体制若干问题的决定》，1993年11月14日。

［3］江泽民：《高举邓小平理论伟大旗帜，把建设有中国特色社会主义事业全面推向二十一世纪——在中国共产党第十五次全国代表大会上的报告》，1997年9月12日。

［4］《中共中央关于国有企业改革和发展若干重大问题的决定》，1999年9月22日。

［5］张卓元、郑海航：《中国国有企业改革30年回顾与展望》，人民出版社2008年版。

［6］张卓元：《张卓元经济文选》，中国时代经济出版社2010年版。

［7］中共中央编写组：《中共中央关于全面深化改革若干重大问题的决定》，2013年11月12日。

［8］邵宁：《国有企业改革实录（1998—2008）》，经济科学出版社2014年版。

---

① 《人民日报》2018年4月13日。

［9］迟福林：《市场决定》，中国经济出版社 2014 年版。

［10］习近平：《决胜全面建成小康社会　夺取新时代中国特色社会主义伟大胜利——在中国共产党第十九次全国代表大会上的报告》，2017 年 10 月 18 日。

［11］张卓元：《经济转型与改革攻坚》，中国人民大学出版社 2017 年版。

［12］李克强：《政府工作报告》，2018 年 3 月 5 日。

新时代　新动力*

摘　要：中国特色社会主义进入了新时代，我国经济已由高速增长阶段转向高质量发展阶段，动力变革成为推动经济发展三大变革之一。创新是引领发展的第一动力，并要以科技创新引领全面创新。要挖掘和发挥好各种新动能，加快发展高技术新兴产业，大力发展教育事业，更好发挥人力资本作用，包括激发和保护企业家精神，从而实现劳动力从数量红利到质量红利的转变。最根本的是要加快完善社会主义市场经济体制，创新和完善宏观调控，进一步营造公平竞争的市场环境，激发各类市场主体活力。

关键词：十九大；新时代；新动力；创新驱动

习近平总书记在党的十九大报告中深刻指出，经过长期努力，中国特色社会主义进入了新时代，这是我国发展新的历史方位。同时指出，我国经济已由高速增长阶段转向高质量发展阶段，正处在转变发展方式、优化经济结构、转换增长动力的攻关期。动力变革成为推动经济发展三大变革之一。寻找和研究新动力，以便更好地推动经济高质量发展，具有重要意义。根据学习体会，我认为新时代新动力至少包括以下几个方面：

一、创新是引领发展的第一动力

党的十九大报告强调，创新是引领发展的第一动力，是建设现代化经济体系的战略支撑。创新包括科技创新、制度创新、理论创新、管理创新、文

---

* 《全球化》2018 年第 2 期。

化创新等，要以科技创新引领全面创新。这就要求加快创新型国家建设，使社会生产力和劳动生产率的提高主要依靠科技进步和创新，拥有一批世界一流的科研机构、实验室、研究型大学和创新型企业。要认真实施创新驱动发展战略，面向世界科技前沿、面向经济主战场、面向国家重大需求，推动科技创新重点领域取得新突破。我国产业要迈向中高端水平，应不断提高全要素生产率，实现高质量发展，就要大力推进科技创新，提高科技进步对经济增长的贡献率。党的十八大以来，我国在这方面已取得显著成就，科技进步对经济增长的贡献率从 2012 年的 52.2% 提高到 2016 年的 56.2%，有力地推动了产业的转型升级。但是还不够，不少发达国家科技进步对经济增长的贡献率已达到 70% 以上，我们还需大力追赶。我国已经拥有一批具有国际先进水平的技术和产业，但是还远远不够。我们有不少制造业的核心技术尚未很好掌握，比如我国一年进口芯片就高达 2200 多亿美元，主要是自己不具备生产能力。要促进我国产业迈向全球价值链中高端，培养若干世界级先进制造业集群，就要不断增加对研发的投入，逐步提高研发投入占国内生产总值的比重，加强国家创新体系建设，加强知识产权保护和激励，建设高端科技创新人才队伍，促进各类人才合理流动，充分发挥科技是第一生产力的作用。

党的十九大作出了决胜全面建成小康社会，开启全面建设社会主义现代化国家新征程的历史性决策，要求到 2020 年全面建成小康社会，到 2035 年基本实现现代化，到 2050 年把我国建成富强民主文明和谐美丽的社会主义现代化强国。实现这一雄伟目标，意味着我国产业升级到中高端和高端，经济增长越来越需靠全要素生产率的提高，进入高收入国家行列并逐渐达到中等发达国家水平。这就必须依靠科技创新和进步，以便大幅度提高经济发展质量和效率，使创新真正成为引领发展的第一动力。

二、挖掘和发挥好各种新动能

党的十九大报告指出，"深化供给侧结构性改革。建设现代化经济体系，必须把发展经济的着力点放在实体经济上，把提高供给体系质量作为主攻方向，显著增强我国经济质量优势。加快建设制造强国，加快发展先进制造业，推动互联网、大数据、人工智能和实体经济深度融合，在中高端消费、创新引领、绿色低碳、共享经济、现代供应链、人力资本服务等领域培育新增长点，形成新动能"。

党的十八大以来，随着经济的转型升级，经济发展方式转变，供给侧结构性改革日益深化，各种各样新动能不断涌现，由传统动能为主逐步转变为新功能崛起，创业创新、网络经济、数字经济、分享经济等加快发展。比如国家信息中心发布的《中国分享经济发展报告2017》指出，我国分享经济市场交易额约为3.5万亿元，比2016年增长103%。有的专家估计，到2025年左右，中国信息消费总额将接近2万亿美元，电子商务交易规模将达到10万亿美元。2016年高技术产业增加值占规模以上工业增加值的比重达到12.4%，比2012年提高3个百分点。新技术、新经济、新业态带来的新动能促进了就业的快速增长。李克强总理在2017年夏季达沃斯论坛上指出，在2016年城镇新增就业中，新动能的贡献率占70%左右。

劳动力是生产力最活跃因素。过去我们靠庞大的低成本劳动力扩张生产规模，成为经济高速增长的重要因素。现在要转向高质量发展，就不能继续靠农民工干粗活累活，而要对劳动力进行专业和技术培训，让他们干细活，做工匠，把一些粗活累活让机器人干。加快发展高技术新兴产业，更要培养造就一大批具有国际水平的战略科技人才、科技领军人才、青年科技人才和高水平创新团队。这就要大力发展教育事业，加快教育现代化，发展职业教育，培训在职职工，全面提高教育质量，提高经济社会发展各个层面劳动者素质，更好发挥人力资本作用，包括激发和保护企业家精神，从而实现劳动力从数量红利到质量红利的转变。这是动力变革的一个重要内容。

党的十九大报告强调保持土地承包关系稳定并长久不变，明确第二轮土地承包到期后再延长30年。这一重大决策使农村土地承包关系从第一轮承包开始保持稳定长达75年，充分表明中央坚定保护农民权益的决心，给广大农民吃了一颗"定心丸"，有利于保护和调动农民的生产经营积极性，成为发展农业生产的新动能。2016年底，中共中央发布《关于完善农村土地所有权承包权经营权分置办法的意见》，实行土地所有权、承包权、经营权"三权分置"。这是我国农村改革的重大举措，能够有力地推进农业现代化进程。党的十八大以来，中国城镇化率年均提高1.2个百分点，8000多万农业转移人口成为城镇居民，2016 年常住人口城镇化率上升到 57.4%。今后城镇化率将进一步提高，从而带动劳动生产率的提高。

以开放促改革促发展，是我国改革开放近 40 年的宝贵经验。党的十九大报告提出，"推动形成全面开放新格局。开放带来进步，封闭必然落后。中国开放的大门不会关闭，只会越开越大。要以'一带一路'建设为重点，坚持引进来和走出去并重，遵循共商共建共享原则，加强创新能力开放合作，形成陆海内外联动、东西双向互济的开放格局。拓展对外贸易，培育贸易新业态新模式，推进贸易强国建设"。党的十八大以来，中国对外开放步伐加快，成效显著。提出了"一带一路"倡议，建立了上海等 11 个自由贸易试验区，坚决捍卫经济全球化和推动经济全球化朝着更加开放、包容、普惠、平衡、共赢的方向发展，提出构建人类命运共同体，优化区域开放布局，促进贸易和投资自由化便利化，创新对外投资合作方式等。上述举措在党的十九大报告中得到进一步全面部署，必将为中国经济的高质量发展注入强大动力。

三、最根本的是要加快完善社会主义市场经济体制

党的十九大报告指出，"经济体制改革必须以完善产权制度和要素市场化配置为重点，实现产权有效激励、要素自由流动、价格反应灵活、竞争公平有序、企业优胜劣汰"。现代产权制度是社会主义市场经济体制的基石，其基本特征是归属清晰、权责明确、保护严格、流转顺畅。党的十八届三中全会关于全面深化改革的决定，把完善产权保护制度列为经济体制改革部分的第一项重要举措。党的十九大报告进一步把完善产权制度作为经济改革重点，这是很有针对性的，因为近几年在工作中落实产权保护制度不够，曾一度导致民间资本外流和民间资本固定资产投资增速下滑。为此，2016 年 11 月 27 日，中共中央、国务院公布了《关于完善产权保护制度依法保护产权的意见》，此后文件落实情况较好，这就给各类市场主体特别是非公经济市场主体投资创业吃了"定心丸"。党的十九大报告把完善产权制度作为今后经济改革重点，是对党的十八届三中全会《中共中央关于全面深化改革若干

重大问题的决定》的继承和发展。关于要素市场化配置，实际是市场在资源配置中起决定性作用的另一种说法。与要素市场化配置相呼应，党的十九大报告专门提出要加快要素价格市场化改革，这是一个亮点，是落实市场在资源配置中起决定性作用、使市场机制有效的重大举措。

对深化国有企业改革作出了进一步的顶层设计。党的十九大报告指出，"要完善各类国有资产管理体制，改革国有资本授权经营体制，加快国有资产布局优化、结构调整、战略性重组，促进国有资产保值增值，推动国有资本做强做优做大，有效防止国有资产流失。深化国有企业改革，发展混合所有制经济，培育具有全球竞争力的世界一流企业"。国有企业改革是中国经济改革中最困难的改革，是真正的硬骨头。党的十八大以来，国企改革有所加快，取得不小进展，但人们期望能更快些、取得更多实质性进展。党的十九大报告提出的许多改革任务，是过去党的文件中曾提出过的，但由于尚未很好完成，所以需要重申。同时，报告也提出了新的更高要求的改革举措。比如，提出推动国有资本做强做优做大，这是对党的十八届三中全会《中共中央关于全面深化改革若干重大问题的决定》所说的国有资产监管机构"以管资本为主"提出了明确的要求。又如，培育具有全球竞争力的世界一流企业，也反映了中国经济实力的强大和建设现代化经济体系的高标准要求。

进一步营造公平竞争的市场环境，激发各类市场主体活力。党的十九大报告提出，"全面实施市场准入负面清单制度，清理废除妨碍统一市场和公平竞争的各类规定和做法，支持民营企业发展，激发各类市场主体活力。深化商事制度改革，打破行政性垄断，防止市场垄断，加快要素价格市场化改革，放宽服务业准入限制，完善市场监管体制"。我国自贸试验区外商投资负面清单已由2013年的190项减少至2017年的95项，减少了50%。有关部门提出，要在总结前期试点经验的基础上，不断完善相关制度，确保从2018年起正式实行全国统一的市场准入负面清单制度。报告中还有一些新的提法，针对性都很强，比如支持民营企业发展，防止市场垄断，加快要素价格市场化改革等，目的在于完善现代市场体系，让各类企业平等竞争，增强微观主体活力。

创新和完善宏观调控。党的十九大报告提出，"创新和完善宏观调控，发挥国家发展规划的战略导向作用，健全财政、货币、产业、区域等经济政策协调机制"。与党的十八届三中全会《中共中央关于全面深化改革若干重大问题的决定》比较，这次加了区域政策，少了价格政策。这是符合实际的。因为党的十八届三中全会的《决定》作出后，价格改革又取得了许多新的进展，到 2016 年，97% 以上的商品和服务价格均已放开由市场调节，价格政策已很难发挥其调控经济的作用。与此不同，中国是幅员辽阔的大国，区域政策对优化生产力布局、推动区域经济协调发展有重要作用，而促进重大经济结构协调和生产力布局优化，正是宏观调控的主要任务之一。

深化财税改革。党的十九大报告指出，"加快建立现代财政制度，建立权责清晰、财力协调、区域均衡的中央和地方财政关系。建立全面规范透明、标准科学、约束有力的预算制度，全面实施绩效管理。深化税收制度改革，健全地方税体系"。深化财税改革很重要，也必须攻坚。以税制改革为例，提高直接税比重、开征房地产税、建立综合与分类相结合的个人所得税制、完善地方税体系等，都涉及利益的重大调整，是真正难啃的硬骨头，而这些改革对于推进国家治理体系和治理能力现代化是至关重要的。

深化金融体制改革。党的十九大报告指出，"深化金融体制改革，增强金融服务实体经济能力，提高直接融资比重，促进多层次资本市场健康发展。健全货币政策和宏观审慎政策双支柱调控框架，深化利率和汇率市场化改革。健全金融监管体系，守住不发生金融风险的底线"。值得注意的是，这次专门提出健全货币政策和宏观审慎政策双支柱调控框架，这是很重要的。因为货币政策主要关注物价稳定，关注不出现通货膨胀。货币政策要不要关注资产价格变动一直有争议。2008 年国际金融危机爆发前，美国的物价是稳定的，但是金融资产价格大幅度上涨。金融危机爆发后，大家反思认为，要维持金融系统的稳定，只关注物价的货币政策是不够的，还要有宏观审慎政策。2017 年 7 月 14~15 日举行的全国金融工作会议，就提出了双支柱调控框架。所谓宏观审慎政策，主要是把各类金融活动包括房地产金融等纳入监管，目的在于避免出现系统性金融风险。

做到了以上几点，我们就能构建起市场机制有效、微观主体有活力、宏观调控有度的经济体制，不断增强我国经济创新力和竞争力。

中国经济四十年市场化改革的回顾[*]

摘　要：1978 年底，中国实行改革开放，标志着开始走上中国特色社会主义道路。经济市场化改革是经济改革的主线，历程波澜壮阔：在改革初期，在社会经济活动中引入市场机制，尊重价值规律的作用；在深化改革阶段，改革的核心问题是要处理好政府与市场的关系，而确立社会主义市场经济体制改革目标科学地回答了这一重大问题。改革开放以来，坚持了市场化改革，才使中国经济迅速起飞，目前正在从世界经济大国向经济强国阔步迈进。

关键词：中国经济；市场化改革；社会主义市场经济；回顾

1978 年年底，中国实行改革开放，标志着开始走上中国特色社会主义道路。由邓小平开创的这条崭新的社会主义道路，使中国经济社会在短短的近 40 年发生了翻天覆地的变化。中国从积贫积弱的落后国家一跃成为世界第二大经济体，人均国内生产总值从 1978 年开始实行改革开放时的 190 美元飚升为 2016 年的 8000 美元，进入中上收入国家行列。中国人民满怀信心在 2020 年全面建成小康社会，2035 年基本实现社会主义现代化，2050 年建成富强民主文明和谐美丽的社会主义现代化强国，实现中华民族的伟大复兴。

中国走上复兴之路，关键在于实行改革开放，逐步推进以建立和健全社会主义市场经济体制为重点的五位一体的改革，坚定不移实行对外开放和建立开放型新经济体制。中国在建设中国特色社会主义的伟大实践中，积累了十分丰富的经验，就经济领域来说，主要是推进市场化改革，或者说，市场化改革是经济改革的主线。这是因为：

第一，中国改革开放是从在社会经济活动中引入市场机制、尊重价值规律的作用开始的，从而经济活力不断增强。

---

* 《经济与管理研究》2018 年第 39 卷第 3 期。

第二，经济体制改革的核心问题是要处理好政府与市场的关系，而确立社会主义市场经济体制改革目标科学地回答了这一重大问题。1992 年，党的十四大报告指出，"我们要建立的社会主义市场经济体制，就是要使市场在社会主义国家宏观调控下对资源配置起基础性作用"。2013 年，党的十八届三中全会《中共中央关于全面深化改革若干重大问题的决定》进一步指出，"经济体制改革是全面深化改革的重点，核心问题是处理好政府和市场的关系，使市场在资源配置中起决定性作用和更好发挥政府作用。市场决定资源配置是市场经济的一般规律，健全社会主义市场经济体制必须遵循这条规律，着力解决市场体系不完善、政府干预过多和监管不到位问题"。

第三，正是改革开放以来坚持了市场化改革，才使中国经济迅速起飞，连续 30 多年以年均近两位数速度增长，国家的经济实力和影响力、人民大众的生活水平，以人们难以想象的速度大幅上升，目前正在从世界经济大国向经济强国阔步迈进！

一、改革开放初期在社会经济活动中引入市场机制

1978 年 12 月，具有伟大历史意义的党的十一届三中全会开启了改革开放建设中国特色社会主义的新时期。全会否定"以阶级斗争为纲"的错误理论和实践，作出了把党和国家的工作中心转移到经济建设上来、实行改革开放的历史性决策。全会公报指出，"现在我国经济管理体制的一个严重缺点是权力过于集中，应该有领导地大胆下放，让地方和工农企业在国家统一计划的指导下有更多的经营管理自主权"。"应该坚决实行按经济规律办事，重视价值规律的作用，注意把思想政治工作和经济手段结合起来，充分调动干部和劳动者的生产积极性。"

20 世纪 70 年代末 80 年代初，中国开始采取一系列引入市场机制的改革开放举措，使国民经济迅速活跃起来，产出和财富快速增长，市场开始繁荣，广大干部和群众都亲身体会到市场机制的神奇作用。首先，农村开始改革，实行家庭联产承包责任制，大大解放了农村生产力，农业生产迅速恢复和发展，农民收入大幅度提高。按可比价格计算，农林牧副渔业总产值 1985 年比

1978 年增长 61.1%，年均增速达 7.1%，大大高于一般年份增长 2%～3%的速度，大大增强了改革开放的物质基础[1]。其次，逐步放开农副产品、小商品和工业消费品价格，结果是"放到哪里活到哪里"，商品价格放开后，虽然价格有一定上涨，但供应迅速增加，解决了长期困扰老百姓的商品短缺问题，并带来市场的繁荣。再次，对国有企业实行放权让利，使国有企业有一定的自主权，开始调动了广大职工的积极性，企业也有了一定活力。最后，还允许个体工商户发展，兴办经济特区和引进外资等。

经济学家也在改革实践的鼓舞下行动起来。在党的解放思想、实事求是思想路线指引下，1979 年 4 月在江苏省无锡市举行了全国第二次经济理论研讨会，主题是社会主义制度下价值规律的作用。参加研讨会的有 300 多人，中国最负盛名的经济学家薛暮桥、孙冶方参加了这次会议并作大会发言。会议收到论文上百篇，提出了许多具有深远影响和超前的理论观点，包括：肯定社会主义经济也是一种商品经济，肯定社会主义经济中市场调节的作用和竞争机制的作用[2]。有的学者提出，企业是独立的或相对独立的商品生产者和经营者，主张逐步扩大企业自主权。1980 年 1 月，蒋一苇进一步提出了著名的企业本位论[3]。有学者提出对现有不合理的价格体系和管理体制需要进行改革，逐步缩小工农业产品价格剪刀差等[4]。现在看来，1979 年的经济理论研讨会对中国改革实践起着一定的先导作用。

二、确认社会主义商品经济过程中出现尖锐的思想交锋

确认社会主义商品经济是推进市场化改革的重大步骤。在 20 世纪 70 年代末 80 年代初，包括 1979 年的全国第二次经济理论研讨会，经济学界就有不少人发表文章认为社会主义经济也是一种商品经济，价值规律在社会经济活动中起调节作用。但是，也有一些经济学家对此持反对态度，并一度引起激烈的争论。其中最突出的是，1982 年，在党的十二大报告起草过程中，参加起草工作的袁木等五位同志给当时主管意识形态工作的胡乔木写了一封信，信中针对开始在经济理论界占主流地位的强调市场机制的作用、认为社会主义经济也是一种商品经济的主张提出批评。信中说，"在我国，尽管还存在

商品生产和商品交换，但是绝不能把我们的经济概括为商品经济。如果作这样的概括，那就会把社会主义条件下人们之间的共同占有、联合劳动的关系，说成是商品等价物交换的关系；就会认定支配我们经济活动的，主要是价值规律，而不是社会主义的基本经济规律和有计划发展规律。这样就势必模糊有计划发展的社会主义经济和无政府状态的资本主义之间的界限，模糊社会主义经济和资本主义经济的本质区别"。[5]1982 年 8 月，胡乔木批转了这封信件。

自那以后，大概有一年左右的时间，出现了不少批判社会主义经济是商品经济的文章，而主张社会主义经济也是一种商品经济的文章则销声匿迹，致使一些人对市场化改革表示怀疑。但是，阻挡改革大潮的杂音是注定要被冲垮的。经济体制改革的逐步展开，市场机制带来的经济活力有力地冲击着传统的经济理论。从 1983 年开始，社会主义商品经济论以其更强烈的现实背景和更充分的理论论证，重新登上中国的论坛，吸引着社会各界的关注和支持。特别是，1984 年 10 月 20 日党的十二届三中全会作出了《关于经济体制改革的决定》（以下简称《决定》），肯定了中国社会主义经济是公有制基础上的有计划商品经济，以党的文件方式对经济学界这几年的争论作了总结。《决定》说，"改革计划体制，首先要突破把计划经济同商品经济对立起来的传统观念，明确认识社会主义计划经济必须自觉依据和运用价值规律，是在公有制基础上的有计划的商品经济。商品经济的充分发展，是社会经济发展的不可逾越的阶段，是实现我国经济现代化的必要条件。只有充分发展商品经济，才能把经济真正搞活，促使各个企业提高效率，灵活经营，灵敏地适应复杂多变的社会需求，而这是单纯依靠行政手段和指令性计划所不能做到的"。从此以后，大家对中国发展商品经济和尊重价值规律的认识深入到一个新的阶段。

邓小平对这个决定给予很高的评价。他在《决定》通过的第三天，即 1984 年 10 月 22 日说，"前天中央委员会通过这个决定的时候我讲了几句话，我说我的印象是写出了一个政治经济学的初稿，是马克思主义基本原理和中国社会主义实践相结合的政治经济学，我是这么个评价"。"这次经济体制改革的文件好，就是解释了什么是社会主义，有些是我们老祖宗没有说过的话，有些新话。我看讲清楚了。过去我们不可能写出这样的文件，没有前几年的实践不可能写出这样的文件。写出来，也很不容易通过，会被看作'异端'，我们用自己的实践回答了新情况下出现的一些新问题。"[6]

党的十二届三中全会《中共中央关于经济体制改革的决定》也有认识不足之处，写了一句被后来改革实践超越的观点，这就是："在我国社会主义条件下，劳动力不是商品，土地、矿山、银行、铁路等等一切国有的企业和资源也都不是商品。"

三、条条道路通向社会主义市场经济

社会主义商品经济论确立后，市场化改革继续推进，个体私营经济快速发展，国有企业放权让利改革进一步推进，经济运行机制改革特别是价格改革走在前列，带动商品和服务市场日益繁荣和发展，要素市场也开始建立，宏观经济管理从直接管理向间接管理转变，实行全方位对外开放，积极参与国际市场竞争，等等。1987年，国家体改委组织中央和地方八个单位制订中期（1988年起三年、五年和八年）改革规划纲要，各家方案较一致的看法是：中期改革的目标，应该是通过新旧体制的转换，确立社会主义商品经济新体制的主导地位。这种新体制的基本框架是"政府调控市场，市场引导企业"，它包括相互联系的三个方面内容，即"经济运行的市场化，企业形态的公司化，宏观调控的间接化"[7]。还要指出的是，有的课题组明确指出，"有计划的商品经济体制，即有宏观管理的市场经济体制"[8]。

1987年，党的十三大报告指出，"社会主义有计划商品经济的体制，应该是计划与市场内在统一的体制"。"计划与市场的作用范围都是覆盖全社会的。新的经济运行机制，总体上来说应当是'国家调节市场，市场引导企业'的机制。国家运用经济手段、法律手段和必要的行政手段，调节市场供求关系，创造适宜的经济和社会环境，以此引导企业正确地进行经营决策。"

党的十三大以后，中国市场化改革继续深入开展，1988年还尝试价格改革闯关，大量放开价格，但因受到通货膨胀的干扰未成。主张社会主义商品经济就是市场经济的文章逐渐多了起来，认为由市场配置资源比由计划配置资源更有效率。

有的经济学家对那几年的市场取向改革表示怀疑或否定，比如有人批判说，"他们把商品经济关系，说成是社会主义生产关系的基础，鼓吹我们要建立的就是与商品经济相适应的经济体制"。[9]有人还把"怀疑社会主义计划经济的可能性和必要性，崇尚市场调节的作用"列为"资产阶级自由化的第八个表现"[10]。还有人说，"市场经济，就是取消公有制，这就是说，是否定共产党的领导，否定社会主义制度，搞资本主义"[11]。也有人说，在经济上讲"市场化"就是"自由化"[12]。

当然，坚持市场化改革的也大有人在。这里要特别提出的是，在反驳"计划取向派"的文章中，颇有影响的是皇甫平的几篇文章。文章的背景是，1991年春节前夕，邓小平在上海视察。他语重心长地对上海市的负责人说，"改革开放还要讲，我们的党还要讲几十年……光我一个人说话还不够，我们党要说话，要说几十年。当然，太着急也不行，要用事实来证明，当时提出农村实行家庭联产承包，有许多人不同意，家庭承包还算社会主义吗？嘴里不说，心里想不通，行动上就拖，有的顶了两年，我们等待。""不要以为，一说计划经济就是社会主义，一说市场经济就是资本主义，不是那么回事，两者都是手段，市场也可以为社会主义服务。""希望上海人民思想更解放一点、胆子更大一点、步子更快一点。"[6]时任中共上海市委书记朱镕基在市委常委会上传达了邓小平讲话精神后，上海《解放日报》社党委书记周瑞金与报社评论部负责人凌河、中共上海市委政策研究室施芝鸿三人，以"皇甫平"为笔名，写了四篇系列评论文章，在2月15日至4月22日相继发表在《解放日报》上，阐述邓小平讲话精神。其中，3月2日发表的第二篇评论《改革开放要有新思路》，提出要防止陷入某种"新的思想僵滞"，批评"有些同志总是习惯于把计划经济等同于社会主义，把市场经济等同于资本主义，认为在市场经济背后必然隐藏着资本主义的幽灵"。明确提出，"资本主义有计划，社会主义有市场"，并说，"这种科学认识的获得，正是我们在社会主义商品经济问题上又一次更大的思想解放"。文章认为，不能把发展社会主义商品经济和社会主义市场同资本主义简单等同起来，不能把利用外资同自力更生对立起来，不能把深化改革同治理整顿对立起来，不能把持续稳定发展经济、不急于求成同紧迫感对立起来。"总之，进一步解放思想，是保证我们完成第二步战略目标的必要条件。"第三篇评论《扩大开放的意识要更强些》刊登在 3 月 22 日出版的《解放日报》上，认为"如果我们仍然囿于'姓社还是姓资'的诘难，那就只能坐失良机"。

皇甫平的文章遭到了一些人的批评。1991 年 4 月 20 日，《当代思潮》杂志发表文章《改革开放可以不问姓"社"姓"资"吗?》，说"在自由化思潮严重泛滥的日子里，曾有过一个时髦的口号，叫作不问姓'社'姓'资'"。"结果呢? 在不问姓'社'姓'资'的排斥下，有人确实把改革开放引向了资本主义化的邪路。"《真理的追求》杂志发表《重提姓'社'与姓'资'》一文，说"所谓改革不要问姓'社'姓'资'本来是'精英'们为了暗度陈仓而施放的烟幕弹"。北京的大报和杂志也进行了类似的批评[5]。

在改革争论的关键时刻，邓小平讲话了。1992 年春，邓小平在著名的南方谈话中，更加直截了当地说，"计划多一点还是市场多一点，不是社会主义与资本主义的本质区别。计划经济不等于社会主义，资本主义也有计划；市场经济不等于资本主义，社会主义也有市场。计划和市场都是经济手段"。"特区姓'社'不姓'资'。"邓小平的谈话反映了中国改革实践的呼声，得到广大干部和群众以及许多经济学家的拥护和热烈响应。1992 年 3 月，中共中央政治局会议明确提出，"计划和市场，都是经济手段。要善于运用这些手段，加快发展社会主义商品经济"。

在这之前不久，1991 年 10 ~ 12 月，时任中共中央总书记江泽民主持召开了十一次专家座谈会（每次半天），参加这十一次座谈会的专家大部分是经济学家，其中有中国社会科学院的刘国光、蒋一苇、李琮、张卓元、陈东琪，国务院发展研究中心的吴敬琏、王慧炯、林毅夫，国家体改委的杨启先、傅丰祥、江春泽，中国银行的周小川，国家计划委员会的郭树清以及外交部、安全部、中联部的有关专家，总共不到 20 人。座谈会讨论了三个问题：一是分析资本主义为什么"垂而不死"；二是对东欧剧变进行分析；三是对中国如何进一步推进改革开放的重大问题进行研讨，目的是为次年党的十四大有关经济体制改革和政策纲领提法进行酝酿。每次会议均由江泽民总书记主持。在座谈会上，一些专家建议实行社会主义市场经济体制，因为世界各国经济发展实践表明，市场配置资源的效率比计划配置资源的效率高。这个意见获得到会专家的普遍赞同。因此，座谈会的最主要成果是酝酿了"社会主义市场经济体制"的倾向性提法，同时还对这一重要提法给出两点解释：一是市场在资源配置中发挥基础性作用，二是市场是有国家宏观调控而不是放任自流的。这样就为江泽民总书记 1992 年 6 月 9 日在中央党校的讲话和 1992 年党的十四大确立社会主义市场经济体制改革的目标提供了重要的理论准备[13]。

现在看来，正是邓小平 1992 年初的南方谈话和江泽民 1991 年底主持召开的座谈会，为社会主义市场经济体制改革目标的形成奠定了坚实的基础。

1992 年 10 月，党的十四大正式宣布，"我国经济体制改革的目标是建立社会主义市场经济体制"。并明确指出，"社会主义市场经济体制，就是要使市场在社会主义国家宏观调控下对资源配置起基础性作用"。这就意味着长达十几年的关于计划与市场的争论、计划经济与市场经济的争论，基本上打了一个句号，社会主义市场经济体制改革目标确立起来了，市场化改革方向确立起来了。

1993 年，党的十四届三中全会作出了《关于建立社会主义市场经济体制若干问题的决定》，对党的十四大确立的社会主义市场经济体制改革目标具体化。进一步确定了社会主义市场经济体制的基本框架，这就是，"建立社会主义市场经济体制，就是要使市场在国家宏观调控下对资源配置起基础性作用。为实现这个目标，必须坚持以公有制为主体、多种经济成分共同发展的方针，进一步转换国有企业经营机制，建立适应市场经济要求，产权清晰、权责明确、政企分开、管理科学的现代企业制度；建立全国统一开放的市场体系，实现城乡市场紧密结合，国内市场与国际市场相互衔接，促进资源的优化配置；转变政府管理经济的职能，建立以间接手段为主的完善的宏观调控体系，保证国民经济的健康运行；建立以按劳分配为主体，效率优先、兼顾公平的收入分配制度，鼓励一部分地区一部分人先富起来，走共同富裕的道路；建立多层次的社会保障制度，为城乡居民提供同我国国情相适应的社会保障，促进经济发展和社会稳定。这些主要环节是相互联系和相互制约的有机整体，构成社会主义市场经济体制的基本框架"。以上几条，也就是中国社会主义市场经济体制的"四梁八柱"，也是市场化改革的基本内容。

四、确立社会主义市场经济体制改革目标
使改革大步向前

1992 年社会主义市场经济体制改革目标确立后，中国的市场化改革大步推进，并于 20 世纪末初步建立起社会主义市场经济体制，社会主义经济运行从计划主导型转为市场主导型。

1994 年，经过多方谈判协调，实现了用市场经济国家通行的分税制代替原来落后的地方财政包干制，使中央财政收入占整个财政收入的比重逐步达到 50% 以上，从而增强了中央政府用财政政策调控宏观经济的能力。在分税制中，增值税是最大的税种，实行中央与地方分成，中央得 75%，地方得 25%，消费税则全归中央，增值税和消费税比上年增长的部分以 1∶0.3 比例返还地方。这一改革一方面促进了财政收入的迅速增长，1993 年全国财政收入 4348.95 亿元，而到 2007 年，全国财政收入跃增至 51304.03 亿元，增长（名义增长）了 10.8 倍；另一方面是中央财政收入所占比重迅速提高，1993 年中央财政收入占全国财政收入的比重为 22%，而到 2007 年，这一比重提高到 54.1%，此后一直稳定在 50% 以上[14 - 15]。

个体私营经济快速发展，逐步打破公有制一统天下的局面，以公有制为主体、多种所有制经济共同发展的基本经济制度建立起来。私营经济户数 1993 ~ 1995 年增幅均达 50% 以上，1996 ~ 2002 年年均增幅也达 15% 以上[14 - 15]。

改革开放后，中国开始利用外资。1992 年确立社会主义市场经济体制改革目标和 2001 年加入世界贸易组织，使中国吸收和利用外资走上快车道。

到 2012 年底，中国外商投资企业共计达 440609 家，投资总额 32610 亿美元，注册资本 18814 亿美元，其中外资为 14903 亿美元。中国吸引的外商投资中，有 60% 左右投向制造业[15]。

由于个体、私营和外资企业的不断发展，到 2012 年，中国非公有制经济对国民经济的贡献已超过 60%，对就业岗位的贡献已超过 80%，对促进经济增长、活跃经济生活、满足人民群众多方面的需要，起着不可替代的

作用[15]。

国有企业公司制股份制改革逐步推进。随着市场化改革的深入，大量国有企业由于机制缺陷，不能适应市场而陷入困境。1997 年，党和政府提出帮助国有企业脱困的任务，其目标是，从 1998 年起，用三年左右时间，使大多数国有大中型亏损企业摆脱困境，力争到 20 世纪末，大多数国有大中型骨干企业建立现代企业制度。到 2000 年底，这一目标已基本实现。1997 年底，国有及国有控股大中型企业为 16874 户，其中亏损的为 6599 户，占 39.1%；到 2000 年，亏损户减少为 1800 户，减少近 3/4。在帮助国有大中型企业脱困的同时，进行现代企业制度试点，逐步推行公司制股份制，努力使国有企业成为适应社会主义市场经济发展的市场主体和法人实体。改革使国有企业逐步适应市场经济的发展[16-17]。

2012 年，有 54 家国有企业进入《财富》杂志发布的世界 500 强。国有经济牢牢地控制着国民经济命脉的重要行业和关键领域。2012 年底，国有控股上市公司 953 家，占 A 股上市公司总量的 38.5%，市值 13.71 万亿元，占 A 股上市公司总市值的 51.4%[15]。经济运行机制也在加快转换，市场在资源配置中逐渐起基础性作用。1992 年以后，价格改革的重点逐步转向资源产品和生产要素价格的市场化。到 20 世纪末，中国商品和服务价格已基本上放开，由市场调节，统一开放、竞争有序的市场体系已初步建立。中国经济市场化程度一般估计已达 70% 以上，市场格局也发生了重大变化，买方市场已取代连续近半个世纪困扰中国人民的卖方市场。有关机构 1995 年以来对 600余种主要商品供求状况的调查结果显示，从 1995 年开始供过于求的迹象已显现。在大部分商品供求平衡的基础上，供过于求商品的比重已经开始超过供不应求商品。到 1998 年上半年，中国消费品零售市场上已经没有供不应求的商品，而供过于求的商品的比例已占 25.8%[18]。

进入 21 世纪后，中国积极推进资源产品价格形成机制改革，坚持市场化方向，提高市场化程度。首先是放开煤炭价格，实现由市场调节。深化成品油价格改革，到 2012 年成品油价格已与国际市场原油价格间接接轨，2013年 3 月又将调价周期由原来的 22 个工作日缩短至 10 个工作日，并取消调整幅度限制，但设置了成品油价格调控的上下限（上限为每桶 130 美元，下限为每桶 40 美元）。深化天然气价格改革，建立天然气价格与可替代能源价格挂钩的动态调整机制，实现了非居民用天然气存量气与增量气价格并轨。放开直供用户天然气价格后，占消费总量80%的非居民用气门站价格已由市场主导形成。逐步提高一直严重偏低的水价，调整水资源费、排污费和污水处理费。

生产要素价格市场化改革也逐步推进。劳动力市场中农民工工资已由市场形成。利率市场化程度不断提高，先放开贷款利率，后放开存款利率，包括上浮幅度。人民币汇率也逐步放开，经常账户汇率早在21世纪末就已由市场形成，资本项目可兑换也在逐步推进。土地市场也在逐步提高市场化程度。

中国于2001年11月加入世界贸易组织，这是顺应经济全球化的重大举措，具有里程碑式的意义。加入世界贸易组织，表明中国对外开放进入新的阶段。在"入世"谈判过程中，许多人忧心忡忡，认为"入世"会影响国家经济安全，包括金融业、商业、农业、信息业等许多产业会受到很大冲击。但中国"入世"后的实践证明，"入世"对中国利大于弊，原来的许多担心都没有出现。"入世"后，中国对外经济贸易关系获得大发展，提高了开放型经济水平。据世界贸易组织统计，2002~2012年，中国出口总额年均增速达到21.3%，在全球的位次由第六位升至第一位。2012年中国货物出口占全球比重达到11.2%；货物贸易进出口总额38670亿美元，居世界第二位；服务贸易进出口总额4710亿美元，居世界第三位，其中服务出口居全球第五位。从对外投资看，2012年中国对外直接投资额为878亿美元，居世界第三位[15,19]。

2003~2012年，中国经济在高速发展过程中改革有所放慢，但还是在继续推进改革，并且取得一定成效。这包括，2005年以来上市公司股权分置改革、四大国有商业银行整体上市、取消农业税、集体林权制度改革、2005年起人民币汇率形成机制改革、成品油价格形成机制改革、增值税转型、企业所得税和个人所得税改革、资源税费改革、房地产税改革试点、文化体制改革、医疗卫生体制改革、以全覆盖为目标的社会保障体系建设等。另外，也要承认，这几年的确没有特别重要和关键环节以带动全局的改革。

五、党的十八大以后社会主义市场经济论的深化和发展

2013 年，党的十八届三中全会通过的《中共中央关于全面深化改革若干重大问题的决定》，吹响了全面深化改革的号角，重启了全面深化改革的新征程。《中共中央关于全面深化改革若干重大问题的决定》中经济体制改革部分有许多亮点，是对社会主义市场经济论的重大发展，对深化社会主义市场经济论有重要意义。

1. 《中共中央关于全面深化改革若干重大问题的决定》的第一大亮点，是用市场在资源配置中起决定性作用的提法，代替已沿用 21 年的"市场在资源配置中起基础性作用"的提法

《中共中央关于全面深化改革若干重大问题的决定》说，"经济体制改革是全面深化改革的重点，核心问题是处理好政府和市场的关系，使市场在资源配置中起决定性作用和更好发挥政府作用"。"紧紧围绕使市场在资源配置中起决定性作用深化经济体制改革。""决定性"和"基础性"只有两字之差，但含义却有相当大的区别。决定性作用能够更加确切和鲜明地表达市场机制对资源配置的支配作用，更好地反映市场经济的基本规律即价值规律的内在要求。

市场在资源配置中起决定性作用，主要指向有三点：

第一，解决政府对资源配置干预过多问题。直到 2012 年，中国经济体制存在的最突出的问题是政府对资源的直接配置过多，一些地方政府公司化倾向严重，追求本地区短期 GDP 增幅最大化，为此不惜拼资源拼环境，大量资源被低效利用，浪费严重，同时造成环境污染和生态损害，债台高筑，对民生问题不够重视，老百姓对此怨言不少。一些中央部门则热衷于维持审批体制，追求部门利益，有些官员甚至搞权钱交易，违法谋取私利。与此同时，政府在向老百姓提供基本公共服务、维护公平竞争市场环境、监管食品药品安全及治理环境污染等方面又做得很不到位。所以，《中共中央关于全面深化改革若干重大问题的决定》指出，"必须积极稳妥从广度和深度上推进市场化改革，大幅度减少政府对资源的直接配置，推动资源配置依据市场规则、

市场价格、市场竞争实现效益最大化和效率最优化"。可以看出，政府改革、政府职能转变是这轮深化改革的关键，也是落实市场在资源配置中起决定性作用的关键。此后，国务院持续推进简政放权、放管结合、优化服务改革。李克强总理在 2017 年 3 月 5 日作的《政府工作报告》提到，"在提前完成本届政府减少行政审批事项三分之一目标的基础上，去年又取消 165 项国务院部门及其指定地方实施的审批事项，清理规范 192 项审批中介服务事项、220项职业资格许可认定事项"。相对而言，地方政府改革力度需要加大一些。地方政府如何大幅度减少对资源的直接配置，如何逐步摆脱对土地财政的依赖，如何硬化财政约束和不再无序扩张债务，如何更好加强公共服务、市场监管、社会管理、环境保护等职责，有待交出更好的答卷。

第二，解决市场体系不健全、真正形成公平竞争的市场环境问题。要使市场在资源配置中起决定性作用，需要有全国统一开放的市场体系和公平竞争的环境。正如《中共中央关于全面深化改革若干重大问题的决定》指出的，"建设统一开放、竞争有序的市场体系，是使市场在资源配置中起决定性作用的基础。必须加快形成企业自主经营、公平竞争，消费者自由选择、自主消费，商品和要素自由流动、平等交换的现代市场体系，着力消除市场壁垒，提高资源配置效率和公平性"。直到 2012 年，中国的市场体系还不够完善，主要表现在生产要素和资源产品价格市场化程度还不够高，存在不同程度的扭曲，这同政府不当干预过多有关，也同市场发育不够成熟有关；市场公平竞争环境也不健全，有的地方政府搞市场封锁，对外地产品和流向外地原材料搞价格歧视；搞行政垄断和经济垄断，滥用市场支配地位，妨碍竞争，谋求不正当利益；为鼓励本地区高耗能产品生产的发展，不顾国家禁令实行优惠电价，违规实行低地价零地价招商引资，放纵排污和税收优惠等；假冒伪劣产品也时有出现，冲击市场，坑害消费者。《中共中央关于全面深化改革若干重大问题的决定》公布后，现代市场体系建设进程明显加快。深化价格改革取得新进展，截至 2016 年底，97% 以上商品和服务价格已由市场形成，一些重要领域如电力、成品油、天然气、铁路运输等的价格市场化程度显著提高。金融监管逐步加强和完善，2017 年中央金融工作会议确定成立国务院金融稳定委员会，主要任务是防止发生系统性金融风险。放宽市场准入，对外资实行负面清单管理。自贸试验区外商投资负面清单已由 2013 年的

190 项减少至 2017 年的 95 项，减少了一半。有关部门还提出，确保从 2018 年起正式实行全国统一的市场准入负面清单制度。随着农村改革的深化，从两权分离即农村集体土地所有权和农户土地承包权的分离，发展为三权分立即农村集体土地所有权、农户土地承包权、农村土地经营权的分离，发展土地承包经营权流转市场，发展多种形式的适度规模经营。

第三，解决对非公有制经济的歧视性规定，包括消除各种隐性壁垒设置等问题。直到 2012 年，无论是理论界还是经济界，总是有人认为非公有制经济是陈旧的、落后的生产方式，对非公有制经济在社会主义市场经济中的地位和作用估计不足，不承认非公有制经济同公有制经济一样都是中国经济社会的基础。《中共中央关于全面深化改革若干重大问题的决定》第一次明确指出，"公有制经济和非公有制经济都是社会主义市场经济的重要组成部分，都是我国经济社会发展的重要基础"。这也是《中共中央关于全面深化改革若干重大问题的决定》的一个亮点。一段时期以来，由于认识的不足，有的也是为了维护既得利益，导致在政策上和行动上对非公有制经济设置和实施了一些歧视性规定和举措，在市场准入方面设置"玻璃门""弹簧门"等，限制竞争，在贷款方面的歧视致使许多民营企业融资成本很高。党和政府一直努力采取措施解决这些问题。《中共中央关于全面深化改革若干重大问题的决定》明确指出，"支持非公有制经济健康发展。非公有制经济在支撑增长、促进创新、扩大就业、增加税收等方面具有重要作用。坚持权利平等、机会平等、规则平等，废除对非公有制经济各种形式的不合理规定，消除各种隐性壁垒，制定非公有制企业进入特许经营领域具体办法。鼓励非公有制企业参与国有企业改革，鼓励发展非公有资本控股的混合所有制企业，鼓励有条件的私营企业建立现代企业制度"。此后，通过改善营商环境、积极发展混合所有制经济、鼓励社会资本参与各地基础设施建设、鼓励和规范对外投资等，促进非公有制经济健康发展。

2. 《中共中央关于全面深化改革若干重大问题的决定》的第二大重要亮点，是国资监管机构从以管企业为主向以管资本为主转变

《中共中央关于全面深化改革若干重大问题的决定》提出："完善国有资产管理体制，以管资本为主加强国有资产监管，改革国有资本授权经营体制，组建若干国有资本运营公司，支持有条件的国有企业改组为国有资本投资公

司。国有资本投资运营要服务于国家战略目标，更多投向关系国家安全、国民经济命脉的重要行业和关键领域，重点提供公共服务、发展重要前瞻性战略性产业、保护生态环境、支持科技进步、保障国家安全。"2015 年 8 月 24 日，《中共中央　国务院关于深化国有企业改革的指导意见》指出，"以管资本为主推进国有资产监管机构职能转变。国有资产监管机构要准确把握依法履行出资人职责的定位，科学界定国有资产出资人监管的边界，建立监管权力清单和责任清单，实现以管企业为主向以管资本为主的转变"。

2002 年党的十六大确立管资产和管人管事相结合的国有资产管理体制，国家、省、市（地级）成立国资委，结束了多年来"九龙治水"的弊端，但是始终解决不好国资委既当老板又当"婆婆"的问题，从而也很难解决政企分开的问题。这次从"以管企业为主"到"以管资本为主"的国有资产监管机构的改革，是深化国企改革的重大举措。这意味着：

第一，国资委不再是国有企业事事都要向其请示的顶头上司。在"以管企业为主"的体制下，国有企业即使进行了公司制改革，成立了董事会，但是这个董事会却无法履行《公司法》赋予它的权力，不能独立地对公司的重大问题进行决策，因为几乎所有重大问题都必须向国资委请示后才能作出决定。也就是说，公司连自主经营决策权都没有，更谈不上成为独立的市场主体。这样，市场在资源配置中起决定性作用，在国有企业这样的微观层面也落实不了。现在要转变为"以管资本为主"，除个别例外，国资委就真的是只当老板，给出资公司派股东代表和董事，让公司董事会真正履行《公司法》规定的权责。2017 年 7 月，国务院出台《中央企业公司制改制实施方案》，要求 2017 年年底前，按照《全民所有制工业企业法》登记、国资委监管的中央企业（不含中央金融、文化企业）要全部改制为按照《公司法》登记的有限责任公司或股份有限公司，加快形成有效制衡的公司法人治理结构和灵活高效的市场化经营机制。此次改革涉及将要转制的 69 户央企集团公司总部（中央企业共 101 户）资产近 8 万亿元，以及 3200 余户央企子企业资产5.66 万亿元[20]。此项拖了 20 多年的改革终于可以在 2017 年年底落地了，这既是深化国有企业改革的迫切需要，也是落实"以管资本为主"的重要条件。

第二，组建或改组资本运营公司和投资公司，作为国有资本市场化运作的专业平台。国资委要做到"以管资本为主",就要组建或改组国有资本运营公司和投资公司,国有资产监管机构依法对国有资本投资和运营公司和其他极少数监管的企业履行出资人职责,并授权国有资本投资、运营公司对授权范围内的国有资本履行出资人职责。因此,以后一般国有企业就是与国有资本投资运营公司打交道,国有资本投资运营公司是被国资委授权的国有企业的出资人即老板。从 2014 年起,国务院国资委即进行国有资本投资运营公司试点,到 2017 年,已有中粮集团、国投公司、神华集团、中国五矿、宝武集团等 10 家公司试点。试点主要从三方面进行探索,首先是发展国有资本专业化运营,同时探索有效的投资运营模式;其次是探索国资委与企业的关系,完善国有资产监管模式;最后是推进国有资本投资运营公司内部改革,探索市场化的企业经营机制[21]。

第三,国资委的主要职责,是更好地服务于国家战略目标,优化国有资本配置,提高国有资本运作效率,提高国有资本的流动性。按照《中共中央关于全面深化改革若干重大问题的决定》指出的,今后国有资本投资重点主要是以下五项:提供公共服务、发展重要前瞻性战略性产业、保护生态环境、支持科技进步、保障国家安全。直到现在,国有资本还未做到集中于关系国家安全、国民经济命脉的重要行业和关键领域,仍有大量国有资本存在于一般竞争性产业,包括大部分央企热衷于投资房地产业(不含保障房)。今后需要进行有进有退的调整。

第四,国资委将专注于提高国有资本运作效率,实现保值增值。在"以管企业为主"条件下,国资委要管一百多家中央企业,管理的战线太长,与管理学一般直接管理 30 户左右比较有效率的要求相悖,更何况央企下面还有五六个层级,最多的达十个层级的子公司、孙子公司、曾孙公司等,国资委更是鞭长莫及。这就影响国资委专注于提高整个国有资本的效率,也不利于国有资本的保值增值。一段时期以来,一些国有企业内部管理混乱,因侵吞贪污、关联交易、利益输送、违规决策等导致国有资产流失现象时有发生。如 2015 年中央巡视组发现,在中国石化、中国海运、中船集团、神华集团、东风公司等央企,都不同程度存在利益输送和交换、关联交易谋利等突出问题[22]。造成这一弊端的原因很多,但与"以管企业为主"的体制机制有一定关系。

3. 提出混合所有制经济是基本经济制度的重要实现形式，这是《中共中央关于全面深化改革若干重大问题的决定》的又一亮点

《中共中央关于全面深化改革若干重大问题的决定》提出，"积极发展混合所有制经济。国有资本、集体资本、非公有资本等交叉持股、相互融合的混合所有制经济，是基本经济制度的重要实现形式，有利于国有资本放大功能、保值增值、提高竞争力，有利于各种所有制资本取长补短、相互促进、共同发展。允许更多国有经济和其他所有制经济发展成为混合所有制经济。国有资本投资项目允许非国有资本参股。允许混合所有制经济实行企业员工持股，形成资本所有者和劳动者利益共同体"。这段话对改革理论和实践都有重要意义。

第一，积极发展混合所有制经济，是坚持和完善公有制为主体、多种所有制经济共同发展的基本经济制度的重大举措。改革开放以来，随着经济腾飞，国有资产和资本、民间资本、外商直接投资均有巨大增长。到 2016 年年底，全国国资监管系统企业资产总额已达 144.1 万亿元，私营资本 30 万亿元以上，2010 年以来，每年实际使用外商直接投资均在 1000 亿美元以上，社会资本投资已占全部固定资产投资总额的 60% 以上。因此，从社会层面看，中国经济已经是混合经济了。这次《中共中央关于全面深化改革若干重大问题的决定》指的发展混合所有制经济，主要是指微观层面的，即要积极发展国有资本、集体资本、非公有资本等交叉持股、相互融合的混合所有制企业，这样一方面有利于国有资本放大功能、保值增值，另一方面有利于各种所有制资本取长补短、相互促进、共同发展。混合所有制经济还允许员工持股，具有一种新的激励机制。党的十五大报告提出，股份制是公有制的实现形式。党的十六届三中全会《中共中央关于完善社会主义市场经济体制若干问题的决定》进一步提出，股份制是公有制的主要实现形式，更进一步提出，混合所有制经济是基本经济制度重要实现形式。长时期改革实践告诉我们，公司制可以是国有独资公司，股份制也可以是几个国企入股的股份公司，而发达国家的股份公司一般都是私人资本持股的，只有混合所有制经济才是真正投资主体多元化的经济实体，而投资主体多元化正是国企公司制股份制改革，以克服原来国有制弊端和提高效率的重要要求。从这个意义上说，混合所有制是股份制的发展形态和升级版。

　　第二，积极发展混合所有制经济也有重要的指向。其一是充分调动各种所有制资本的积极性，发挥它们各自的优势，这种优势不要只限于独自发挥，而要通过交叉持股互相融合作为整体发挥出来。比如，为了加快具有正外部性的基础设施建设，就可以考虑吸收社会资本参与，并因此推动其提高效率，缩短回收期限，做到社会效益与经济效益相结合。其二是为国有自然垄断行业改革打开通道。《中共中央关于完善社会主义市场经济体制若干问题的决定》提出，国有资本继续控股经营的自然垄断行业要根据不同行业特点实行网运分开、放开竞争性业务。自然垄断行业有大量竞争性业务需要放开，怎样放开？最佳选择就是搞混合所有制改革，吸收非国有资本参与。这样，可以把多年垄断经营的竞争性业务放开竞争，从而优化资源配置，提高效率。与此同时，国有自然垄断企业可以通过出售部分竞争性业务股份、筹集资金、加大科技投入等，改善自然垄断环节业务。在《中共中央关于完善社会主义市场经济体制若干问题的决定》出来以前，处于一般竞争性行业的国企，基本上都已实行公司制股份制改革，实现了投资主体多元化，改革比较滞后的是垄断行业，因此，这次提出积极发展混合所有制经济，针对性最强，可以认为就是为了更好地推动自然垄断行业的改革。

　　第三，《决定》出来后，混合所有制经济迅速发展起来，有些地区还把发展混合所有制经济作为深化国企改革的重点。2014 年 7 月 15 日，国务院国资委在中央企业启动混合所有制经济试点，并确定中国医药集团总公司、中国建筑材料集团公司为试点单位。到 2017 年 11 月，由国家发改委指导的混合所有制改革试点企业分三批共达 50 家。一些省市也纷纷出台发展混合所有制经济的政策和措施。据不完全统计，近三年来，中央企业新增近千家实行混合所有制的子企业，截至 2015 年年底，中央企业所属子企业改制面超过90%，混合所有制企业户数占比达到 67.7%，累计引入社会投资近 2 万亿元[23]。但是，总的来说，混合所有制改革进展仍然不够快，试点企业的经验至今未见披露，有的央企混合所有制改革审批协调程序相当复杂。中国联通是近年列为国资委混合所有制改革的试点企业，直到 2017 年 8 月，仍然有不少问题需要协调，涉及中央部委竟达十个。混合所有制改革涉及比较大的问题是股权比例安排和国有资产估价，这也有待逐步取得共识和做到协调与公开透明操作。

4. 加快完善现代市场体系，使市场在资源配置中的决定性作用更好发挥出来

《中共中央关于全面深化改革若干重大问题的决定》指出，"建设统一开放、竞争有序的市场体系，是使市场在资源配置中起决定性作用的基础。必须加快形成企业自主经营、公平竞争，消费者自由选择、自主消费，商品和要素自由流动、平等交换的现代市场体系，着力消除市场壁垒，提高资源配置效率和公平性"。并就如何建设现代市场体系阐述了五条，现择要阐述如下：

第一，建立公平开放透明的市场规则。《中共中央关于全面深化改革若干重大问题的决定》提出，"实行统一的市场准入制度，在制定负面清单基础上，各类市场主体可依法平等进入清单之外领域。探索对外商投资实行准入前国民待遇加负面清单的管理模式"。此前中国一直实行正面清单管理模式，而发达的市场经济国家通行的是负面清单管理模式。经过几年的努力，2017 年 6 月 28 日，国家发展和改革委员会、商务部发布了《外商投资产业指导目录（2017 年修订）》，列入负面清单中的限制、禁止类内容共计 63 条，比 2015 年版减少了 30 条。该文件明确提出外商投资准入特别管理措施（外商投资准入负面清单），这标志着中国外商投资管理体制开启了新的时代。

《中共中央关于全面深化改革若干重大问题的决定》提出，"推进工商注册制度便利化，削减资质认定项目，由先证后照改为先照后证，把注册资本实缴登记制逐步改为认缴登记制。推进国内贸易流通体制改革，建设法治化营商环境"。此后三年中国营商环境大为改善。营商环境的优化，充分激发了市场活力和创造力。2014 年起，全国平均每天新设企业都在万户以上，2017 年前七个月则达 1.6 万户，而商事制度改革前的 2013 年每天新设企业为 6000 多户。世界银行发布的《2017 年全球营商环境报告》显示，中国营商便利度近三年来在全球跃升了 18 位，平均每年向前跃升 6 位[24]。

第二，完善主要由市场决定价格的机制。《中共中央关于全面深化改革若干重大问题的决定》指出，"凡是能由市场形成价格的都交给市场，政府不进行不当干预。推进水、石油、天然气、电力、交通、电信等领域价格改革，放开竞争性环节价格。政府定价范围主要限定在重要公用事业、公益性

服务、网络型自然垄断环节，提高透明度，接受社会监督。完善农产品价格形成机制，注重发挥市场形成价格作用"。《中共中央关于全面深化改革若干重大问题的决定》出台后，价格改革迈出较大步伐，取得了明显进展。首先，政府定价项目列入清单。2015年10月下旬，国家发改委发布了新修订的《中央定价目录》，定价范围大幅缩减，种类由13种（类）减少到7种（类），减少46%。具体定价项目由100项左右减少到20项，减少80%。与此同时，地方具体定价目录平均减少约50%。在完善农产品价格形成机制方面，2014年，政府实施了放开烟叶和桑蚕茧收购价格的改革，标志着农产品价格全部由市场形成。2016年，推进玉米收储制度改革，建立玉米生产者补贴制度。新疆棉花、东北大豆和内蒙古大豆目标价格改革试点总体顺利，国内外市场价差缩小。在深化能源价格改革方面，输配电价改革2014年底首先在深圳电网和内蒙古电网破冰，到2017年6月底，实现了省级电网全覆盖。2015年放开了跨省电能交易价格，由送受双方协定。同年，实施煤电价格联动机制。2016年1月，国家发改委根据煤炭价格下降幅度，下调燃煤机组上网电价每千瓦时3分钱，并同幅度下调一般工商业销售电价，每年可减少企业用电支出约225亿元。到2015年，全国40%以上天然气价格已经放开。稳步推行居民用水用气用电阶梯价格制度。截至2015年年底，31个省（区、市）中，除青海和西藏以外的29个省（区、市）已经建立城镇居民阶梯水价制度；已通气的30个省（区、市）中，除重庆和新疆外的28个省（区、市）均已建立阶梯气价制度。阶梯电价制度自2012年试行以来运行平稳，除新疆和西藏外，其他省（区、市）已全面实施居民阶梯电价制度[25]。

第三，建立城乡统一的建设用地市场。《中共中央关于全面深化改革若干重大问题的决定》提出，"在符合规划和用途管制前提下，允许农村集体经营性建设用地出让、租赁、入股，实行与国有土地同等入市、同权同价"。此后，又进一步明确，要从两权分离即农村集体土地所有权和农户土地承包权的分离，发展为三权分离即农村集体土地所有权、农户土地承包权、农村土地经营权的分离，发展土地承包经营权流转市场，发展多种形式的适度规模经营。

第四，完善金融市场体系。《中共中央关于全面深化改革若干重大问题的决定》提出，"扩大金融对内对外开放，在加强监管前提下，允许具备条件的民间资本依法发起设立中小型银行等金融机构"。"完善人民币汇率市场化形成机制，加快推进利率市场化，健全反映市场供求关系的国债收益率曲线。"此后，多家由民间资本发起设立的民营银行已相继营业。随着人民币储蓄存款利率上限被取消，利率市场化已基本实现。国务院已于 2015 年 4 月公布《存款保险条例》，自 2015 年 5 月 1 日起施行，条例规定了 50 万元的最高偿付限额，表明存款保险制度已经建立起来。

第五，深化科技体制改革，发展技术市场。《中共中央关于全面深化改革若干重大问题的决定》提出，"建立健全鼓励原始创新、集成创新、引进消化吸收再创新的体制机制，健全技术创新市场导向机制，发挥市场对技术研发方向、路线选择、要素价格、各类创新要素配置的导向作用"。2015 年，党的十八届五中全会通过的《中共中央关于制定国民经济和社会发展第十三个五年规划的建议》提出，要完善发展理念，牢固树立创新、协调、绿色、开放、共享发展理念。指出，"创新是引领发展的第一推动力。必须把创新摆在国家发展全局的核心位置，不断推进理论创新、制度创新、科技创新、文化创新等各方面创新，让创新贯穿党和国家一切工作，让创新在全社会蔚然成风"。在党和政府强化创新驱动发展战略推动下，技术市场迅速发展。

2017 年 10 月，党的十九大顺利召开，习近平总书记庄严宣布，经过长期努力，中国特色社会主义进入了新时代，这是中国发展新的历史方位。中国经济已由高速增长阶段转向高质量发展阶段，正处在转变经济发展方式、优化经济结构、转换增长动力的攻关期，建设现代化经济体系是跨越关口的迫切要求和中国发展的战略目标。要着力构建市场机制有效、微观主体有活力、宏观调控有度的经济体制，不断增强中国经济创新力和竞争力。为此，要"坚持社会主义市场经济改革方向"，"必须坚持和完善我国社会主义基本经济制度和分配制度，毫不动摇巩固和发展公有制经济，毫不动摇鼓励、支持、引导非公有制经济发展，使市场在资源配置中起决定性作用，更好发挥政府作用"。"加快完善社会主义市场经济体制。经济体制改革必须以完善产权制度和要素市场化配置为重点。""加快要素价格市场化改革。""推动国有资本做强做优做大。""支持民营企业发展，激发各类市场主体活力。""创新是引领发展的第一动力"，"健全货币政策和宏观审慎政策双支柱调控框架，深化利率和汇率市场化改革"。"加快建设制造强国，加快发展先进制造业，推动互联网、大数据、人工智能和实体经济深度融合，在中高端消费、创新引领、绿色低碳、共享经济、现代供应链、人力资本服务等方面培育新增长点、形成新动能。"以上这些改革和发展思路和举措，都是对党的十一届三中全会决定的继承和发展，将指引中国市场化改革进一步深化，推动经济提质增效和向现代化目标迈进！

参考文献

[1] 国家统计局 . 新中国 60 年［M］. 北京：中国统计出版社，2010.

[2] 中国社会科学院经济研究所资料室 . 社会主义经济中计划与市场的关系［M］.北京：中国社会科学出版社，1980.

[3] 蒋一苇 . 企业本位论［J］. 中国社会科学，1980（1）：21-36.

[4] 中国社会科学院经济研究所资料室 . 社会主义制度下价格形成问题［M］. 北京：中国社会科学出版社，1980.

[5] 彭森，陈立 . 中国经济体制改革重大事件（上）［M］. 北京：中国人民大学出版社，2008.

[6] 邓小平 . 邓小平文选（第三卷）［M］. 北京：人民出版社，1993.

[7] 国家经济体制改革委员会综合规划司 . 中国改革大思路［M］. 沈阳：沈阳出版社，1988.

[8] 吴敬琏 . 经济体制中期改革规划纲要［M］//国家经济体制改革委员会综合规划司 . 中国改革大思路 . 沈阳：沈阳出版社，1988.

[9] 陈益寿 . 反对资产阶级自由化，提高政治经济学教学思想［N］. 理论信息报，1989-08-14.

[10] 王一夫 . 经济领域资产阶级自由化的十二个表现［N］. 理论信息报，1989-08-07.

[11] 高荻 . 社会主义必定代替资本主义［N］. 人民日报，1990-12-17.

[12] 评论员 . 为什么必须坚持不懈地反对资产阶级自由化［J］. 当代思潮，1991（2）：5-8.

[13] 陈君，洪南 . 江泽民与社会主义市场经济体制的提出——社会主义市场经济 20 年回顾［M］. 北京：中央文献出版社，2012.

[14] 本书编写组 . 中共中央关于完善社会主义市场经济体制若干问题的决定辅导读本［M］. 北京：人民出版社，2003.

[15] 本书编写组 . 中共中央关于全面深化改革若干重大问题的决定辅导读本［M］.

北京：人民出版社，2013.

　　[16] 本书编写组 . 党的十八届三中全会上（决定）学习辅导百问 ［M］. 北京：党建出版社，学习出版社，2013.

　　[17] 迟福林 . 市场决定 ［M］. 北京：中国经济出版社，2014.

　　[18] 刘国光 . 中国十个五年计划研究报告 ［M］. 北京：人民出版社，2006.

　　[19] 高虎城 . 加快培育参与和引领国际经济合作竞争新优势 ［M］//本书编写组 . 《中共中央关于全面深化改革若干重大问题的决定》辅导读本 . 北京：人民出版社，2013.

　　[20] 杨烨 . 8 万亿央企资产改制年底完成 ［N］. 经济参考报，2017-07-27.

　　[21] 杨烨 . 国有资本投资运营公司试点提速 ［N］. 经济参考报，2017-08-09.

　　[22] 陈治治 . 关联交易是痼疾，顶风违纪仍频发 ［N］. 中国纪检监察报，2015-02-07.

　　[23] 沈奕昕 . 国企混改需要凝聚共识稳步推进 ［N］. 经济参考报，2017-01-25.

　　[24] 林丽鹂，王珂 . 我国加速打造营商环境新优势 ［N］. 人民日报，2017-08-17.

　　[25] 许光建，丁悦玮 . 深入推进价格改革　着力提升"放管服"水平 ［J］. 价格理论与实践，2017（5）：5-10.

经济改革在党的正确领导下稳步推进*

自党的十一届三中全会开启改革开放伟大征程以来，我国经济社会发生了翻天覆地的变化，从一个积贫积弱的国家发展成为世界第二大经济体。创造这一发展奇迹的决定性因素，是中国共产党的正确领导。党的正确领导的重要体现之一，是通过召开中央委员会全体会议研讨重大改革问题、指明改革方向并提出切合实际的改革举措与路线图，推动我国改革开放一步步向前推进，创造了举世瞩目的历史性成就。

党的十一届三中全会开启改革开放伟大征程

1978 年 12 月，党的十一届三中全会作出把党和国家工作重心转移到经济建设上来、实行改革开放的历史性决策，动员全党全国各族人民为社会主义现代化建设进行新的长征。会议《公报》提出，"对经济管理体制和经营管理方法着手认真的改革，在自力更生的基础上积极发展同世界各国平等互利的经济合作，努力采用世界先进技术和先进设备，并大力加强实现现代化所必需的科学和教育工作"。改革首先从农村起步。1978 年末，安徽省凤阳县小岗村实行"大包干"，以后农村家庭联产承包责任制扩展至全国，有力促进了农业生产的恢复和发展。从 1979 年起，改革进一步推开：提高农产品收购价格，调动农民生产和出售农产品的积极性；试行企业扩大自主权，国有企业开始具有一定活力；兴办经济特区，实行特殊政策和灵活措施。随后，农村集市贸易陆续恢复，商品种类日益丰富，市场供应状况迅速好转。

---

* 《人民日报》2018 年 10 月 31 日。

党的十二届三中全会突破把计划经济同商品经济对立起来的传统观念

1984 年，党的十二届三中全会通过的《中共中央关于经济体制改革的决定》指出："改革计划体制，首先要突破把计划经济同商品经济对立起来的传统观念，明确认识社会主义计划经济必须自觉依据和运用价值规律，是在公有制基础上的有计划的商品经济。商品经济的充分发展，是社会经济发展的不可逾越的阶段，是实现我国经济现代化的必要条件。只有充分发展商品经济，才能把经济真正搞活，促使各个企业提高效率，灵活经营，灵敏地适应复杂多变的社会需求，而这是单纯依靠行政手段和指令性计划所不能做到的。"《中共中央关于经济体制改革的决定》实现了社会主义经济理论的重大突破，为确立社会主义市场经济体制奠定了思想基础。市场化改革随后迅速启动。1987 年党的十三大报告明确提出，"社会主义有计划商品经济的体制，应该是计划与市场内在统一的体制"。此后，建立社会主义有计划的商品经济新体制在各个领域迅速展开。

党的十四届三中全会为社会主义市场经济体制搭建基本框架

1992 年春，邓小平同志在南方谈话中指出："计划多一点还是市场多一点，不是社会主义与资本主义的本质区别。计划经济不等于社会主义，资本主义也有计划；市场经济不等于资本主义，社会主义也有市场。计划和市场都是经济手段。"邓小平同志的南方谈话回应了来自改革实践的呼声。1992年 10 月，党的十四大报告正式宣布"我国经济体制改革的目标是建立社会主义市场经济体制"，这对推进我国改革开放具有不可估量的意义。

1993 年 11 月，党的十四届三中全会通过《中共中央关于建立社会主义市场经济体制若干问题的决定》，把党的十四大确立的社会主义市场经济体制改革目标具体化，确定了社会主义市场经济体制的基本框架。这就是："建立社会主义市场经济体制，就是要使市场在国家宏观调控下对资源配置起基础性作用。为实现这个目标，必须坚持以公有制为主体、多种经济成分共同发展的方针，进一步转换国有企业经营机制，建立适应市场经济要求，产权清晰、权责明确、政企分开、管理科学的现代企业制度；建立全国统一开放的市场体系，实现城乡市场紧密结合，国内市场与国际市场相互衔接，促进资源的优化配置；转变政府管理经济的职能，建立以间接手段为主的完善的宏观调控体系，保证国民经济的健康运行；建立以按劳分配为主体，效率优先、兼顾公平的收入分配制度，鼓励一部分地区一部分人先富起来，走共同富裕的道路；建立多层次的社会保障制度，为城乡居民提供同我国国情相适应的社会保障，促进经济发展和社会稳定。这些主要环节是相互联系和相互制约的有机整体，构成社会主义市场经济体制的基本框架。"

社会主义市场经济体制改革目标和基本框架确定后，我国市场化改革快速推进，并于20世纪末初步建立起社会主义市场经济体制，社会经济运行初步实现由计划主导型转为市场主导型。2001年末，我国加入世界贸易组织，促进了我国对外经贸关系的大发展。改革的不断深化，极大地促进了社会生产力、综合国力和人民生活水平的提高。

党的十六届三中全会指明完善社会主义市场经济体制的路径

为适应经济全球化和科技进步加快的国际环境，适应全面建设小康社会的新形势，进一步解放和发展生产力，为经济发展和社会全面进步注入强大动力，党的十六大报告提出，到2020年，"建成完善的社会主义市场经济体制和更具活力、更加开放的经济体系"。为贯彻落实党的十六大提出的战略部署，2003年党的十六届三中全会通过《中共中央关于完善社会主义市场经济体制若干问题的决定》，这是完善社会主义市场经济体制的纲领性文件。

《中共中央关于完善社会主义市场经济体制若干问题的决定》提出，要适应经济市场化不断发展的趋势，进一步增强公有制经济的活力，大力发展国有资本、集体资本和非公有资本等参股的混合所有制经济，实现投资主体多元化，使股份制成为公有制的主要实现形式。该决定对进一步巩固和发展公有制经济，鼓励、支持和引导非公有制经济发展；完善国有资产管理体制；深化农村改革；完善市场体系等11个方面作出周密部署，提出具体措施。

2003年以后，改革继续推进，取得积极进展。如2005年起，启动上市公司股权分置改革试点、推进人民币汇率形成机制改革；2006年起在全国范围全面取消农业税；等等。

党的十八届三中全会提出全面深化改革
总目标和顶层设计

2013年，党的十八届三中全会通过了《中共中央关于全面深化改革若干重大问题的决定》。与之前几次党的三中全会作出的都是关于经济体制改革的决定不同，这是关于全面深化改革的决定，提出的全面深化改革总目标是完善和发展中国特色社会主义制度，推进国家治理体系和治理能力现代化。这表明，经过近40年改革发展，改革需要从主要推进经济体制改革扩展到全面深化经济体制、政治体制、文化体制、社会体制、生态文明体制等改革。只有这样，我们才能在2020年全面建成小康社会时，形成系统完备、科学规范、运行有效的制度体系，使各方面制度更加成熟、更加定型。

经济体制改革是全面深化改革的重点。党的十八届三中全会《中共中央关于全面深化改革若干重大问题的决定》的最大亮点是提出了"使市场在资源配置中起决定性作用和更好发挥政府作用"。这是对20多年来沿用的"使市场在资源配置中起基础性作用"提法的继承和发展。为什么要这么部署呢？第一，新提法更加确切和鲜明地反映了市场机制对资源配置的支配作用，反映了市场经济的基本规律即价值规律的内在要求。第二，强调市场对资源配置起决定性作用，意味着凡是依靠市场机制能够带来较高效率和效益并且不会损害社会公平和正义的，都要交给市场。市场机制这只无形的手，促使各个市场主体遵从市场规则开展公平竞争，通过优胜劣汰不断提高社会生产力。这正是价值规律发生作用的表现。在社会主义市场经济体制下，我们有很好的条件使价值规律的作用更加充分地发挥出来，从而保持我国经济持续健康发展。第三，强调市场在资源配置中起决定性作用并不意味着不重视政府作用，而是要更好发挥政府作用。政府的职责和作用主要是保持宏观经济稳定，加强和优化公共服务，保障公平竞争，加强市场监管，维护市场秩序，推动可持续发展，促进共同富裕，弥补市场失灵。

党的十八大以来，中央成立全面深化改革领导小组，进而改为中央全面深化改革委员会，负责改革总体设计、统筹协调、整体推进、督促落实。当前，我国改革已进入深水区，处于攻坚克难、啃硬骨头阶段。这就不仅要有改革的顶层设计，还要有自上而下的有力推动。强有力的领导和推动是我国到 2020 年在重要领域和关键环节改革上取得决定性成果的重要保证。

在党的十八届三中全会《中共中央关于全面深化改革若干重大问题的决定》指引下，经济体制改革在各领域积极推进，重要领域和关键环节改革取得突破性进展，主要领域改革的主体框架基本确立。2017 年，党的十九大报告指出，"坚持社会主义市场经济改革方向""以供给侧结构性改革为主线""加快完善社会主义市场经济体制""经济体制改革必须以完善产权制度和要素市场化配置为重点"等，为今后进一步深化经济体制改革指明了方向。

中国经济改革的两条主线[*]

一、问题的提出

1987 年 10 月至 1988 年 6 月，国家经济体制改革委员会（以下简称国家体改委）组织中国社会科学院课题组、中共中央党校课题组、北京大学课题组、中国人民大学课题组、吴敬琏课题组、国务院农村发展研究中心发展研究所课题组、国家计划委员会课题组和上海市课题组，就我国中期（1988～1995 年）经济改革规划纲要分别提出报告。这是在我国经济体制改革由旧体制机制向新体制机制转变的关键时期，国家体改委委托有关经济主管部门、科研机构、大专院校及个别直辖市的上百名专家学者，就此后 5～8 年的经济改革应如何展开提供的具体规划纲要。中国经济改革的成功实践证明，这八个课题组的改革规划纲要提出的许多观点、思路和设想，既有现实针对性，又有超前性创新性，对推动此后的经济改革起了良好的作用。因此，这是一次集中各方智慧为改革献计献策的成功探索。这八个课题组的报告，连同国家体改委综合规划司汇总八个纲要的报告，经该司汇编成《中国改革大思路》一书，由沈阳出版社于 1988 年 7 月出版，印数达 5 万册，因对中国经济改革有重要理论创新和实用价值，获 1988 年度孙冶方经济科学奖。

在上百位经济学家对八个课题组的改革规划纲要进行比较的研讨会上，争论最大的是，我国中期改革的主线是什么。有三种不同的主张：第一种主张企业改革中心论或所有制改革中心论，认为中期改革应积极推行股份制，建立现代企业制度。第二种主张中期改革以价格改革为主线，以此推动经济

---

* 《中国社会科学》2018 年第 11 期。

运行机制转轨，以便为企业改革和其他改革创造一个良好的市场环境。第三种主张企业改革和价格改革、所有制改革和经济运行机制改革双线推进，即两条主线论，认为二者如同硬币的两面，不可偏废，应协调配套进行。我是主张两条主线论的。今天看来，两条主线论不仅对 1988~1995 年中期改革是有效的，而且对整个中国经济改革进程都是有效的。中国 40 年经济改革的历程，总体上就是沿着这两条主线不断深化的，这也是本文所要回顾的历史进程。

二、第一条主线：所有制结构调整和改革，社会主义基本经济制度的建立和完善

第一条主线是推进所有制结构的调整和改革，包括国企改革，允许和发展个体私营经济，利用外资，建立新体制的所有制基础包括微观经济主体。总之就是建立和完善社会主义初级阶段的基本经济制度，构建社会主义市场经济发展的经济基础。这包含几大块：一是个体私营经济的重生和发展，二是外资经济的引入和发展，三是公有制（国有制和集体所有制）的调整和改革，以及上述三大块在社会主义市场经济发展进程中的角色变化和定位，确立和完善公有制为主体、多种所有制经济共同发展的基本经济制度。

（一）个体经济的恢复和发展

改革开放前，我国是公有制一统天下的局面。1978 年，城市是国有制经济、农村是集体所有制经济，私营经济在 1957 年社会主义改造完成后不久就被扫光，个体经济只在一些缝隙中留下一点点。据统计，改革开放前全国只留下个体经营 14 万户，从业人员 15 万人。①

改革开放后，最早打破公有制一统天下格局的动因，是为了解决上千万人的就业问题。也有一个说法叫"知青回城催生个体经济"。"文化大革命"期间，我国经济社会发展缓慢，劳动就业问题已经比较尖锐，"文化大革命"

① 本书编写组：《〈中共中央关于完善社会主义市场经济体制若干问题的决定〉辅导读本》，人民出版社 2003 年版，第 39 页。

结束后，大批返城知青和落实政策后的各阶层就业问题尤为突出。据统计，截至 1979 年上半年，全国需要安排就业的人数高达 2000 万人，其中大专院校、技校毕业生和家居城市的复员转业军人 105 万人，按政策留城的知识青年 320 万人，插队返城知青 700 万人，城镇闲散劳动力 230 万人，"反右派斗争"和"文化大革命"中处理错了需要安置的 85 万人。① 如何增加劳动就业岗位，成为党和政府最紧迫的问题。

1979 年 2 月，国家工商行政管理局召开了"文化大革命"结束后的第一次工商行政管理局长会议。面对巨大就业压力，会议提出并经党中央国务院批转的报告指出，"各地可根据当地市场需要，在取得有关业务主管部门同意后，批准一些有正式户口的闲散劳动力从事修理、服务和手工业等个体劳动，但不准雇工"。② 尽管有种种限制，但它毕竟为城市个体经济的发展开了绿灯。

1979 年 9 月 29 日，叶剑英委员长在国庆讲话中指出，我国的社会主义制度还处于"幼年时期""我国现在还是发展中的社会主义国家，社会主义制度还很不完善，经济和文化还很不发达""目前在有限范围内继续存在的城乡劳动者的个体经济，是社会主义公有制经济的附属和补充"。③ 1980 年 8 月，中共中央在《进一步做好城镇劳动就业工作》的文件中指出，"宪法明确规定，允许个体劳动者从事法律许可范围内的、不剥削他人的个体劳动。这种个体经济是社会主义公有制经济的不可缺少的补充，在今后一个相当长的历史时期都将发挥积极作用，应当适当发展。有关部门对个体经济要积极予以支持，不得刁难、歧视。一切守法的个体劳动者，应当受到社会的尊重"。④ 1980 年 12 月 11 日，一个名叫章华妹的 19 岁小姑娘从温州鼓楼工商所领到了"个体工商户营业执照"（工商证字第 10101 号）。这一批共发出了 1844 户个体营业执照。当年年底，全国从事个体经济的人数迅速达到 80.6 万人。从 1981 年开始，由于党和政府鼓励和扶持个体经济的各项政策陆续出

---

① 中共中央整党工作指导委员会：《十一届三中全会以来重要文献简编》，人民出版社 1983 年版，第 29 页。

② 黄孟复：《中国民营经济史·纪事本末》，中华工商联合出版社 2010 年版，第 176 页。

③ 中共中央文献研究室：《三中全会以来重要文献选编》，人民出版社 1982 年版，第 211 页。

④ 黄孟复：《中国民营经济史·纪事本末》，中华工商联合出版社 2010 年版，第 177 页。

台，我国城乡个体经济快速发展（见表1）。

表1　1979~1985年城镇和农村个体经济从业人员规模

单位：万人

年份	城镇从业人员	农村从业人员
1979	31.1	
1980	80.6	
1981	105.6	121.0
1982	135.8	184.0
1983	209.0	537.8
1984	291.0	1013.0
1985	1766.0（城乡共有数）	

资料来源：苏星：《新中国经济史》，中共中央党校出版社2007年版，第559页。

个体经济恢复和发展起来以后，在以下六个方面发挥了积极作用：一是发展了生产，特别是小商品生产，包括服装、纽扣、土特产加工、小农具修造等。饮食业的一些风味小吃，多年没有人干，快要失传了，现在又恢复起来。二是搞活了一部分商品流通，繁荣了市场。广大的城乡都开展了集市贸易，有一些城市还搞了旧货市场。三是不花国家投资，不占劳动指标，大大增加了商业、饮食业、服务业网点。从党的十一届三中全会到1983年，全国增加了534.9万个相关网点，其中个体经营增加414.2万户，占增加总数的87.7%。① 四是方便了人民生活，不同程度地缓解了部分城乡居民的吃饭难、穿衣难、住店难、乘车难、农民卖难买难的问题。五是扩大了就业门路。六是增加了税收。七是促进了竞争，有活力的个体工商户成为国营和集体的商业、服务业越来越大的一个竞争对手。② 以上六个方面的作用充分说明，个体经济确实是公有经济必要和有益的补充。

（二）私营经济接踵而来

个体经济一发展，私营经济必然接踵而来。有些经营较好的个体工商户要求扩大经营规模和增加经营项目，需要通过雇工增加劳动力，城乡又有相

①②苏星：《新中国经济史》，中共中央党校出版社1999年版，第560页。

当数量的剩余劳动力，很容易找到雇工。对于雇工经营，开始国家是有限制的。1981 年 7 月 7 日，《国务院关于城镇非农业个体经济若干政策性规定》指出，"个体经营户，一般是一人经营或家庭经营；必要时，经工商行政管理部门批准，可以请一至两个帮手；技术性较强或者有特殊技术的，可以带两三个最多不超过五个学徒"。①

1983 年 1 月，在中共中央印发的《当前农村经济政策的若干问题》（第一个中央一号文件）中，政策有所放宽。该文件将一定范围内的雇工或换工，界定为"均属群众之间的劳动互助或技术协作，都应当允许"。文件特别指出，"农村个体工商户和种养业的能手，请帮手、带徒弟，可参照《国务院关于城镇非农业个体经济若干政策性规定》执行。对超过上述规定雇请较多帮工的，不宜提倡，不要公开宣传，也不要急于取缔，而应因势利导，使之向不同形式的合作经济发展"。② 这实际上为雇工松了绑。接着的争论是，雇工多少人算是超出了个体经济范畴？当时有经济学家引用马克思《资本论》中列举的一个叙述③为依据，认为雇工不到 8 人的，算个体工商户；雇工 8 人及以上的，就得算是私营业主即私营经济。此后一般以此作为划分个体经济和私营经济的标准。

1987 年 4 月 16 日，邓小平在会见香港客人时说："现在我们国内人们议论雇工问题，我和好多同志谈过，犯不着在这个问题上表现我们在'动'，可以再看几年。开始我说看两年，两年到了，我说再看看。""要动也容易，但是一动就好像政策又在变了。动还是要动，因为我们不搞两极分化。但是，在什么时候动，用什么方法动，要研究。动也就是制约一下。"④

随着城乡私营企业的不断发展，雇工逐渐普遍。有调查表明，到 1990 年，全国农村共有雇工 8 人以上的私营企业 6.04 万家，雇工 99.7 万人，每户平均雇工 16.5 人。⑤ 在集体经济不强、商品经济发达的地区，雇工经

① 转引自黄孟复：《中国民营经济史·纪事本末》，中华工商联合出版社 2010 年版，第 211 页。
② 彭森、陈立等：《中国经济体制改革重大事件》（上），中国人民大学出版社 2008 年版，第 183 页。
③ 马克思：《资本论》（第 1 卷），人民出版社 2004 年版，第 357 页。
④ 邓小平：《邓小平文选》（第 3 卷），人民出版社 1993 年版，第 216 页。
⑤ 彭森、陈立等：《中国经济体制改革重大事件》（上），中国人民大学出版社 2008 年版，第 184-185 页。

营发展很快，所占比重也大。例如 1987 年，浙江省温州市雇工 8 人以上的私营企业达 1 万多家，产值占该市乡镇企业总产值的 70%。1987 年，湖北省珍珠大王陆春明拥有资产 700 多万元，雇工 300 多人，年均获利 100 万元以上。①

　　经过一段时间的观察和实践，人们对私营经济的认识逐渐明确。1987 年 10 月，党的十三大报告指出，"社会主义初级阶段的所有制结构应以公有制为主体。目前全民所有制以外的其他经济成分，不是发展得太多了，而是还很不够。对于城乡合作经济、个体经济和私营经济，都要继续鼓励他们发展"；"私营经济是存在雇佣劳动关系的经济成分。但在社会主义条件下，它必然同占优势的公有制经济相联系，并受公有制经济的巨大影响。实践证明，私营经济一定程度的发展，有利于促进生产，活跃市场，扩大就业，更好地满足人民多方面的生活需求，是公有制经济必要的和有益的补充"。② 1988 年 4 月，党的七届人大第一次会议通过的《中华人民共和国宪法修正案》规定："私营经济是社会主义公有制经济的补充。国家保护私营经济的合法的权利和利益，对私营经济实行引导、监督和管理。"③ 同年，各地工商行政管理机构开始办理私营企业的注册登记，中国私营企业可以名正言顺发展了。1992 年确立社会主义市场经济体制改革目标后，私营经济发展迅速（见表 2）。

表 2　1992~1997 年全国私营经济发展状况

年份	户数（万户）	增幅（%）	人数（万人）	资本（亿元）
1992	13.9	28.8	231.9	221.2
1993	23.8	70.4	372.6	680.5
1994	43.2	81.7	648.4	1447.8
1995	65.5	51.4	956.0	2621.7

---

① 彭森、陈立等：《中国经济体制改革重大事件》（上），中国人民大学出版社 2008 年版，第 184~185 页。

② 中共中央文献研究室：《十二大以来重要文献选编》（下），人民出版社 1988 年版，第 1237 页。

③ 中共中央文献研究室：《十三大以来重要文献选编》（上），人民出版社 1991 年版，第 216 页。

年份	户数（万户）	增幅（%）	人数（万人）	资本（亿元）
1996	81.9	25.2	1171.1	3752.4
1997	96.1	17.3	1349.3	5140.1

资料来源：《〈中共中央关于完善社会主义市场经济体制若干问题的决定〉辅导读本》，人民出版社 2003 年版，第 42-43 页。

私营经济的发展，对我国发展社会主义市场经济起着积极作用。①个体私营经济的快速增长，对国内生产总值的贡献率已从 1979 年的不到 1% 增加到 2001 年的 20% 以上。②20 世纪 90 年代以来，个体私营经济发展成为新增就业的主渠道。1992~2000 年，个体私营企业年均净增 600 万个工作岗位，提供的就业岗位占全社会新增就业岗位的 3/4。① ③私营经济的发展带动了一批新兴产业发展，突出地表现为民营科技企业的迅速发展。1992 年到 20 世纪末，民营科技企业实现技工贸总收入和上缴税金年均以高于 30% 的速度增长。到 2001 年，全国民营科技企业已发展到 10 多万家，企业长期员工达 644 万人，企业资产总额超过 24800 亿元，出口创汇 319 亿美元。② ④私营经济的发展推进了所有制结构的调整和优化，为社会主义市场经济创造了一个多元市场主体互相竞争、充满活力的体制与市场环境，调动广大群众的积极性，为加快经济增长共同出力。

（三）引进和利用外资

改革开放初期，对外开放主要是办经济特区和引进与利用外资。1980 年8 月，五届全国人大常委会第十五次会议批准国务院提出的《广东省经济特区条例》，正式宣告在深圳、珠海、汕头三个市设置经济特区。随后，全国人大常委会又批准了《福建省厦门经济特区条例》。1981 年 5~6 月，《广东、福建两省和经济特区工作会议纪要》为特区建设提出了一系列政策性意见。主要内容包括：创办经济特区是为了吸收利用外资，引进先进技术，拓展对外贸易，加速经济发展，同时在实践中观察与研究当代资本主义经济，学习与提高参与国际交往的本领，进行经济体制改革试验；特区经济的所有制结

---

①② 本书编写组：《〈中共中央关于完善社会主义市场经济体制若干问题的决定〉辅导读本》，人民出版社 2003 年版，第 45 页。

构，为社会主义经济领导下并存的多种经济成分；在工业生产方面，外商企业所占比重可以大于内地；特区经济活动在社会主义计划指导下充分发挥市场调节作用；等等。①

对于兴办经济特区和利用外资，各界从一开始就有不同意见，主要是提出经济特区"姓资还是姓社"的诘难。但在党中央和邓小平的大力支持下，深圳特区头几年就做出成绩。1982 年深圳特区工业产值达到 3.6 亿元，1983年跃升至 7.2 亿元。邓小平听到后非常高兴，在 1984 年 1 月 26 日考察深圳时，挥笔题写了"深圳的发展和经验证明，我们建立经济特区的政策是正确的"。②在以邓小平同志为主要核心的党中央的支持和领导下，从经济特区到全国，利用外资逐步扩大，外商直接投资企业越来越多，逐渐成为我国市场主体的重要组成部分（见表3）。

表3 1979~2012 年中国实际利用外资概况

单位：亿美元

年份	总金额	外商直接投资额	外商其他投资额
1979~1984	181.87	41.04	10.42
1985	47.60	19.56	2.98
1986	76.28	22.44	3.70
1987	84.52	23.14	3.33
1988	102.26	31.94	5.45
1989	100.60	33.92	3.81
1990	102.89	34.87	2.68
1991	115.54	43.66	3.00
1992	192.03	110.08	2.84
1993	389.60	275.15	2.56
1994	432.13	337.67	1.79
1995	481.33	375.21	2.85

① 彭森、陈立等：《中国经济体制改革重大事件》（上），中国人民大学出版社 2008 年版，第185 页。

② 邓小平：《邓小平文选》（第3卷），人民出版社 1993 年版，第51 页。

年份	总金额	外商直接投资额	外商其他投资额
1996	548.05	417.26	4.10
1997	644.08	452.57	71.30
1998	585.57	454.63	20.94
1999	526.59	403.19	21.28
2000	593.56	407.15	86.41
2001	496.72	468.78	27.94
2002	550.11	527.43	22.68
2003	561.40	535.05	26.35
2004	640.72	606.30	34.42
2005	638.05	603.25	34.80
2006	670.76	630.21	40.55
2007	783.39	747.68	35.72
2008	952.53	923.95	28.58
2009	918.04	900.33	17.71
2010	1088.21	1057.35	30.86
2011	1176.98	1160.11	16.87
2012	1132.94	1117.16	15.78
1979~2012		12761.08	581.70

资料来源：中华人民共和国国家统计局：《中国统计年鉴2013》，中国统计出版社2013年版，第243页。

在中国吸引的外商直接投资中，前期较多投向制造业，对工业增长的贡献相当突出。2005年和2011年，在工业部门总资产中，外资所占比重分别达26.27%和23.97%。[①] 2011年起，第三产业外商投资金额所占比重上升到50.2%，2012~2016年全国累计实际引进外资4894.2亿美元，同时，外资结构进一步优化，服务业占全国吸引外资的比重于2016年末上升到70.1%，高

[①] 郭克莎、胡家勇等：《中国所有制结构变化趋势和政策问题研究》，广东经济出版社2015年版，第9页。

技术行业引进外资年均增长 11.7%，跨国公司在华设立的地区总部、研发中心等机构超过 2000 家。外商投资企业以不足全国各类企业总量的 3%，创造了近一半的对外贸易、1/5 的财政税收、1/7 的城镇就业。① 这些均表明，外商投资企业已是中国相当重要的市场主体，对经济和出口增长、增加就业、上缴税收、引进先进技术和管理等，作出了重要贡献。

（四）公有制包括国有制和集体所有制的改革

中国经济改革是从农村实行家庭联产承包责任制开始的。1978 年 12 月，安徽省凤阳县梨园公社小岗村的 20 户农民，签订了"包产到户"的地下协议。小岗村和其他地方自发搞起来的包产到户或包干到户的星星之火，由于得到中央层面领导的支持，迅速成燎原之势在全国各地推开。1980 年底，全国实行包产到户和包干到户的生产队从年初的 1.1% 上升到 14.9%。1980 年是中等年景，当年中国农村农业产量增减的情况是，仍然坚守人民公社三级所有制的地方产量不增不减；实行包户到组的地方增产 10%~20%；实行包产到户的地方增产 30%~50%。事实证明，包产到户的责任制能大大解放生产力，这又反过来加速包产到户经营方式的推广。到 1981 年 6 月，全国实行农户家庭承包的生产队已占生产队总量的 86.7%。② 农村推行家庭联产承包责任制，尽管没有改变土地的集体所有制性质，但实现了所有权和经营权的分离，从而调动了农民的生产积极性，有力地促进了农业生产的恢复和发展，为中国改革开放的成功打响了第一炮。

与此同时，乡镇企业异军突起。改革开放后，农村社队企业迅速发展。到 1983 年，社队企业职工人数达 3235 万，总产值达 1019 亿元，实现利税 177 亿元，分别比 1978 年增长 14.4%、104.5% 和 69%。③ 1984 年 3 月，中央批转了原农牧渔业部呈报的《关于开创社队企业新局面的报告》，文件把社队企业正式更名为乡镇企业，包括由个体私人办和联户办的企业。文件指出，乡镇企业是农业生产的重要支柱，是广大农民群众走向共同富裕的重要途径，是国家财政收入的重要来源，是国民经济的重要补充。此后乡镇企业发展迅

---

① 常修泽等：《所有制改革与创新——中国所有制结构改革 40 年》，广东经济出版社 2018 年版，第 76、95 页。

② 彭森、陈立等：《中国经济体制改革重大事件》（上），人民出版社 2008 年版，第 72 页。

③ 张卓元、胡家勇、刘学敏：《论中国所有制改革》，江苏人民出版社 2001 年版，第 140 页。

速，到 1988 年，乡镇企业从业人员达 9545 万，总产值达 7018 亿元，实现利税 836 亿元。1989~1991 年，国家实行治理整顿政策，乡镇企业发展趋缓。1992~1996 年，乡镇企业发展加快。1996 年，乡镇企业从业人员达 1.35 亿，增加值近 1.8 万亿元，实现利税 5787 亿元。①

乡镇企业的崛起，既得益于较早形成的灵活的经营机制，也得益于产品短缺的外部经济环境。但随着改革开放的深化，特别是当整个经济由卖方市场于 20 世纪 90 年代中后期逐步转向买方市场，市场体系逐步形成，市场机制作用增强，乡镇企业一些深层次问题逐渐暴露出来，政企不分、产权不明晰成为制约乡镇企业进一步发展的障碍。因此，从 20 世纪 90 年代中后期以来，乡镇企业逐步开展了以改变政企不分、明晰产权关系为重点的改革。据农业部统计，到 2006 年，在中国 168 万家乡镇企业中，95%实行了各种形式的产权制度改革，其中 20 多万家转成了股份制和股份合作制企业，130 万家转成个体私营企业。②

1978 年以来，四川省等开始选择一些国营企业进行扩大企业自主权试点。随着市场取向改革的推进，大量国有企业由于没有很好转换经营机制，不能适应市场经济的发展而陷入困境。1997 年，党和政府提出帮助国有企业脱困的任务。其目标是，从 1998 年开始，用三年左右的时间，使大多数国有大中型亏损企业摆脱困境，力争到 20 世纪末，大多数国有大中型骨干企业建立现代企业制度。到 2000 年，这一目标已基本实现。此后，国有工商企业迅速发展，总资产和净资产快速增加，税收和利润同步增长。2012 年，已有 64 家国有企业进入《财富》杂志发布的世界 500 强名单。国有经济仍牢牢控制着国民经济命脉的重要行业和关键领域。2012 年底，国有控股上市公司 953 家，占我国 A 股上市公司总量的 38.5%，市值达 13.71 万亿元，占 A 股上市公司总市值的 51.4%。③

党的十八大以来，国有经济改革和发展进一步取得很大进展。截至 2017

---

① 张卓元、胡家勇、刘学敏：《论中国所有制改革》，江苏人民出版社 2001 年版，第 143、144、149 页。

② 常修泽等：《所有制改革与创新——中国所有制结构改革 40 年》，广东经济出版社 2018 年版，第 52 页。

③ 本书编写组：《〈中共中央关于全面深化改革若干重大问题的决定〉辅导读本》，人民出版社 2013 年版，第 79~80 页。

年底，国有企业（全国国资监管系统企业）资产总额已达 160.5 万亿元，上缴税费总额占全国财政收入的 1/4，工业增加值占全国 GDP 的 1/5。① 其中，中央企业资产总额为 54.5 万亿元。② 2016 年，《财富》杂志公布的世界 500 强中，上榜的国有企业增加到 83 家。③

　　党的十五大报告首次提出关于社会主义基本经济制度的命题。"公有制为主体、多种所有制经济共同发展，是我国社会主义初级阶段的一项基本经济制度。这一制度的确立，是由社会主义性质和初级阶段国情决定的：第一，我国是社会主义国家，必须坚持公有制作为社会主义经济制度的基础；第二，我国处在社会主义初级阶段，需要在公有制为主体的条件下发展多种所有制经济；第三，一切符合'三个有利于'的所有制形式都可以而且应该用来为社会主义服务。""党的十一届三中全会以来，我们党认真总结以往在所有制问题上的经验教训，制定以公有制为主体、多种经济成分共同发展的方针，逐步消除所有制结构不合理对生产力的羁绊，出现了公有制实现形式多样化和多种经济成分共同发展的局面。继续调整和完善所有制结构，进一步解放和发展生产力，是经济体制改革的重大任务。"④

　　《中共中央关于全面深化改革若干重大问题的决定》（以下简称《决定》）进一步指出，"公有制为主体、多种所有制经济共同发展的基本经济制度，是中国特色社会主义制度的重要支柱，也是社会主义市场经济体制的根基。"⑤《决定》对如何坚持和完善基本经济制度提出了一系列改革举措，包括完善产权保护制度，积极发展混合所有制经济，推动国有企业完善现代企业制度，支持非公有制经济健康发展。党的十九大报告也指出，"必须坚持和完善我国社会主义基本经济制度和分配制度，毫不动摇巩固和发展公有制经济，毫不动摇鼓励、支持、引导非公有制经济发展"。⑥ 总之，巩固和完善社会主义初级阶段基本经济制度，是今后我国所有制结构调整和改革的主

　　① 《国企民企，携手迈向高质量发展》，《人民日报》2018 年 2 月 7 日，第 1 版。
　　② 《国企强监管多策齐发》，《经济参考报》2018 年 3 月 12 日，第 A01 版。
　　③ 《这五年，国企风生水起》，《人民日报》2017 年 7 月 28 日，第 10 版。
　　④ 《十五大报告辅导读本》，人民出版社 1997 年版，第 20—21 页。
　　⑤ 《中共中央关于全面深化改革若干重大问题的决定》，人民出版社 2013 年版，第 7—8 页。
　　⑥ 习近平：《决胜全面建成小康社会　夺取新时代中国特色社会主义伟大胜利——在中国共产党第十九次全国代表大会上的报告（2017 年 10 月 18 日）》，人民出版社 2017 年版，第 21 页。

要任务。

三、如何理解公有制为主体

关于基本经济制度中的公有制为主体，从 2013 年开始起草党的十八届三中全会《决定》以来，有两种差异很大的看法。鉴于改革开放后非公有制经济的迅速增长，对 GDP 的贡献率已超过 50%甚至 60%，对全社会固定资产投资的比重的贡献也已超过 60%，对全社会新增就业岗位的贡献超过 80%甚至 90%，有的理论界人士认为，公有制主体地位已被突破，社会主义制度的根基受到动摇，主张限制非公有制经济的发展；有的甚至建议对财富积累特别多的富豪动手，实行再公有化。与此相反，另有理论界和工商界的人士认为，中国现实经济活动已经发展到实际上是民营经济为主体，如果继续坚持以公有制为主体，似乎名不副实，也不利于民营经济的发展。他们建议，基本经济制度改为以国有经济为主导、多种所有制经济共同发展。以上两种认识都是不全面的，都没有很好认识公有制为主体的含义。

1997 年党的十五大报告在确立公有制为主体、多种所有制经济共同发展的基本经济制度时，对公有制为主体的含义曾作出明确规定："公有制的主体地位主要体现在：公有资产在社会总资产中占优势；国有经济控制国民经济命脉，对经济发展起主导作用。这是就全国而言，有的地方、有的产业可以有所差别。公有资产占优势，要有量的优势，更要注重质的提高。国有经济起主导作用，主要体现在控制力上。"① 从 1979 年改革开放到 2017 年的 39 年间，中国 GDP 增长了 33.5 倍，② 中国 GDP 占世界总量的比重已从 1978 年的 1.8%上升到 2017 年的 15.3%。③ 国有经济、集体和合作经济、个体私营经济、外资经济以及不同所有制经济的混合经济，都获得巨大发展。在这种

---

① 本书编写组：《十五大报告辅导读本》，人民出版社 1997 年版，第 21 页。
② 中华人民共和国国家统计局：《中国统计摘要 2018》，中国统计出版社 2018 年版，第 26 页。
③ 国家统计局：《改革开放铸辉煌　经济发展谱新篇——1978 年以来我国经济社会发展的巨大变化》，《人民日报》2013 年 11 月 6 日，第 11 版；《提供增长动力　拓宽发展路径》，《人民日报》2018 年 4 月 16 日，第 2 版。

情况下，公有资产在社会总资产中占优势，国有经济控制国民经济命脉对经济发展起主导作用，都没有发生根本性变化。

一些专家对我国经营性资产进行估算，得出的结论是：截至 2012 年，我国三次产业经营性总资产约为 487.53 万亿元（含个体工商户资产），其中公有制经济的经营性资产规模是 258.39 万亿元，占 53%。[①] 如果加上非经营性资产，如国有的自然资源资产，则公有资产在社会总资产中更是占绝对优势。根据财政部、国务院国有资产监督管理委员会（国资委）、国家统计局等部门公布的公开数据测算，截至 2015 年底，经营性国有资产净值约为 34.46 万亿元，行政事业性国有资产净值约为 11.23 万亿元，金融性国有资产净值约为 53.41 万亿元，资源性国有资产净值约为 458 万亿元（其中约 43 万亿元可直接出售或交易），四项国有资产净值合计 557.1 万亿元。[②] 可见，资源性国有资产占总资产的大头，公有资产一直在社会总资产中占优势。至于国有经济控制国民经济命脉对经济发展起主导作用，则至今没有人对此产生怀疑。总之，经过 40 年改革开放，各种所有制经济的资产都大幅增加，但公有资产在社会总资产中占优势并没有变，而且党的十五大对公有制为主体的规定，为各种所有制经济的共同发展提供了很大的空间。因此，今后必须继续坚持和完善公有制为主体、多种所有制经济共同发展的基本经济制度。

四、第二条主线：经济运行转向市场主导型，市场在资源配置中起决定性作用，更好发挥政府作用

中国经济体制改革的第二条主线是经济运行机制的改革，主要包括以市场取代计划在资源配置中起基础性和决定性作用；政府主要运用财政政策和货币政策调控宏观经济，使其稳定健康运行。

中国改革开放是从经济活动中引入市场机制展开的，启动于逐步放开价格搞活市场。20 世纪 80 年代初放开小商品、鲜活农产品和工业消费品价格

---

① 裴长洪：《中国公有制主体地位的量化估算及其发展趋势》，《中国社会科学》2014 年第 1 期。
② 常修泽等：《所有制改革与创新——中国所有制结构改革 40 年》，广东经济出版社 2018 年版，第 20 页。

后，这些商品很快就像泉水般涌流出来，大大改善了长期紧缺商品的供应，充分展现了市场机制搞活经济的魔力，市场配置资源比用指令性计划配置资源更有效率、更具活力。1992 年召开的党的十四大，科学总结了改革开放 13 年的经验，提出把建立社会主义市场经济体制作为中国经济改革的目标模式。党的十四大报告指出，"改革开放十多年来，市场范围逐步扩大，大多数商品的价格已经放开，计划直接管理的领域显著缩小，市场对经济活动调节的作用大大增强。实践表明，市场作用发挥比较充分的地方，经济活力就比较强，发展态势也比较好。我国经济要优化结构，提高效益，加快发展，参与国际竞争，就必须继续强化市场机制的作用。实践的发展和认识的深化，要求我们明确提出，我国经济体制改革的目标是建立社会主义市场经济体制，以利于进一步解放和发展生产力"。"我们所要建立的社会主义市场经济体制，就是要使市场在社会主义国家宏观调控下对资源配置起基础性作用"，"同时也要看到市场有其自身的弱点和消极方面，必须加强和改善国家对经济的宏观调控"。① 2013 年，党的十八届三中全会《决定》进一步把市场对资源配置的基础性作用提升为决定性作用，指出经济体制改革"核心问题是处理好政府和市场的关系，使市场在资源配置中起决定性作用和更好发挥政府作用。市场决定资源配置是市场经济的一般规律，健全社会主义市场经济体制必须遵循这条规律，着力解决市场体系不完善、政府干预过多和监管不到位问题"。②

中国经济运行机制改革，主要包括以下几个方面：

（一）价格改革

改革开放以来，中国价格改革常常走在各项改革的前列。1985 年起，中国价格改革就以放开价格为主，逐步放开农副土特产品和工业品价格，商品市场呈现繁荣景象，上百种票证相继被取消，到 1998 年终于形成了期盼已久的买方市场格局。到 2008 年，社会商品零售总额、农副产品收购总额、工业生产资料销售总额中，市场调节价格的比重均已达 95% 以上，各种服务价格

---

① 中共中央文献研究室：《十四大以来重要文献选编》（上），人民出版社 1996 年版，第 18-19 页。

② 中共中央编写组：《中共中央关于全面深化改革若干重大问题的决定》，人民出版社 2013 年版，第 5-6 页。

也已大部分放开，说明绝大部分商品和服务价格已实现市场化。[①]

进入 21 世纪后，中国价格改革的重点已转向资源产品和生产要素价格的市场化。水、煤炭、石油、天然气、电力、铁矿石等矿产品，以及劳动力、资金、土地等的价格市场化改革逐步推开并取得进展。最新统计数据显示，到 2016 年，全国 97% 以上的商品和服务价格已放开由市场调节，剩下不到 3% 实行政府定价的商品和服务价格，[②] 也主要限定在党的十八届三中全会《中共中央关于全面深化改革若干重大问题的决定》所说的"重要公用事业、公益性服务、网络型自然垄断环节"。[③]

（二）加快建设现代市场体系

统一开放、竞争有序的市场体系，是使市场在资源配置中起决定性作用的基础。改革开放以来，中国市场体系的发育可分为四个阶段：第一阶段为1978~1991 年，在价格改革大步推进的带动下各类市场蓬勃发展。1985 年起，随着农副产品价格和工业消费品价格的放开，全国各地的农副产品市场包括批发市场和零售市场纷纷建立和不断扩大，工业消费品市场也越来越繁荣。中国从 20 世纪 80 年代初实行工业生产资料价格双轨制。据 1988 年统计，在重工业品出厂价格中，按国家定价销售的比重，采掘工业品为 95.1%，原材料产品为 74.6%，加工工业产品为 41.4%，其余均为市场价格销售部分。[④] 1985~1988 年经济过热，双轨价差很大，有的产品市场价高出计划价两三倍之多，助长了"走后门"和贪污腐败等不正之风，各方面对价格双轨制批评之声不绝于耳。1988 年，受通货膨胀的干扰，价格闯关未成，中央采取治理整顿措施，抑制投资过热和通货膨胀，缓解供求矛盾，促使工业生产资料市场价格回落。到 1990 年，双轨价差大幅缩小至 50% 至 1 倍，有的产品双轨价甚至非常接近。在这种情况下，党和政府及时采取措施于 1991 年实现了工业生产资料价格双轨制并轨，一般并为市场单轨价，为价格双轨制画上圆满句号，工业生产资料市场走上正常运行轨道。同时，生产要素市场改革

---

①　刘惯超：《我国整体改革中的价格改革》，《中国物价》2012 年第 8 期。

②　蔡昉等：《中国经济改革与发展（1978—2018）》，社会科学文献出版社 2018 年版，第 113 页。

③　《中共中央关于全面深化改革若干重大问题的决定》，人民出版社 2013 年版，第 13 页。

④　蔡昉等：《中国经济改革与发展（1978—2018）》，社会科学文献出版社 2018 年版，第 118 页。

开始起步。最突出的是在 1990 年 12 月，上海证券交易所和深圳证券交易所先后成立和营业，中国有了自己的资本市场，标志着中国市场体系建设开始迈入中高端水平。

第二阶段为 1992~2001 年，各类市场向纵深发展，国有企业从行政部门附属物向市场主体转变，市场格局从卖方市场向买方市场转变。首先是打破城市福利分房制度后，房地产市场逐渐兴起和发展。到 1999 年底，全国可售公房的 60% 以上已经出售给居民家庭，城镇居民住房自有率达到 70%。① 1998 年，全国新建商品房销售面积为 12185.3 万平方米，而到 2001 年，全国新建商品房销售面积达到 22411.9 万平方米，增长近 84%。② 其次国有企业从 1993 年明确改革方向为建立现代企业制度后，通过公司制股份制改革，逐渐成为自主经营、自负盈亏的市场主体和法人实体。与此同时，个体私营和外资经济发展迅速，逐渐成为社会主义市场经济的重要组成部分。最后市场格局从卖方市场转向买方市场。国家国内贸易局（部）1995 年以来对 600 多种主要商品供求状况的调查结果表明，从 1995 年开始，供过于求的迹象开始出现，到 1998 年上半年，中国消费品零售市场上已经没有供不应求的商品，而供过于求的商品的比例已达 25.8%。③

第三阶段为 2002~2012 年，以加入世界贸易组织为契机，构建开放型现代市场体系。首先，外商投资企业逐渐成为我国市场主体的重要组成部分。1992 年确立社会主义市场经济体制改革目标和 2001 年加入世界贸易组织，使中国吸收和利用外资走上了快车道，到 2014 年，中国已连续 23 年成为吸收国外直接投资最多的发展中国家。2012 年底，全国外商投资企业共计440609 家，投资总额 32610 亿美元，注册资本 18814 亿美元，其中外方为14903 亿美元。2013~2017 年，我国每年实际利用外资都在 1000 亿美元以上。其次，对外贸易迅速发展，加入世贸组织使我国加快融入经济全球化进程。改革开放之初的 1978 年，中国货物进出口总额只有 206 亿美元，居世界第 32 位。改革开放后，对外贸易快速发展。加入世贸组织后，进一步推动了

---

① 彭森、陈立等：《中国经济体制改革重大事件》（下），中国人民大学出版社 2008 年版，第639 页。

② 中华人民共和国国家统计局：《中国统计年鉴 2013》，中国统计出版社 2014 年版，第 205 页。

③ 刘国光：《中国十个五年计划研究报告》，人民出版社 2006 年版，第 613 页。

货物进出口贸易的高速增长。2004 年中国货物进出口总额突破 1 万亿美元大关，2007 年突破 2 万亿美元大关，2011 年超过 3 万亿美元。2013 年，中国货物进出口总额达 4.16 万亿美元，一举超过美国成为世界第一大货物进出口贸易国。同时，我国服务贸易迅速发展。20 世纪 80 年代初期，中国服务贸易规模只有 40 多亿美元。加入世界贸易组织后，中国服务贸易步伐明显加快。2003 年服务贸易总额首次突破 1000 亿美元，2013 年已超过 5000 亿美元。对外贸易的高速增长，有力地推动了中国经济的快速增长。2005～2007 年连续三年，我国货物和服务净出口对国内生产总值的贡献率达到 10% 以上。[1] 最后，2005 年和 2006 年股权分置改革是完善我国资本市场的重大举措。出于历史原因，我国上市公司中普遍存在流通股与非流通股两类股份。上市公司向社会公开发行的、在上海和深圳证券交易所上市交易的股票，称为流通股；而同样由上市公司发行但暂不上市交易的股票，称为非流通股。流通股比非流通股价格高很多，不利于资本市场的健康发展。为解决股权分置问题，2005 年 4 月经国务院批准，证监会发布了《关于上市公司股权分置改革试点有关问题的通知》，开始启动股权分置改革试点工作。同年 9 月，证监会等发布了《上市公司股权分置改革管理办法》等配套文件，指导股权分置改革逐步推进。截至 2006 年底，沪深两市已完成或者进入股权分置改革程序的上市公司共 1301 家，占应改革上市公司的 97%，对应市值占比 98%，[2] 标志着中国股权分置改革基本完成。

第四阶段始于 2013 年，提出市场在资源配置中起决定性作用，争取到 2020 年完善现代市场体系。首先，2013 年党的十八届三中全会《决定》提出市场在资源配置中起决定性作用。用"决定性作用"代替沿用了 21 年的"基础性作用"，主要是为了更好地深化市场化改革，力争到 2020 年，在经济的重要领域和关键环节，取得决定性成果，使社会主义市场经济体制更加成熟、更加定型。其次，商事制度改革激发市场主体活力，改善营商环境。由先证后照改为先照后证，把注册资本实缴登记制逐步改为认缴登记制，使

① 张卓元、房汉廷、程锦锥：《市场决定的历史突破——中国市场发育与现代市场体系建设 40 年》，广东经济出版社 2017 年版，第 13、15 页。
② 北京师范大学经济与资源管理研究院：《2008 中国市场经济发展报告》，北京师范大学出版社 2008 年版，第 80 页。

新设立企业快速增长。此项改革前的 2013 年，平均每天新设企业 6900 家；改革后，2014 年平均每天新设企业 1 万家，2015 年为 1.2 万家，2016 年为 1.5 万家，2017 年为 1.66 万家。①最后，继续深化价格改革。对于具备竞争条件的商品和服务价格一律放开，目前97%以上的商品和服务价格实现了市场调节。今后的重点是完善能源、交通运输、农业、医疗等领域的定价机制。

（三）改革宏观调控机制，完善宏观调控体系

改革开放前，我国实行传统的计划经济体制。1978 年底改革开放后，随着市场化的不断推进，经济搞活了，微观经济主体有活力了，宏观经济管理必须跟上，才能使整个经济稳定健康运行。1985 年在"巴山"号游轮上召开的宏观经济管理国际讨论会取得了一些共识。首先，改革开放在微观经济放活后，政府对宏观经济的管理，应从原来的直接管理、计划管理转变为间接管理为主，主要运用经济和法律手段并辅之以行政手段。这也是宏观经济管理体制改革的主要内容。其次，宏观经济管理的经济手段，主要采取适当的"反周期"财政政策和货币政策，保持宏观经济的稳定运行。最后，宏观经济管理体制改革要有国企改革、发展非公经济、价格改革、建立市场体系等与之配合。1997 年，党的十五大报告明确提出，"宏观调控的主要任务，是保持经济总量平衡，抑制通货膨胀，促进重大经济结构优化，实现经济稳定增长。宏观调控主要运用经济手段和法律手段。要深化金融、财政、计划体制改革，完善宏观调控手段和协调机制"。②党的十八届三中全会《决定》进一步指出，"宏观调控的主要任务是保持经济总量平衡，促进重大经济结构协调和生产力布局优化，减缓经济周期波动影响，防范区域性、系统性风险，稳定市场预期，实现经济持续健康发展"。③改革开放以来，中国宏观经济管理体制改革就是按照上述规定不断深化和完善的。

在实践中，改革开放以来的中国宏观经济调控是成功和有效的，主要标

---

① 张卓元、房汉廷、程锦锥：《市场决定的历史突破——中国市场发育与现代市场体系建设40年》，广东经济出版社 2017 年版，第 18 页；《打造公平便利的市场环境》，《人民日报》2018 年 3 月 17 日，第 8 版。

② 本书编写组：《十五大报告辅导读本》，人民出版社 1997 年版，第 26 页。

③ 中共中央编写组：《中共中央关于全面深化改革若干重大问题的决定》，人民出版社 2013 年版，第 16 页。

志是改革开放 40 年来中国经济每年都在增长，没有一年出现负增长，而且最低年份的 GDP 增长率也达 3.9%（1990 年），虽然出现过两次（1988～1989 年、1993～1995 年）两位数的 CPI 上涨率，但较快得到有效控制和治理，1995 年以后的 20 多年一直没有再出现 CPI 两位数上涨。1979～2017 年近 40 年，GDP 以年均 9.5% 的速度快速增长，而 CPI 年均上涨率不到 5%。[①] 这是一个绝佳的搭配，表明中国经济的快速增长是在保持经济总体稳定的条件下取得的，在世界经济发展史上未曾有过。

宏观经济调控是社会主义市场经济下政府最重要的职责。党的十八届三中全会《中共中央关于全面深化改革若干重大问题的决定》指出，"政府的职责和作用主要是保持宏观经济稳定，加强和优化公共服务，保障公平竞争，加强市场监管，维护市场秩序，推动可持续发展，促进共同富裕，弥补市场失灵"。[②] 党的十八届三中全会以后，政府一方面推进审批制度改革，进行"放管服"改革，克服政府直接配置资源过多和对微观经济活动干预过多的问题。另一方面政府努力做好公共服务、市场监管、社会治理和保护环境等工作。这样做，就能更好地保持社会主义市场经济的健康运行。

五、两条主线论符合党的十九大报告新时代经济改革两个重点的规定

2017 年，习近平总书记在党的十九大报告谈到新时代建设现代化经济体系时指出，"经济体制改革必须以完善产权制度和要素市场化配置为重点，实现产权有效激励、要素自由流动、价格反应灵活、竞争公平有序、企业优胜劣汰"。[③] 本文的两条主线论符合上述两个重点的规定。

2003 年，党的十六届三中全会通过的《中共中央关于完善社会主义市场

---

①　根据《中国统计摘要 2018》第 26、42 页相关数据计算。

②　中共中央编写组：《中共中央关于全面深化改革若干重大问题的决定》，人民出版社 2013 年版，第 6 页。

③　习近平：《决胜全面建成小康社会　夺取新时代中国特色社会主义伟大胜利——在中国共产党第十九次全国代表大会上的报告》（2017 年 10 月 18 日），人民出版社 2017 年版，第 33 页。

经济体制若干问题的决定》指出，"产权是所有制的核心和主要内容，包括物权、债权、股权和知识产权等各类财产权。建立归属清晰、权责明确、保护严格、流转顺畅的现代产权制度，有利于维护公有财产权，巩固公有制经济的主体地位；有利于保护私有财产权，促进非公有制经济发展；有利于各类资本的流动和重组，推动混合所有制经济发展；有利于增强企业和公众创业创新的动力，形成良好的信用基础和市场秩序。这是完善基本经济制度的内在要求，是构建现代企业制度的重要基础"。① 党的十八届三中全会《决定》关于经济体制改革部分的第一条，写的就是完善产权保护制度，提出公有制经济财产权不可侵犯，非公有制经济财产权同样不可侵犯。但此后两年这一条落实不够好，以致 2016 年民营资本的固定资产投资增幅出现断崖式下跌，全年仅增长 3.2%，而一般年份增长率都达两位数左右（2015 年增长10%）。② 为此，2016 年 11 月 27 日，中共中央、国务院公布了《关于完善产权保护制度依法保护产权的意见》。该文件的落实情况较好，2017 年，民间资本固定资产投资增长率回升到 6%。③ 党的十九大报告把完善产权制度作为今后经济体制改革的一个重点，是对党的十八届三中全会《决定》的继承和发展，也是今后完善基本经济制度的着力点，包括保护知识产权、保护非公经济财产权、防止国有资产流失等。与此相配合，党的十九大报告还提出推动国有资本做强做优做大，深化国有企业改革，发展混合所有制经济，培育具有全球竞争力的世界一流企业，壮大农村集体经济，支持民营企业发展，激发各类市场主体活力，等等。

今后经济改革的另一个重点是要素市场化配置。党的十九大报告提出，全面实施市场准入负面清单制度，清理废除妨碍统一市场和公平竞争的各种规定和做法。深化商事制度改革，打破行政性垄断，防止市场垄断，加快要素价格市场化改革，放宽服务业准入限制，完善市场监管体制。

---

① 本书编写组：《〈中共中央关于完善社会主义市场经济体制若干问题的决定〉辅导读本》，人民出版社 2003 年版，第 4-5 页。
② 国家统计局：《中华人民共和国 2016 年国民经济和社会发展统计公报》，《人民日报》2017年 3 月 1 日，第 10 版；常修泽等：《所有制改革与创新——中国所有制结构改革 40 年》，广东经济出版社 2018 年版，第 213 页。
③ 国家统计局：《中华人民共和国 2017 年国民经济和社会发展统计公报》，《人民日报》2018年 3 月 1 日，第 10 版。

　　党的十九大报告在创新和完善宏观调控方面也有新提法："创新和完善宏观调控，发挥国家发展规划的战略导向作用，健全财政、货币、产业、区域等经济政策协调机制。"① 对照党的十八届三中全会《决定》，宏观调控体系在财政、货币政策与其他政策手段协调融合方面，党的十九大报告不再提价格政策，同时增加了区域政策。我体会，这是因为近几年价格改革进展较快，截至 2016 年底，97% 以上的商品和服务价格均已放开由市场调节，因此已很难运用价格政策参与宏观调控。而区域政策日显重要，中国那么大，区域经济协调发展是优化重大结构的内涵，促进重大经济结构协调和生产力布局优化，正是宏观经济调控的主要任务之一。党的十九大报告还提出，"健全货币政策和宏观审慎政策双支柱调控框架"。② 这次专门提出健全双支柱调控框架，是很重要的。货币政策一般主要关注物价稳定，货币政策要不要关注资产价格变动一直有争议。2008 年国际金融危机爆发前，美国的物价是稳定的，但是金融并不稳定，金融资产价格大幅上涨。危机爆发后的反思认为，要维持金融系统的稳定，只有关注物价稳定的货币政策是不够的，还要有宏观审慎政策。2017 年 7 月 14~15 日举行的全国金融工作会议，提出了双支柱调控框架。所谓宏观审慎政策，主要是将各项金融活动和金融行为包括跨境资本流动、住房金融等纳入金融监管范围，目的是守住不发生系统性金融风险的底线。

　　最后简要说说两条主线的关系。中国经济改革的两条主线是互相促进、互相渗透的。所有制的调整和改革，公有制为主体、多种所有制经济共同发展的基本经济制度的建立和完善，使社会形成多元的市场主体，成为我国经济社会发展的重要基础，社会主义市场经济就是在这个基础上运行的。各种所有制经济各自发挥优势，取长补短，在市场上平等竞争，能够较好地实现资源的优化配置。与此同时，从广度和深度上推进市场化改革，能激发各种所有制经济的活力竞相发展。例如，国有经济具有强大实力和技术力量，有能力兴建投资大、建设周期长、回收慢、具有长远经济效益与社会效益的重大基础设施等项目，以及重要前瞻性战略性产业；而民营企业在一般竞争性

　　①② 习近平：《决胜全面建成小康社会　夺取新时代中国特色社会主义伟大胜利——在中国共产党第十九次全国代表大会上的报告》（2017 年 10 月 18 日），人民出版社 2017 年版，第 34 页。

领域和兴办中小型科技企业方面有优势；利用外资有助于我国引进先进技术和经营管理经验。各种所有制经济如能较好地发挥出自己的优势，就能使社会资源得到更加充分和有效的利用。中国40年市场化改革使国有经济、民营经济、外资经济迅速发展壮大起来，充分证明在社会主义初级阶段，社会主义基本经济制度越完善，市场在资源配置中的决定性作用就越能得到充分的发挥；而市场化改革越深化，社会主义基本经济制度就越能完善和成熟。

两条主线没有主次之分，同等重要。它们统一于建立和完善社会主义市场经济体制之中。党的十九大报告在"加快完善社会主义市场经济体制"的小标题后，接着就说"经济体制改革必须以完善产权制度和要素市场化配置为重点"，说明这两个重点都是为了加快完善社会主义市场经济体制。因此可以说，中国的经济改革是在坚持社会主义市场经济方向下沿着上述两条主线展开的。还可以进一步推断，中国经济改革主要是以社会主义市场经济论作为指导理论的。社会主义市场经济论是中国特色社会主义理论体系的重要组成部分，是改革开放以来中国马克思主义经济学家总结改革开放伟大实践的最重要学术创新成果。

支持民营经济发展的同时
应加快垄断行业改革*

　　党对民营经济的地位和作用的认识，在改革开放后是逐步提高和提升的。在党的十五大之前，非公有制经济被定位成公有制经济的"必要的、有益的补充"。党的十五大将非公有制经济定位为我国社会主义市场经济的"重要组成部分"。党的十六大提出"两个毫不动摇"，把个体私营经济等非公有制经济摆在与公有制经济平起平坐的地位。在民营经济座谈会上民营企业和民营企业家又进一步地被提升到了自家人的地位。

　　从党的方针政策来看，从来没有提过"国退民进"或者"民退国进"的说法。我记得在起草党的十六大报告的时候，有的人就提到，根据广东、浙江的发展经验，民营经济发展好的地方，不但整个社会经济发展快，而且对企业的改革也起到了很好的推动作用。国有经济和民营经济都有自己的优势。但是，在实际工作中，民营经济往往受到歧视，遇到经济调整的时候，先拿民营经济开刀。在市场准入方面，对民营经济的门槛也很高，往往把民营经济挡在门外，中央出台的很多好政策都无法认真贯彻落实下去。

　　这几年社会上甚至出现了一些否定、怀疑民营经济的言论。比如，所谓的"民营经济离场论""新公私合营论"等，要"消灭私有制""限制民营资本"，这些是否定改革开放基本路线的错误言论。实践证明，党的基本路线是改革开放以来最重要的成就。从经济学原理来说，随着生产向分散化、个性化、多样化的趋势发展，规模经济并不是最有效的。按照传统观点，生产社会化以后，与资本主义所有制的矛盾将激化，然后由国家占领全部生产资料。现在看来，随着生产技术的发展，人们生活的多样化，生产的分散化、个性化、多样化、社会化以后，生产的社会化程度的提高，并不一定要求社

_____

　　* 《经济参考报》2018 年 12 月 5 日。

会占有全部生产资料，建立单一的社会公有制。所以，目前根本看不到消灭私有经济的前景，否则只会带来社会生产力的大破坏，经济的大倒退。比如，几亿人的就业问题怎么解决？是不是退回到以前的老路上去？如果不搞清楚这些理论问题，政策的制定和执行都会出现偏差。

发展民营经济的同时，还需要继续推进国有企业改革。国有企业改革，特别是垄断行业改革，为各种所有制经济平等竞争创造了条件。党的十八届三中全会提出，国有资本继续控股经营的自然垄断行业，实行以政企分开、政资分开、特许经营、政府监管为主要内容的改革，根据不同行业特点实行网运分开、放开竞争性业务，推进公共资源配置市场化。进一步破除各种形式的行政垄断。党的十八届三中全会还提出，要积极发展混合所有制。这几年国有企业的改革和进展不够理想，必须更好、更快地推进国有企业改革，特别是垄断行业改革，一定要把垄断行业和越来越多的竞争性业务放开，不要搞行政垄断，妨碍市场竞争。这样的话，可以腾出一大块天地让各种所有制经济公平竞争。积极发展混合所有制经济，不能总是搞试点。国资委要由管企业为主转向管资本为主。所以我认为，加快国有企业改革，特别是国有垄断行业改革，对发展民营经济非常重要。

中国价格改革目标的较早确立及其影响
——纪念价格改革 40 周年*

摘　要：中国价格作为经济体制改革的排头兵，对搞活整个国民经济、带动市场繁荣、促进经济高速增长起了很大的作用。本文对中国 40 年的价格改革进行回顾与思考，分别从改革开放初期、1987 年和党的十八大三个时间点回顾了价格改革的不同任务，其中改革开放初期是以提高农产品收购价格和放开价格的探索为目标，1987 年以后以建立市场价格体制为目标，党的十八大后则以深化价格改革为目标。此外，本文还提出新时期我国价格改革的努力方向，一方面要加快对能源、农业、交通运输、医疗等改革重点领域的攻坚力度，另一方面要稳步推进生产要素价格改革。

关键词：价格改革；市场价格体制；深化价格改革；生产要素价格改革

改革开放以来，中国价格改革特别是商品和服务价格改革常常走在经济体制改革的前列，对搞活整个国民经济、带动市场繁荣、促进经济高速增长起了很大的作用。认真回顾与思考 40 年价格改革，对于进一步落实党的十八届三中全会《决定》和党的十九大报告对进一步深化价格改革的要求有重要意义。

一、党和政府在改革开放初期高度重视价格改革，不断出台价格改革举措，动手既早又快

中国经济体制改革是从引入市场机制、尊重价值规律开始启动的。刚刚

---

*《价格理论与实践》2018 年第 12 期。

实行改革开放的 1979 年，国家就大幅度提高农产品收购价格，提价的有 18 种主要农产品，提价幅度达 24.8%。这一举措，同农村实行家庭联产承包责任制一起，大大刺激了农产品增产和农民收入增加。国家还陆续恢复了农村集市贸易，1982 年、1983 年、1984 年，分三批放开工业品中的小商品价格。有的城市如广州市，从 1978 年 8 月到 1984 年 11 月率先在全国全部放开蔬菜价格，几个月后，又放开猪肉和塘鱼价格，结果是"放到哪里活到哪里"。价格一放开，产品就像泉水般涌流出来，迅速改善了市场供应，各种票证一个一个地被取消了，充分显示出市场机制神奇的魔力。全国其他城市，都先后效法广州市的做法，整个经济开始活跃起来，市场逐渐繁荣。这是改革开放初期改革给老百姓带来的最大实惠。

党和政府及时总结调整价格和放开价格的经验，1984 年，党的十二届三中全会通过的《关于经济体制改革的决定》进一步提出，"价格是最有效的调节手段，合理的价格是保证国民经济活而不乱的重要条件，价格体系的改革是整个经济体制改革成败的关键"。1984 年举行的中青年经济学家讨论会即莫干山会议，有的年轻学者也提出，"价格改革的进程很大程度上决定了整个经济体制改革的进程"，"价格体制的改革就是整个体制的改革"。我也在 1987 年初发表文章，题目叫《价格改革仍然是经济体制改革的关键》，文章同看轻价格改革重要性的主张进行争辩，阐述上述党的十二届三中全会关于价格改革是整个经济体制改革成败的关键的论断。党的十二届三中全会《决定》作出后，1985 年 1 月 1 日，中央一号文件规定，从当年起，除个别品种外，放开农产品价格。1986 年，全部放开小商品价格，并放开了自行车、电冰箱、洗衣机等七种主要消费品价格。1985 年 1 月，放开工业生产资料属于企业自销和完成国家计划后的超产部分的出厂价格，实行工业生产资料价格双轨制。这些都显示中国价格改革进入以放开价格为主的阶段，即真正走上用市场定价体制取代行政定价体制的阶段。可以说，价格改革是较早明确市场化改革目标的。

二、1987 年即初步明确价格改革目标是建立市场价格体制，比确立社会主义市场经济体制改革目标早五年

　　1987 年，党的十三大报告明确提出，"要逐步建立少数重要商品和劳务价格由国家管理，其他大量商品和劳务价格由市场调节的制度"。这实质上是要建立市场价格体制，从而初步明确了中国价格改革的目标模式。市场价格改革目标的确立，比 1992 年党的十四大确立社会主义市场经济体制改革目标，整整早五年。我认为，这正是中国价格改革常常走在其他改革前面的主要原因。一个最明显的例子是，在商品和服务价格市场化改革有序推进的期间，1987~1992 年，国有企业还在实行强化政企不分的承包制，只是到 1993 年党的十四届三中全会才明确国有企业改革的方向是建立与社会主义市场经济体制相适应的现代企业制度，即现代公司制，国有企业才真正走上制度创新的道路。

　　1984 年，《关于经济体制改革的决定》公布后，随着确认社会主义经济是有计划的商品经济，经济学界对价格改革目标的讨论有重大进展。1984 年 11 月 25 ~30 日在江苏常州举行的中国价格学会（会长是当时国家物价局局长刘卓甫）第三次价格理论讨论会上，就对中国价格改革目标展开了热烈的讨论。有三种意见：第一种，国家统一定价、浮动价、自由价并存，以浮动价为主。第二种，中央定价、地方定价、企业定价并存，以企业定价为主。第三种，谁经营谁定价。有的经济学家明确提出，放弃行政定价体制，价格形成要充分考虑国内外市场供求情况。1986 年后，参加讨论的多数经济学家已逐渐明确价格改革的目标，是用市场价格体制代替行政定价体制。我所在的中国社会科学院财贸所价格研究团队，也在发表的论著中明确主张市场价格体制。还要指出，在此之前，1984 年莫干山会议上，已有一些青年经济学者主张中国价格改革的目标是导入市场机制，建立一个具有自动调节功能的新体制。强调市场机制的核心是价格，价格体制的改革过程实际上就是市场机制的形成过程。持这种意见的有周小川、楼继伟、李剑阁、张维迎等。

　　随着 1985 年起实行以放开价格为主的改革，价格市场化改革进展迅速。

到 1990 年，在社会商品零售总额中，市场调节价比重已过半数，达 53%。到 1992 年，市场调节价的比重，在商品零售环节已占 93%，在农产品收购环节已达 82%，在工业生产资料出厂环节已达 74%，在服务业中也已达 64%。可以认为，在其他领域开始明确建立社会主义市场经济体制时，价格领域的市场价格体制已初步建立起来了。其原因主要就是因为价格领域明确市场化改革目标比其他领域提早五年。

三、党的十八大以来价格改革新进展

党的十八届三中全会审议通过的《中共中央关于全面深化改革若干重大问题的决定》提出，"完善主要由市场决定价格的机制。凡是能由市场形成价格的都交给市场，政府不进行不当干预。推进水、石油、天然气、电力、交通、电信等领域价格改革，放开竞争性环节价格。政府定价范围主要限定在重要公用事业、公益性服务、网络型自然垄断环节，提高透明度，接受社会监督。完善农产品价格形成机制，注重发挥市场形成价格作用"。2015 年 10 月，《中共中央、国务院关于推进价格机制改革的若干意见》（以下简称《意见》）发布，对更好地落实党的十八届三中全会关于深化价格改革、完善市场价格体制的要求作了具体部署。《意见》明确了今后六大重点领域价格改革方向，即完善农产品价格形成机制，加快推进能源价格市场化，完善环境服务价格政策，理顺医疗服务价格，健全交通运输价格机制，创新公用事业和公益性服务价格管理。对如何健全政府定价制度、加强市场价格监管和反垄断执法、健全市场价格行为等也作出了具体的阐述。

《决定》和《意见》发布后，各方面迅速行动，落实深化价格改革要求，并取得很不错的成绩。首先，大大减少政府定价项目，全部农产品、绝大多数药品、绝大多数专业服务价格已放开由市场调节，食盐出厂、批发和零售价格也已放开。其次，一些重要领域如电力、成品油、天然气、铁路运输价格市场化程度显著提高。最后，全面推行居民用电、用水、用气阶梯价格制度，以及强化反垄断执法力度，等等。市场化改革深化的集中表现是，到 2017 年底，97%商品和服务价格已放开由市场调节。价格市场化程度之高，超乎想象。20 世纪八九十年代，我们在讨论价格改革目标时，认为如果有 80%以上商品和服务价格放开由市场调节了，也就可以认为已建立起市场价格体制了。当时还参考了中国台湾、日本等地经验。

　　尽管价格改革已迈出较大步伐，但仍然存在一些攻坚任务，能源、农业、交通运输、医疗等领域仍是改革重点。人们常说看病贵，但即使在北京，看病的服务费仍然不贵，在美国，到诊所看病，政府补贴的价格最低，挂号费也要 50 美元，一般是 100 美元。看急诊为 360 美元，叫救护车一次 800 美元。在中国，看病贵可能主要是药品价格贵。医疗价格改革的确困难重重。看来，今后垄断行业价格改革和资源产品价格改革是深水区，仍需攻坚克难。总的来看，中国 40 年价格改革是很成功的。主要表现在，价格体制的转轨是在保持物价总水平基本稳定或大体稳定条件下逐步推进的。当然，这中间曾受到过两次（1988~1989 年和 1993~1995 年）居民消费价格上涨率超过两位数，即遭受中度通货膨胀，但治理及时。1979~2017 年年均 CPI 上涨率为 4.86%，其中 1979~2007 年年均 CPI 上涨率为 5.7%，都在社会可承受范围之内。之所以取得这样好的成绩，是因为党和政府坚持正确处理改革、发展和稳定的关系，采取渐进方式稳步推进改革，在改革初期，决策者就既拒绝要求"一次放开价格"的建议，也拒绝抛弃"稳定物价"口号的主张。而是采取调放结合、先易后难、逐步放开价格的方针，尽力在保持物价总水平基本稳定的条件下推进价格体制转轨和理顺价格体系，让传统体制下积累的隐蔽的通货膨胀逐步释放出来。

四、生产要素价格改革仍任重道远

　　党的十九大报告关于价格改革方面特别提出，"加快要素价格市场化改革"，还说，"深化利率和汇率市场化改革"。这说明今后生产要素价格市场化改革任务还很重。1985 年在宏观经济管理国际讨论会上，波兰经济学家布鲁斯曾提出，"有三种价格是战略性的：一是资本的价格，即利率；二是劳动力的价格，即工资；三是外汇的价格，即汇率。国家要对这三个市场的运转加以控制"。当时我们理解为这三个市场的价格要国家管理，实行政府定价。中国的经济改革表明，这三种价格也要走市场化改革的路子。

资本的价格是利息率，现在政府已放开存款利率上限的限制，存款保险制度也已建立，现在这方面比较大的问题是民营企业贷款实际利率要比国有企业高很多，甚至高出 1 倍多。利率的双轨制影响民营企业投资的积极性。最近，党和政府正以前所未有的得力措施，帮助解决民营企业融资难和融资贵的问题。汇率市场化改革也未到位，人民币资本项目可兑换尚未实现。人民币汇率目前看还存在贬值预期，因此人民币可自由兑换到 2020 年似乎还不一定能实现。

劳动力市场和价格也存在一个较大障碍，那就是户籍制度使劳动力不能自由流动，从而影响劳动力价格真正由市场形成。

土地价格的市场化程度更低，由于长期以来地方政府相当程度上靠土地财政过日子，土地价格严重扭曲。据我所知，有一个四线城市，农民一亩耕地以 10 万元左右的价格被政府征用，政府经过"七通一平"后，就以每亩几百万元的价格出售，从中赚取惊人的差额利润。这种状况持续了几十年，至今未有良策解决。

生产要素价格过去一直不是由价格部门管理，还涉及宏现经济政策问题。利率和汇率主要由央行管控，户籍制度由民政等部门管理，土地价格更牵涉到农业农村部、自然资源部、国家发改委、财政部等多头管理。因此，深化生产要素价格市场化改革更需要中央深改委的顶层设计和推动。

亲历改革：为何朝向市场经济[*]

从五次三中全会看改革开放

《中国经济报告》：作为改革开放的亲历者和一些重要的纲领性文件的起草者，能否请您对过去 40 年中国改革开放的成绩给出一个总体评价？如何划分改革开放的历程？

张卓元：改革开放至今短短的 40 年，已使中国经济社会发生了让全世界惊叹的翻天覆地的变化。1979~2017 年，中国国内生产总值（按不变价格计算）占世界经济总量的比重从 1.8% 大幅提升至 15.3%，中国从 1978 年人均国内生产总值只有 190 美元的落后国家，一跃而起，成为世界第二大经济体；2017 年人均国内生产总值达到 9000 美元左右，进入中上等收入国家行列。

我把中国 40 年改革开放历程分为四个时期：第一个时期：探索阶段（1979~1992 年）。1978 年党的十一届三中全会提出实行改革开放的方针后，1984 年党的十二届三中全会进一步确立了社会主义经济是在公有制基础上的有计划的商品经济，迈出了走向商品经济的步伐。过去人们只了解计划经济，不认可商品经济，有段时间还对社会主义经济具有商品经济属性的说法进行了批判。这段时期是探索阶段，也是引入市场机制、确认商品经济的阶段。第二个时期：市场经济体制框架建立阶段（1993~2002 年）。中国确立了市场经济体制改革目标后，改革得到了大发展。到 2001 年中国加入世界贸易组织（WTO），改革开放也进入了新的阶段。第三个时期：社会主义市场经济完善阶段（2003~2012 年）。这段时期虽然没有特别牵动全局的大改革，但

---

* 《中国经济报告》2018 年第 12 期。

修修补补式改革也不少，包括股权分置改革、国有银行整体上市、取消农业税、集体林权制度改革、人民币汇率形成机制改革、增值税转型、中外资企业所得税统一、提高个税起征点、资源税费改革、房地产税改革试点、文化体制改革、医疗卫生体制改革、社会保障体系建设等。这类改革的目的是对已经建立的社会主义市场经济进行完善。第四个时期：全面深化改革阶段（2013年至今）。过去的改革强调建立和完善社会主义市场经济体制，党的十八大则提出"五位一体"总体布局，党的十八届三中全会进一步强调完善治理体系、提升治理能力，涉及面很广，不再局限于经济方面。

《中国经济报告》：改革开放之初，中国决策层如何形成了当时的改革思想？基层人民又是如何探索不同的改革路径的？

张卓元：实际上，在党的十一届三中全会召开之前，党中央作了充分的思想准备。1978年7~9月，多次召开了国务院务虚会，在总结1949年以来30年经济建设经验教训的基础上，就如何正确运用价值规律、改革经济体制、坚持按劳分配等问题进行了深入探讨。这些会议指出，在过去20年，中国已经不止一次改革经济体制，但往往着眼于行政权力的转移，在放了收、收了放的老套路中循环，现在进行改革，就一定要放手发挥经济手段和经济组织的作用，按经济规律办事。党的十一届三中全会公报发表后，人民积极性被充分调动起来，开启了中国从高度集中的计划经济体制到充满生机活力的社会主义市场经济体制的历史转折的进程。

中国改革首先从农村起步。1978年12月，安徽小岗村20户农民自发签订了"包产到户"的地下协议，随后包产到户或包干到户迅速在全国推开。全国实行包产到户和包干到户的生产队比例从1980年初的1.1%上升到1980年底的14.9%，到1981年6月已达到86.7%。与此同时，中国从1979年起提高农产品收购价格，陆续恢复农村集市贸易，提高了农民生产积极性，市场供应状况迅速好转。

试办经济特区和引进外资，也是当时在争议声中干起来的。深圳从一个不起眼的小县城，通过引进外资、发展经济，如今已经成为世界闻名的特大城市。

四川等地的体制内国营企业也开始进行扩大自主权的试点。由于有了一定的生产经营自主权和利润留成，国营企业开始焕发出一定的活力。

《中国经济报告》：党的十二届三中全会确定了发展社会主义商品经济，当时这一提法引起了哪些讨论？中国是如何逐步从计划经济过渡到有计划的商品经济的？

张卓元：其实早在 1979 年 4 月召开的全国第二次经济理论讨论会上，与会学者就讨论了社会主义经济是不是一种商品经济的问题。虽然有的意见强调社会主义经济的本质是计划经济，但多数经济学家认为社会主义经济具有商品经济的属性。后来由于一些经济学家认为将社会主义经济概括为商品经济，会削弱计划经济、削弱社会主义公有制，导致商品经济论成为被批判的对象。扭转这一状况的关键节点是党的十二届三中全会。虽然全会文件的起草也经过了反复调整，但最终在《关于经济体制改革的决定》中为商品经济论"翻案"。尽管这个文件也有不完善的地方（如在论述社会主义商品经济后面加了一句话："在我国社会主义条件下，劳动力不是商品，土地、矿山、银行、铁路等一切国有的企业和资源也都不是商品"），但毕竟实现了社会主义经济理论的重大突破，为确立社会主义市场经济体制打开了半扇大门。

社会主义商品经济论确立后，市场化改革包括价格改革、宏观经济管理体制改革、所有制结构调整与改革、国企改革、收入分配改革、涉外经济体制改革等都迅速开展起来。

《中国经济报告》：后来中国又是如何从有计划的商品经济过渡到社会主义市场经济制度的？

张卓元：党的十二届三中全会后，中国市场化改革大步推进，认为社会主义商品经济就是市场经济的声音逐渐多了起来。但由于某些原因，有的经济学家对前几年的市场化改革表示怀疑和否定。在改革出现争论的关键时刻，1992 年邓小平南方谈话提出计划经济不等于社会主义，市场经济不等于资本主义，计划和市场都是经济手段。1992 年 10 月，党的十四大正式宣布，中国经济体制改革的目标是建立社会主义市场经济体制。当时对这一改革目标有两点解释：一是市场在资源配置中起基础性作用，二是社会主义市场经济体制是有国家宏观调控而不是放任自流的。那么，这一崭新的经济体制基本框架是怎样的？这是需要尽快明确和回答的问题。

1993 年 11 月，党的十四届三中全会通过了《关于建立社会主义市场经济体制若干问题的决定》，对党的十四大确立的社会主义市场经济体制改革目标具体化，确立了社会主义市场经济体制的基本框架。

在这一背景下，中国市场化改革快速推进，社会经济运行初步实现由计划主导型转为市场主导型。1994年实现了用市场经济国家通行的分税制代替原来的地方财政包干制，个体私营经济快速发展，利用外资也走上了快车道，国有企业公司制股份制改革逐步推进，商品和服务价格进一步放开，各类市场迅速发展。

《中国经济报告》：党的十六届三中全会的主题是完善社会主义市场经济体制，提出了"五个统筹"。五个统筹的发展理念对经济体制改革产生了怎样的影响？

张卓元：当时的背景是改革极大促进了社会生产力发展，但同时也存在经济结构不合理、分配关系尚未理顺、农民收入增长缓慢、就业矛盾突出、资源环境压力加大、经济整体竞争力不强等问题，其重要原因是中国处于社会主义初级阶段，经济体制还不完善，生产力发展仍面临诸多体制性障碍。

党的十六届三中全会提出"五个统筹"，即统筹城乡发展、统筹区域发展、统筹经济社会发展、统筹人与自然和谐发展、统筹国内发展与对外开放。经济改革同之前25年相比有所放慢，这种情况一直延续到2012年。当然，2003年以后改革并未停止，还是在继续推进中，并且取得一定成效。但也要承认，这几年的确没有推出特别重要和关键环节以带动全局的改革。

《中国经济报告》：党的十八届三中全会提出，在经济改革方面，要"使市场在资源配置中起决定性作用"。这一提法是20多年来沿用的"基础性作用"提法的继承和发展。这种发展和突破是如何形成的？

张卓元：第一，这是决策层对社会主义市场经济体制改革认识不断深化的结果。1992年党的十四大确立社会主义市场经济体制改革目标时，就提出了"使市场在社会主义国家宏观调控下对资源配置起基础性作用"。2002年，党的十六大提出，"在更大程度上发挥市场在资源配置中的基础性作用，健全统一、开放、竞争、有序的现代市场体系"。2012年党的十八大进一步提出，"更大程度更广范围发挥市场在资源配置中的基础性作用"。可以看出，20年来，我们对市场机制作用的认识是不断往前走的。新的提法能够更加准确和鲜明地反映市场机制对资源配置的支配作用，反映市场经济的基本规律（价值规律）的内在要求。

第二，这是经济改革实践发展的必然选择。党的十四大确立社会主义市场经济体制改革目标后，市场化改革加速推进，比较快地于20世纪末就初步建立起社会主义市场经济体制。但这个体制还不完善，还存在不少弊端，突出表现在政府直接配置资源过多，政府对经济活动干预过多，存在多种形式的行政垄断，一些部门在非自然垄断环节阻碍竞争；政府对市场和价格的不当干预妨碍全国统一的现代市场体系的形成，对非公有制经济实施某种歧视性政策，也妨碍公平竞争市场环境的形成和完善；政府对宏观经济的管理也不完善，对市场的监管不到位，政府的公共服务、环境保护和社会管理职能也远未到位，等等。这说明，在政府和市场的关系方面存在政府越位和缺位现象，从而在相当程度上影响市场机制对社会经济活动的调节功能。强调市场对资源配置起决定性作用，就意味着，凡是依靠市场机制能够带来较高效率和效益，并且不会不可逆地损害社会公平正义的，都要交给市场，政府不要干预。

第三，可以更好地发挥政府作用。市场在资源配置中起决定性作用并不意味着不重视政府作用，而是要明确界定政府职能，更好地发挥政府作用，比如宏观调控、维持市场秩序、公共服务、社会治理、保护环境。

改革的理论突破与实践创新

《中国经济报告》：中国改革进程似乎贯穿了实践理性的精神，最著名的说法是"摸着石头过河""不管白猫还是黑猫，能抓住老鼠就是好猫"等。这是否说中国改革开放一开始并没有一个明晰的目标和路线图？那么，时至今日，中国改革有无最终目标？如果有，这个最终目标是什么？能否描述一下实现这个目标的路线图？

张卓元：中国改革初期其实也有目标，即生产力标准。当年所谓的"猫"就是生产力，只要能促进生产力发展的方法都可以采用；所谓"摸着石头过河"，"过河"也是为了促进生产力发展。

但是，体制改革的具体目标一开始确实不太明确，我们一直是强调引入市场机制，走一步看一步，先发展商品经济。1992年以后明确了要建立社会主义市场经济体制，目标可以说清楚了，到现在还是坚持这个方向。当然，随着改革继续往前走，党的十八届三中全会将改革目标扩展为国家治理体系和治理能力现代化，这是一个重大进步。这个目标包含社会主义市场经济体制改革，但又不限于经济，并且跟国际更加接轨。

《中国经济报告》：发展经济学提及均衡发展与非均衡发展两种模式，其各有优缺点。中国过去的发展主要采取的是非均衡发展战略，改革也是非均衡的，最典型的提法是"让一部分人先富起来，再带动其他人走向共同富裕"。这种战略在一定程度上造成了社会群体和区域之间发展不均衡的问题。您怎么看这种发展理论？

张卓元：中国实际上并没有明确提出非均衡发展战略，只是有学者这样概括。决策层很早就发现了非均衡、结构失衡的问题，党的十六届三中全会提出的科学发展观和党的十八届五中全会提出的新发展理念都强调要协调发展。虽然有的政策可能存在推动非均衡、不协调发展的问题，但总的来说还是要在不均衡发展过程中尽量做到协调发展，因为失衡超过一定程度会带来比较大的麻烦。

《中国经济报告》：有人把中国改革的路径和特点总结为"中国模式"，那么，"中国模式"的本质和主要内容是什么？它与所谓的"北京共识"（相对于"华盛顿共识"而言）是否一致？

张卓元：有学者认为中国模式就是强调威权政府、强势政府，这是不对的，也跟党的十八届三中全会、党的十九大精神不相符。这些文件强调的是市场的作用，并非强调政府主导。"华盛顿共识"中所谓的私有化、市场化、自由化对中国并不适用，"北京共识"也很抽象。我认为所谓中国模式就是党的十八届三中全会确定的，坚持市场经济体制改革方向，市场在资源配置中起决定性作用，更好地发挥政府作用，最终实现国家治理体系和治理能力现代化。

《中国经济报告》：您刚才提到2003～2012年近10年的经济改革进程有所放慢，为什么会出现改革进展缓慢的现象呢？

张卓元：一是上上下下专注于发展而顾不上改革。2003～2007年，中国经济超高速发展，每年增速都达到两位数以上。各级政府部门几乎都用全力解决经济高速发展中出现的各种矛盾和问题，使改革难以提上议事日程。

2008 年以来，则是专注于应对全球金融危机的影响，使国民经济重新回到正常发展轨道。由于 2008 年底开始的 4 万亿元投资带来的信贷膨胀和资产价格过快上涨，使各方面需要用很大精力解决经济发展不均衡、不协调、不可持续的问题，从而影响了改革进程。

二是既得利益群体的阻挠和反对。党的十六届三中全会《关于完善社会主义市场经济体制若干问题的决定》明确提出，要加快推进和完善垄断行业改革。实际上，垄断行业改革很难推进，新的企业很难进入垄断行业中的非自然垄断领域，很难引入竞争机制。国务院两个支持民营经济发展的"36条"很难落实，重要原因是受到垄断行业既得利益群体的阻挠和反对。政府改革的难度也很大。政府直接配置资源过多，必然会阻碍市场对资源配置的基础性作用或决定性作用的发挥。

三是因学界有人怀疑市场化改革而引发争议，影响到改革的顺利推进。有的经济学家认为国有经济垄断行业和垄断企业需要进行改革是个"伪命题"；有人主张就是要实行"国进民退"；有人认为当前主张民富优先是奇谈怪论；有人把居民收入差距过大归咎于民营经济发展过快，动摇了公有制的主体地位；等等。上述观点提出后，引起学界的争论，同时在一定程度上影响了改革的顺利推进。

四是缺少改革专门机构的统筹协调和强力推进。2003 年国务院机构改革把原国家体改办和国家计委合并组建国家发展改革委，这样就不再有专司改革的机构了。当时人们没有充分注意到，原国家计委有大量审批权，是审批体制改革的重要对象，将体改办和它合并可能不太合适。从 2003 年以后八九年的实践看，那次机构改革并没有更好地推进垄断行业和审批制度改革，而是使得改革进展缓慢。重要原因就在于国家发展改革委那几年几乎是全力以赴地处理经济高速增长中碰到的紧迫问题，如煤电油运紧张、缺口很大的问题，无暇顾及改革，也不会有改革的积极性。2003～2008 年国家发展改革委差不多把 90% 的精力都用于处理发展中碰到的各种问题，特别是用在煤电油运矛盾的协调处理上。当时货运对火车皮的需求远远得不到满足，发改委的主要精力都放在这里，对改革有点不太顾得上。

《中国经济报告》：2013 年中央成立了全面深化改革领导小组，2018 年进一步升格为全面深化改革委员会。这种工作机制能否更加高效地推动中国改革？

张卓元：中国改革已进入深水区，处于攻坚克难、啃硬骨头阶段。这就不仅要有改革的顶层设计，还要有自上而下的有力推动。最近有一个例子是，2017年7月，由国务院下文，要求69家原来按照1988年《全民所有制工业企业法》登记的中央企业在年底前一律转为公司制，这项拖了近30年的改革终于在2017年底实现了。如果没有上面的催促，这项改革不知还要拖多少年。所以，成立中央深改领导小组是非常必要的，现在深改领导小组变成了委员会，这是中国到2020年在重要领域和关键环节改革上取得决定性成果的重要保证。

对下一步改革开放的建议

《中国经济报告》：党的十八届三中全会提出了336项具体的改革任务，应该如何进一步推动这些任务的全面落实？

张卓元：现在看起来问题比较大的就是民营经济的发展。虽然党的十八届三中全会明确了要毫不动摇地促进非公经济、民营经济发展，鼓励民营企业参与混合所有制改革，但由于当时的各种原因，落实得并不太好，造成了一部分民营企业资金外流和民间投资下滑。此外，去产能政策也对民营企业造成了影响，去产能容易按比例一刀切，结果砍掉了很多民营企业产能，导致市场环境恶化，最近决策层也发现了这个问题并及时纠正。

可见，改革的推进并不是那么容易，要克服一些困难和阻力。现在看来最大的阻力就是既得利益者。过去中国的渐进式改革不可避免地形成了一些既得利益群体，这些既得利益群体并不固定，往往不同的改革会碰到不同的利益群体。在改革初期，只要放开价格，商品供应马上就增加了。现在则不一样，像注册制改革涉及股民，房产税改革涉及多套房持有者，国有企业改革涉及国资委等。包括民营经济发展面临的"卷帘门""玻璃门""旋转门"，原因就在于国有企业特别是垄断国有企业固守自己的利益，导致民营企业很难进入。石油、电信等行业当然有自然垄断性业务，这部分国家应该控股，但大量的竞争性业务是应该放开的，否则会导致效率损失。我个人认为发展混合所有制经济在相当程度上为垄断行业放开竞争性业务打开了一条路径，因为一般竞争性行业早就已经是混合所有制了，民营经济容易进入。

所以，随着改革进入深水区，改革攻坚的关键就在这里。碰到既得利益者的阻挠后，怎样比较好地打破阻挠，同时又不会引起激烈的对抗，这就需要领导艺术，需要寻找到一个比较好的路径。当然，我们现在面临的困难的确不少，因为经济处于下行期，有的改革步子很难迈得特别大，要在"稳就业、稳外贸、稳投资、稳金融、稳外资、稳预期"的前提下一步一步落实各项改革措施。

《中国经济报告》：土地财政是近 20 年中国各地出现的一个普遍现象。它曾经为城市建设和发展提供了资金支持，但也导致了一系列弊端。您认为应该如何改革土地财政？

张卓元：我过去从来不赞成地方政府依靠土地财政发展经济或者所谓的政府经营城市。当然，现在看来，对于这个问题还有待更好的评价。有的经济学家认为土地财政带动了地方官员发展经济的积极性，地方政府之间的竞争是中国经济快速增长的重要原因，但没想到也带来了一些不好的后果，包括形成地方恶性竞争、没有对农民进行合理补偿、导致居民收入差距扩大、破坏资源环境等。这些都是值得研究的问题，是改革过程中需要认真总结的经验教训。

《中国经济报告》：价格决定机制是市场经济改革的核心。您如何看待现在的市场价格体系？

张卓元：价格改革在改革开放初期一直走在市场化改革的前列。目前 97% 的商品和服务价格已经放开由市场调节了。我们在 20 世纪 80 年代讨论价格改革目标时认为，80% 的商品和服务价格放开差不多就是市场价格体系了。现在的问题主要在要素价格市场化改革，包括利率、土地价格、劳动力市场价格等。此外，在资源产品价格方面，石油、航空、电信、电力等垄断行业的改革仍在推进，其他一般消费品价格已经完全放开了。

《中国经济报告》：今后的改革应如何权衡公平和效率，使更多人能够分享改革红利？

张卓元：中国的改革要想一直那么完美也不容易。比如党的十四届三中全会提出"效率优先、兼顾公平"，当时强调要把蛋糕做大，要让一部分人和一部分地区先富起来，这就必然会导致收入差距扩大。但从当时的经济环境来看，最紧迫的问题就是如何做大蛋糕，因此这种提法也是可以理解的。到了2004年党的十六届三中全会，当时就《关于完善社会主义市场经济体制若干问题的决定》向全国100多家单位征求意见时，还继续写入了"效率优先、兼顾公平"，但在征求意见的过程中，有不少地方认为继续提这个口号有问题，最终改成了"初次分配和再分配都要兼顾效率和公平，再分配要更加注重公平"，及时纠正了之前的提法。从那以后，我们就开始比较注重公平了，当然这也需要一个过程，不可能一朝一夕就取得明显成效。比如，到现在为止，我认为财政支出用于民生方面特别是低收入群体的生计方面还不够充分，一些税制还有待完善。但这些问题现在已经逐渐受到了关注，而且正在采取措施纠正。

《中国经济报告》：中国过去的改革主要关注经济领域，单兵突进，相关配套改革相对薄弱。今后，应如何完善配套改革以支撑和保障经济领域的改革？

张卓元：过去我们特别强调经济体制改革，其他改革是为经济改革服务的。党的十八届三中全会提出"五位一体"的总体布局，这是一大拓展，当然经济改革还是重点。对于保障经济体制改革而言，法治化是非常重要的。一定要让市场经济成为法治经济，中国在这一点上还需要下很大功夫。还有一点就是民生和社会建设，要让老百姓更满意。这个方面有所进展，但还可以做得更好一些。总的来说，中国面临的不再仅仅是做大蛋糕的问题了，还要考虑蛋糕的公平分配，这是经济发展到了新阶段提出的任务。

《中国经济报告》：在40年改革开放进程中，"开放倒逼改革"是一条重要经验。当前，中国外向型经济发展面临新形势，该如何继续扩大开放？

张卓元：现在决策层十分强调进一步扩大开放，包括金融业和其他服务业的开放。当然还有一些核心问题没有解决，但总体来说开放的步伐比以前迈得更大了。开放本身会倒逼改革，有利于我们引进市场经济的通行规则，而且经济全球化、贸易自由化对生产力的发展具有重大促进作用。当然，开放也可能会带来一些问题，但结果肯定是利大于弊的。

加快完善社会主义市场经济体制
是新时代的客观需要

——专访中国社会科学院经济研究所原所长张卓元[*]

近日，《中共中央、国务院关于新时代加快完善社会主义市场经济体制的意见》（以下简称《意见》）发布。《中国发展观察》杂志就此专访了中国社会科学院经济研究所原所长张卓元。作为著名经济学家，张卓元较早地提出了社会主义经济也是一种商品经济、在社会主义经济中应引入竞争机制、经济体制改革首先要按价值规律办事等观点。接受采访时，他回顾了社会主义市场经济体制发展的脉络，进而解读了《中共中央、国务院关于新时代加快完善社会主义市场经济体制的意见》的三个主要变化：一是强调要素的市场化配置，二是把收入分配制度改革、社会保障体系建设、公共卫生保障体系建设放在完善社会主义市场经济体制的框架内，三是强化法治保障。他强调，面对新冠肺炎疫情后世界将出现的大变局、大调整，作为一个崛起中的大国，中国必须加快改革步伐，以适应新形势的要求。

一、坚持社会主义市场经济体制的重点改革方向

《中国发展观察》：改革进入攻坚阶段，《意见》中的新提法有哪些？

张卓元：回顾社会主义市场经济体制的发展脉络，1992 年初邓小平南方谈话为确立社会主义市场经济体制改革目标奠定了政治和理论基础，同年召开的党的十四大正式确定"我国经济体制改革的目标是建立社会主义市场经济体制"。从确定这一改革目标至今，已过 28 年。此后，1993 年党的十四届

---

[*] 马玉荣：《中国发展观察》2020 年第 Z6 期。

三中全会发布了《关于建立社会主义市场经济体制若干问题的决定》（以下简称《决定》）。2013 年党的十八届三中全会公布的《决定》又进一步指出，使市场在资源配置中起决定性作用和更好发挥政府作用。市场决定资源配置是市场经济的一般规律，健全社会主义市场经济体制必须遵循这条规律。市场对资源的配置主要是通过价格、竞争等发挥作用来实现的。因此，要使市场在资源配置中起决定性作用，应充分发挥价格、竞争等机制在经济运行中的重要作用。

2017 年 10 月，党的十九大报告提出坚持社会主义市场经济改革方向、加快完善社会主义市场经济体制，明确经济体制改革的重点：一是完善产权制度；二是要素市场化配置，实现产权有效激励、要素自由流动、价格反应灵活、竞争公平有序、企业优胜劣汰。2019 年 10 月，党的十九届四中全会审议通过了《中共中央关于坚持和完善中国特色社会主义制度、推进国家治理体系和治理能力现代化若干重大问题的决定》，对加快完善社会主义市场经济体制做出了进一步部署。2020 年 4 月 9 日，党中央、国务院发布了《关于构建更加完善的要素市场化配置体制机制的意见》，为要素的市场化配置单独出了一个文件。本次《意见》也是为了贯彻落实党的十九大和党的十九届四中全会的战略部署而提出来的。

《意见》很大篇幅是论述如何在新时代更好地坚持社会主义市场经济改革方向。我国社会主义市场经济体制整个框架基本上已经建立起来，但是还不够完善。针对新情况新问题，需要提出改革的新举措。当前推动高质量发展仍存在一些问题，例如，市场体系还不健全、市场发育还不充分、政府和市场的关系没有完全理顺，还存在市场激励不足、要素流动不畅、资源配置效率不高、微观经济活力不强等问题。主要是针对这些问题，《意见》提出了一些比较有针对性的改革举措。我们今天提出要建立高水平的社会主义市场经济体制，正是为了适应当前经济高质量发展的需要，推动我国社会主义市场经济体制继续完善和发展，为高质量发展提供动力和保障。因此，这一次是起点站得比较高，目标也比较高，层次也比较高，所以提出要构建更加系统完备、更加成熟定型的高水平社会主义市场经济体制。

与党的十八届三中全会决定以及以前的其他文件比较，我认为《意见》有几个特点是比较明显的：一是突出强调要素的市场化配置，在要素的市场

图/中新社

化配置里又比较强调要素价格市场化改革。二是过去一般把收入分配、社会保障等放在社会建设部分，没有放在经济体制改革部分，这次非常明确地把收入分配制度改革、社会保障体系建设、公共卫生保障体系强化放在完善社会主义市场经济体制里。三是在第八部分专门讲完善社会主义市场经济法律制度，强化法治保障，这也是比较新的。市场经济的法治化方面，过去的文件里没有这么突出，而这次《意见》单独列出一部分讲法治保障。

二、构建更加完善的要素市场化配置体制

《中国发展观察》：价格是市场的"指挥棒"。如何健全主要由市场决定要素价格的机制，有效弥补市场失灵，最大限度减少政府对价格形成的不当干预？落实要素的市场化配置又面临什么样的挑战？

张卓元：40多年前，一些城市的改革开放是从物价改革开始的。价格形成机制改革是要素配置市场化改革的核心。我国经济体制改革一开始就是市场化取向改革，目前全国97%以上的产品和服务价格已由市场决定，但要素自由流动则存在诸多体制机制障碍。《意见》和《中共中央、国务院关于构建更加完善的要素市场化配置体制机制的意见》不仅为要素市场化配置改革确定了方向和原则，而且也将对推进要素市场制度建设，形成统一开放、竞

争有序市场体系，加快完善社会主义市场经济体制产生深远影响。要素市场化配置改革涉及土地、劳动力、资本、技术、数据等要素，这些要素的市场化配置各有各的困难，但也正在努力朝市场化配置方向推进；这其中土地是唯一具有自然稀缺性和不可创造性的要素。

资本要素的市场化改革，完善多层次和对外开放的资本要素市场化改革，包括人民币资本项目的自由兑换，都需要积极稳妥推进。现在，中央支持上海国际金融中心建设，支持资本市场重大改革创新措施在上海先行先试。而在《全面推进中国（上海）自由贸易试验区临港新片区金融开放与创新发展的若干措施》中，提出了11项进一步强化开放型经济制度创新和风险压力测试的具体措施；支持临港新片区拓展自由贸易账户功能，推进区内资本自由流入流出和自由兑换。但从现实情况看，在全国范围内实现人民币资本项目下的可自由兑换，并非易事，还需要逐步推进。

还有资本市场的注册制改革。党的十八届三中全会以后，这方面进展比较快。原来早就想推进股票发行注册制改革，一直受到很多股民的反对，主要是担心注册制改革以后股市可能往下跌。因此，有一段时间不太敢大力推进这方面改革。这两年在中央推动下，贯彻落实党的十八届三中全会关于注册制改革的有关要求和党的十九届四中全会完善资本市场基础制度建设的要求，按照全面推行注册制的基本定位，积极推进注册制改革。2019年12月新修订后的《中华人民共和国证券法》总结了上海证券交易所设立科创板并试点注册制的经验，有助于注册制改革的快速推进。

关于劳动力市场化配置，其障碍主要是户籍制度的限制，导致劳动力的流动受到影响。现在这方面也在改进，除了极少数超大城市、特大城市之外，城镇户口全部放开，只要农民愿意，就可以取得城市户口。户籍制度放开了，对于劳动力的自由流动有好处。江西南昌近日发布《关于全面放开南昌市城镇落户限制的实施意见》，全面取消在该市城镇地域落户的参保年限、居住年限、学历要求等迁入条件限制，实行以群众申请为主、不附加其他条件、同户人员可以随迁的"零门槛"准入政策。大城市放开户籍限制是大势所趋。放开落户限制有利于吸引人才，尤其是消除了全家进城落户的限制后，有利于扩大内需。放开城市落户限制还有利于解决农民工进城后双重占地的问题，为土地制度（如宅基地）下一步改革提供契机。当然，个别的大城市像北京、上海等，要一下子全放开也做不到，估计还得一段时间。

比较难的是土地要素的市场化改革。2020 年可能是中国土地管理制度改革具有里程碑意义的一年。新《土地管理法》从 2020 年元旦起正式实施，国务院 3 月发布《关于授权和委托用地审批权的决定》，而在《关于构建更加完善的要素市场化配置体制机制的意见》和《关于新时代加快完善社会主义市场经济体制的意见》中，均提出土地要素市场化。以新《土地管理法》出台和要素市场化配置改革政策发布为标志，进一步打破土地要素配置局限。这次改革的核心是允许农村集体经营性建设用地直接入市和探索增减挂钩指标、耕地占补平衡指标等跨省域交易。也有观点认为土地要素市场化配置改革的关键是要提升土地使用效率，包括充分运用市场机制盘活存量土地和低效用地，以多种方式推进国有企业存量用地盘活利用，深化农村宅基地制度改革试点，深入推进建设用地整理，完善城乡建设用地增减挂钩政策等，这些都应围绕提高土地使用效率展开。其实，这方面改革一直在往前走，例如，党的十八届三中全会决定中提出"建立城乡统一的建设用地市场"；2016 年深化农村土地制度改革，实行所有权、承包权、经营权"三权分置"；2018 年中央一号文件明确提出"探索宅基地所有权、资格权、使用权'三权分置'"。《中共中央　国务院关于保持土地承包关系稳定并长久不变的意见》要求落实农村第二轮土地承包到期后再延长 30 年政策，完善农村承包地"三权分置"制度。这样有利于土地的适度规模经营。农民的宅基地"三权分置"实现形式正在探索，集体土地入市，在集体土地上建房子，然后出租等，北京市等正在探索。这些都是探索土地要素价格的市场化，促进土地要素自由流动，以提高要素配置效率。这些改革可以说是基础性、关键性领域的改革。

如今把数据也列为生产要素，它的市场化配置改革还是比较新的。数据要素的高效配置，是推动经济发展数字化、网络化、智能化的基础工程。目前，我国数据要素的市场化配置尚处于起步和发育阶段，配置规模还较小，成长速度慢，相关的体制机制建设也要加快推进。

《中国发展观察》：《关于国有企业发展混合所有制经济的意见》提出对充分竞争领域的国家出资企业和国有资本运营公司出资企业，探索将部分国有股权转化为优先股，强化国有资本收益功能。支持符合条件的混合所有制企业建立骨干员工持股、上市公司股权激励、科技型企业股权和分红激励等中长期激励机制。请结合实际案例加以解释。

张卓元：探索国有股转化为优先股早在 2013 年就已经被提上日程。2013 年，国务院发布了《关于开展优先股试点的指导意见》。2014 年，证监会又制定发布了《优先股试点管理办法》，上市公司与新三板挂牌公司率先启动了优先股试点工作。办法明确，除办法规定的重大事项外，持有优先股的股东对于股东大会一般事项没有表决权，但其股份持有人优先于普通股股东分配公司利润和剩余财产。2015 年，国务院发布的《关于国有企业发展混合所有制经济的意见》提出，探索完善优先股和国家特殊管理股方式。国有资本参股非国有企业或国有企业引入非国有资本时，允许将部分转化为优先股。在少数特定领域探索建立国家特殊管理股制度，依照相关法律法规和公司章程规定，行使特定事项否决权，保证国有资本在特定领域的控制力。本《意见》再次明确提出这一问题，凸显出其在国企混改中的重要地位。

优先股这块属于资本的配置，也属于要素改革。国有企业混合所有制改革，是现阶段深化国有企业改革的重要着力点。优先股是相对于普通股而言的，主要指在利润分红及剩余财产分配的权利方面，优先于普通股。但是优先股股东对公司事务无表决权。它主要是有固定分红，比如 5% 的收益。这次提出充分竞争领域的国家出资企业和国有资本运营公司出资的企业，探索将部分国有股权转化为优先股，强化国有资本收益功能。原来我们有个设想，一些竞争比较充分行业的国有企业可以卖给民营企业，或者与民营企业合并，国家持有优先股，优先股可以每年得到收益，但是把经营管理权交给民营企业。后来在实践中有些上市公司，特别是银行发行优先股（比如中国银行 2018 年 10 月发布公告拟在境内市场发行不超过人民币 1000 亿元优先股），来增加自己的资本金，有些国有资本包括机构投资者，把一部分钱购买优先股，不参与经营也没有投票权，但是有固定分红，一般有 5% 左右的收益率，实际上也不错。

三、健全体现效率、促进公平的收入分配制度

《中国发展观察》：如何健全体现效率、促进公平的收入分配制度？

张卓元：完善社会主义经济体制最大的难题可能是收入分配制度改革。党的十八大以来，国家从分配制度建设、就业、社会保障、打击非法收入等影响收入的多个方面入手，积极实行一系列增加居民收入以及缩小居民收入差距的政策举措。2013 年国务院批转了国家发展和改革委员会等部门制定的《关于深化收入分配制度改革的若干意见》，对收入分配制度改革的总体目标、路径和政策举措等作出了要求与部署。《关于深化收入分配制度改革的若干意见》明确提出，提高劳动报酬在初次分配中的比重。健全劳动、资本、土地、知识、技术、管理、数据等生产要素由市场评价贡献、按贡献决定报酬的机制。党的十九届四中全会以来将"数据"作为新的生产要素纳入，则反映了随着经济活动数字化转型加快，数据对提高生产效率的作用凸显，我国的收入分配制度与时俱进地反映了经济发展的新变化和新要求。

目前收入分配的差距还很大。近日在官方记者会上，首次披露一份数据：中国有 6 亿人每个月的收入只有 1000 元。目前，中国的总人口为 14 亿，这 6 亿人占据了 42.86% 的人口比例。

中国收入分配研究院执行院院长李实表示，一个人月收入 1000 元，如果三口之家都有收入，那么一个家庭收入大概在 3000 元左右，这样收入结构的人群主要分布在农村。今年要解决绝对贫困问题，但相对贫困的人口还是占很大比重，这会影响我们扩大内需，影响消费拉动经济增长。

健全统筹城乡、可持续的基本养老保险制度、基本医疗保险制度，开展新业态从业人员职业伤害保障试点等，可以在一定程度上缩小收入分配的差距，但是还不够。我觉得首先要将居民收入占比提高。上年我国人均 GDP 已达 1 万美元，大概是 7 万元人民币，但是当年人均可支配收入才 3 万元。人均可支配收入占人均 GDP 的比重太低了，只有 40% 多。一般成熟的市场经济国家都占 60% 甚至 70%。今后我国调整经济结构，最重要的就是提高人均可支配收入占 GDP 的比重。与此同时，大大缩小居民收入差距，降低基尼系数，真正让老百姓共享改革发展成果。

针对当前收入分配领域的突出问题，《关于深化收入分配制度改革的若干意见》提出了新举措。这几年中央一直在强调要提高居民收入占的比重，但是进展比较缓慢。要着重保护劳动所得，努力实现劳动报酬增长和劳动生产率提高同步，提高劳动报酬在初次分配中的比重。收入分配结构的调整涉及人们的切身利益，有些既得利益群体对于动他们的"奶酪"极力阻挠和反抗，是一项难度很大的改革。还要完善以税收、社会保障、转移支付为主要手段的再分配调节机制，要通过再分配真正做到缩小而不是扩大居民收入差距（居民在资本市场炒股赚大钱不征所得税就会扩大居民收入差距）。

中国拥有全球规模最大、最具成长性的中等收入群体，国家统计局测算，2017年已经超过4亿人。中等收入群体是有测算标准的。中国典型的三口之家年收入在10万~50万元的，已经有4亿多人、约1.4亿个家庭有购车、购房、闲暇旅游的能力。所以，消费对我国经济持续平稳增长形成了有力支撑。除了这4亿多人外，还有占比很低的高收入者和占比很高的低收入者。要持续深化收入分配制度改革，不断提高低收入群体收入，扩大中等收入群体，增强居民的消费能力，改善消费环境，提升产品质量，促进形成强大的国内市场，使我国的消费潜力得到进一步释放。

按照2020年《政府工作报告》，2020年将安排1万亿元的特别国债。国务院总理李克强说，这些资金将主要用于保就业、保民生、保市场主体等工作，决不允许截留挪用。财政收入转移支付应该更多向社会保障、公共卫生等倾斜，中央这个政策是非常正确的。我觉得政府不一定要搞那么多建设项目，包括新基建等，民生项目的建设则应该搞得更多一点。新时代的改革，更多面对的是深层次体制机制问题，必须牢牢把握社会主要矛盾变化，以人民为中心，坚持问题导向，加强和改善制度供给，满足人民日益增长的美好生活需要。

四、市场经济是法治经济，推进法治保障改革

《中国发展观察》：《中共中央、国务院关于新时代加快完善社会主义市场经济体制的意见》的一大亮点是强化法治保障。针对这一变化，您有什么看法？

张卓元：市场经济是法治经济，法治是社会主义市场经济的内在要求。如修订中小企业促进法。新修订的《中华人民共和国中小企业促进法》（以下简称《中小企业促进法》）于2018年1月1日起施行。《中小企业促进

法》的修订过程历时三年零八个月，第一章增加了坚持权利平等、机会平等、规则平等，保障中小企业公平参与市场竞争等内容。原第二章的"资金支持"细分为"财税支持"和"融资促进"两章。增加了"权益保护"和"监督检查"作为第八章和第九章。《中小企业促进法》内容更广泛，针对性和操作性更强了。

法治保障改革，对包括民营企业在内的涉经济类犯罪案件，不该封的账号、财产一律不能封，不该采取强制措施的一律不采取，发现问题的要敢于监督纠正。我认为这是对的。《中共中央、国务院关于新时代加快完善社会主义市场经济体制的意见》强调，完善物权、债权、股权等各类产权相关法律制度，从立法上赋予私有财产和公有财产平等地位并平等保护。保护私权也是民法典的一个重心，对扩大民间投资、鼓励外商投资有现实意义。尤其是在受到新冠肺炎疫情影响、中国经济下行压力加大的背景下，完善相关法律制度，加强私有权保护，有助于民营企业家建立对未来的稳定预期。

2017年9月8日，中共中央、国务院发布的《关于营造企业家健康成长环境弘扬优秀企业家精神更好发挥企业家作用的意见》中就强调，要营造依法保护企业家合法权益的法治环境，依法保护企业家财产权。保护私有产权，过去这方面做得不够。过去有时借故把民营企业的财产封存，打击民营企业的积极性，现在强调要依法保护私有产权。目前中国情况，解决就业问题的90%要靠民营企业。如果对民营经济私有财产保护不够，就会影响民营经济的发展，就业问题的解决也会受到影响。党和国家对鼓励、支持、引导民营经济发展的大政方针是明确的，今后关键是落实，不能只停留在纸面上，或者说一套做一套。

《中国发展观察》：据了解，近年来，全国法院系统涉及民营企业产权案件数量持续处于高位。2018年全国工商联曾对1万家民营企业进行问卷调查，发现在全部样本企业中至少8.67%的企业遭遇产权问题。如何看这次在保护民营经济产权方面的最新提法？又如何依法平等保护企业产权，为民营经济发展创造良好的司法环境？

张卓元：40多年来，中央接连出台重要文件，无疑是对民营企业的产权保护送上了定心丸。2004年，私有财产权入宪。现行宪法规定了"公民的合法的私有财产不受侵犯"。2007年出台物权法，第一次以民事基本法的形式构建了产权制度的基本框架，民营企业的产权归属有了法律依据和制度安排。随后，党的十八届三中、四中、五中全会都反复强调要加强民营企业产权保护。2016 年，《中共中央、国务院关于完善产权保护制度依法保护产权的意见》出台。2017 年，《中共中央、国务院关于营造企业家健康成长环境弘扬优秀企业家精神更好发挥企业家作用的意见》出台。2019 年 12 月，《中共中央、国务院关于营造更好发展环境支持民营企业改革发展的意见》（以下简称《意见》）发布。

这次《意见》提出，要"健全以公平为原则的产权保护制度，全面依法平等保护民营经济产权，依法严肃查处各类侵害民营企业合法权益的行为"，要"加快建立知识产权侵权惩罚性赔偿制度，加强企业商业秘密保护，完善新领域新业态知识产权保护制度"，特别是在法治部分提出，要"从立法上赋予私有财产和公有财产平等地位并平等保护"，"强化对市场主体之间产权纠纷的公平裁判，完善涉及查封、扣押、冻结和处置公民财产行为的法律制度。健全涉产权冤错案件有效防范和常态化纠正机制"。落实这些文件的精神，还有很多工作要做好、做细。

《中国发展观察》：市场经济法律制度要完善，有待完善的还有哪些？执法力度哪些需要加强？

张卓元：市场经济法律制度需要完善，比如《意见》专门提到垄断行业改革，应该说是一个亮点。《意见》强调深化以政企分开、政资分开、特许经营、政府监管为主要内容的改革，提高自然垄断行业基础设施供给质量，严格监管自然垄断环节，加快实现竞争性环节市场化，切实打破行政性垄断，防止市场垄断。这些说得很深刻很全面。

我参加过中央党代表大会的文件、中央关于经济体制改革文件的起草，过去有时讲垄断行业改革的时候，常会有人反对。有时文件写上去以后，到征求意见时，有的部门也会反对写垄断行业改革。但是从党的十八届三中全会开始已经明确了，垄断行业应该把自然垄断业务和竞争性业务分开，自然垄断业务要加强监管，而竞争性的业务要放开。党的十八届三中全会强调发展混合所有制经济，就是为垄断行业的竞争性业务的放开打开一条通路，即自然垄断行业把竞争性业务放开后，可以搞混合所有制改革，不要再把竞争性业务也当成垄断业务实际搞行政垄断。行政垄断不利于资源的优化配置，还会把部门利益放在社会利益之上。

自然垄断行业改革是深化国企改革的攻坚战。对电力、油气管网、铁路、邮政等，允许适度准入放松和价格竞争，有利于资源的优化配置。垄断行业都是国有企业，推进垄断行业改革，就等于深化国有企业改革。

自然垄断业务，一家经营比多家竞争要好，因为自然垄断主要是指以输送网络系统的存在为基础的。像国家电网，不能说搞几个大电网竞争，那是市场失灵的部分，多家竞争反而浪费资源。但是垄断部门有很多属于竞争性业务，比如三大石油公司的加油站完全是竞争性业务，不是垄断性业务，应该放开竞争。修建铁路的干线，当然属于自然垄断的业务，但是客车运营则属于竞争性业务。自然垄断行业改革，就是要把自然垄断业务和竞争性业务分开，竞争性业务应该放开竞争。

另外，国家发展和改革委员会已对《中央定价目录》（2015年版）进行了修订，修订后的定价项目缩减近30%，自2020年5月1日起施行。修订后的《中央定价目录》主要包括输配电、油气管道运输、基础交通运输、重大水利工程供水、重要邮政服务、重要专业服务、特殊药品及血液7类16项，保留的政府定价项目主要限定在重要公用事业、公益性服务、网络型自然垄断环节。这也说明自然垄断行业的市场化改革，是往前推动了。

《中国发展观察》：国家发展改革委、商务部近日发布了《外商投资准入特别管理措施（负面清单）（2020年版）》和《自由贸易试验区外商投资准入特别管理措施（负面清单）（2020年版）》。如何看待市场准入负面清单制度在打造市场化、法治化、国际化营商环境中的作用？

张卓元：2013年，党的十八届三中全会决定提出，探索对外商投资实行准入前国民待遇加负面清单的管理模式，并在上海自贸区等地试验。2020年《政府工作报告》提出，要积极利用外资，大幅缩减外资准入负面清单，出台跨境服务贸易负面清单。2020年版外资准入负面清单在2019年版基础上进一步缩短了清单长度，其中，全国外资准入负面清单条目由40条减至33条，自贸试验区由37条减至30条。《中华人民共和国外商投资法实施条例》也于2020年1月1日起施行。中国的负面清单制度日趋完善，这有利于统一的国内大市场的形成，也是营造公开透明可预期的法治化营商环境的客观需要，有利于更好地吸收外资，扩大对外开放。

深刻理解"高水平社会主义市场经济体制"*①

党的十九届五中全会鲜明提出"构建高水平社会主义市场经济体制"的重大要求，并为当前和今后一个时期加快完善社会主义市场经济体制作出了周密细致的改革部署。刚刚闭幕的中央经济工作会议再次强调，构建新发展格局，必须构建高水平社会主义市场经济体制。我们要深刻理解"高水平"的丰富内涵，坚持社会主义市场经济改革方向，继续做好全面深化改革各项工作，进一步解放和发展社会生产力、解放和增强社会活力，为推动经济高质量发展、建设社会主义现代化国家提供重要体制保障和动力支撑。

从 1992 年党的十四大确立社会主义市场经济体制改革目标，到 2020 年已经 28 年。前期主要是按照 1993 年党的十四届三中全会决定，构建社会主义市场经济体制的基本框架，包括各项基础结构和运行机制。2003 年党的十六届三中全会作出关于完善社会主义市场经济体制的决定，特别是 2013 年党的十八届三中全会提出"紧紧围绕使市场在资源配置中起决定性作用深化经济体制改革"，一系列重大工作部署都是着力于使初步建立起来的社会主义市场经济体制不断完善、走向成熟。

不断推进的市场化改革，使我国在所有制结构上形成"公有制为主体、多种所有制经济共同发展"，确立了毫不动摇巩固和发展公有制经济和毫不动摇鼓励、支持、引导非公有制经济发展的方针。坚持"两个毫不动摇"，是我国经济具有巨大韧性和潜力，能经受住各种风浪冲击的重要制度性保证。

在企业制度方面，国有企业普遍进行了公司制股份制混合所有制改革，已建立起产权清晰、权责明确、政企分开、管理科学的现代企业制度，成为

---

* 《经济日报》2020 年 12 月 25 日。

① 张卓元：北京市习近平新时代中国特色社会主义思想研究中心特约研究员。

自主经营、自负盈亏、自担风险的市场主体和法人实体。国有企业 1998~2000 年 3 年脱困，进入 21 世纪后迅速发展壮大。民营企业也快速发展，一些家族式民营企业向现代公司制转型。

在市场体系方面，商品和要素市场随着价格的放开迅速发展起来。党的十八大以来，积极推进高标准现代市场体系基础制度建设，实施统一的市场准入负面清单制度，重点发展要素市场。资本市场日益壮大成熟，已启动上市公司注册制改革。不断推进户籍制度改革，加快劳动力市场建设。建立城乡统一的建设用地市场，试点允许一些地方在符合规划和用途管制前提下，农村集体经营性建设用地盖房子向城市居民出租。技术市场迅速发展并逐步走向规范。数据市场也开始建立。自 2017 年起，97% 的商品和服务价格已经放开由市场调节，要素价格的市场化程度也在逐步提高。

在宏观经济管理方面，较早即明确对宏观经济以间接管理为主，以财政政策和货币政策为主要手段。党的十八大以来，发展为"完善宏观经济治理"，以国家发展规划为战略导向，以财政政策和货币政策为主要手段，并与就业、产业、环保、区域等政策紧密结合，提高逆周期调节能力，促进经济总量平衡、结构优化、内外均衡。

在收入分配方面，1993 年党的十四届三中全会提出建立以按劳分配为主体，效率优先、兼顾公平的收入分配制度。2007 年党的十七大发展为坚持和完善按劳分配为主体、多种分配方式并存的分配制度，健全劳动、资本、技术、管理等生产要素按贡献参与分配的制度，初次分配和再分配都要处理好效率和公平的关系，再分配更加注重公平。党的十八大提出，居民收入增长和经济发展同步、劳动报酬增长和劳动生产率提高同步，提高居民收入在国民收入分配中的比重，提高劳动报酬在初次分配中的比重。2015 年，"创新、协调、绿色、开放、共享"的新发展理念和以人民为中心的发展思想进一步提出，并作出更有效的制度安排，使全体人民在共建共享发展中有更多获得感。此后到 2019 年，居民收入年增速均超过 GDP 增速和人均 GDP 增速。2020 年，我国国家级贫困县已经全部脱贫摘帽，实现现行标准下农村贫困人口全部脱贫，如期完成了新时代脱贫攻坚目标任务。

在社会保障方面，1992 年后，社会保障制度改革以适应社会主义市场经济体制进入全面试点、基本制度确立和完善阶段。党的十八大以来，社会保障制度不断发展、完善，已建成世界上规模最大的社会保障体系。基本养老保险的参保人数从 20 世纪 90 年代不到 2 亿人，增加到 2019 年底参加城镇职工基本养老保险人数 43482 万，参加城乡居民基本养老保险人数 53266 万。城镇职工基本医疗保险覆盖人数从 1998 年的 509 万增加到 2019 年底的 32926 万，参加城乡居民基本医疗保险人数 102510 万。社会保障待遇水平逐步提高。2005～2019 年，国家连续 15 年调整提高企业退休人员基本养老金。

正是由于上述各领域市场化改革不断推进，社会主义市场经济体制从初步建立到不断完善、成熟，推动着我国经济长期高速发展，创造出令世人惊叹的奇迹，而且有效顶住了 2008 年国际金融危机的冲击，2020 年全球遭受新冠肺炎疫情大流行冲击时成为能保持经济正增长的唯一主要经济体，充分彰显了中国特色社会主义制度、社会主义市场经济体制的巨大优越性。

党的十九届五中全会审议通过的《中共中央关于制定国民经济和社会发展第十四个五年规划和二〇三五年远景目标的建议》提出，我国全面建成小康社会、实现第一个百年奋斗目标之后，将"乘势而上开启全面建设社会主义现代化国家新征程、向第二个百年奋斗目标进军"。2021～2035 年，我国仍继续处于重要战略机遇期。据测算，我国将于"十四五"后期，跨过高收入国家门槛，进入高收入国家行列；到 2035 年，跨过中等发达国家门槛（按人均 GDP 高于 2 万美元标准），进入中等发达国家行列。经过这两级跳，我国经济发展将再上一个大台阶。

为实现上述两级跳，我们必须切实贯彻新发展理念，以高质量发展为主题，以改革创新为根本动力，进一步构建高水平更加成熟的社会主义市场经济体制。

站在新的历史起点上，我们必须清醒地看到，推动经济高质量发展还有不少体制性障碍，要素流动不畅、资源配置效率不高、微观经济活力不强等问题亟待解决。这要求我们必须进一步解放思想，坚定不移深化市场化改革，坚持问题导向，着力攻坚克难，不断在关键性基础性的"四梁八柱"的改革上突破创新，更好发挥综合改革效能和整体优势。

社会主义市场经济体制的"高水平"，应体现在党的十九大提出的"产权有效激励、要素自由流动、价格反应灵活、竞争公平有序、企业优胜劣汰"中。这就要求我们坚定不移地坚持和完善社会主义基本经济制度，充分发挥市场在资源配置中的决定性作用,更好发挥政府作用,推动有效市场和有为政府更好结合,激发各类市场主体活力,完善宏观经济治理,建立现代财政金融体制,建设高标准市场体系,实施更大范围、更宽领域、更深层次对外开放,加快转变政府职能,持续推动我国经济高质量发展,从而为实现第二个百年奋斗目标提供更加完善、成熟、坚实的制度保障。

如何建成"高水平社会主义市场经济体制"*

一、市场化改革的三条经验

1978 年党的十一届三中全会以来，在中国共产党的领导下，中国创造了全世界范围内罕见的经济快速增长的奇迹。中国 GDP 占世界的比重从 1978 年的 1.8% 跃升到 2020 年的 17%，为实现中华民族的伟大复兴打下了最坚实的基础。

在我国市场化改革过程中，有很多经验和规律值得研究和探索，我从中概括出以下三条重要经验与大家讨论：

第一，实施渐进式改革，不搞急转弯。中国市场化改革之所以取得巨大成果，首先得益于市场化改革的逐步推进和深化。从传统的计划经济体制转向社会主义市场经济体制，只有在保持经济社会稳定的条件下，才能实现连续 42 年的经济正增长。

渐进式的市场化改革经历了四级跳的历程：第一步，1979~1984 年，引入市场机制，让经济初步活跃起来。第二步，1984 年明确社会主义经济是有计划的商品经济，为走向社会主义市场经济打开了大门。第三步，1992 年确立社会主义市场经济体制改革目标，明确使市场在资源配置中发挥基础性作用。第四步，2013 年，提出市场在资源配置中起决定性作用，社会主义市场经济体制逐步走向成熟、定型、高水平。与不同的改革阶段相适应，在所有制结构、经济运行机制、宏观经济调控等方面也展开了市场化改革。

第二，立足于国情进行顶层设计，并勇于进取。党的代表大会报告和每

---

* 《中国经济报告》2021 年第 4 期。

年中央全会通过的决定集中体现了党对如何开展市场化改革的顶层设计。顶层设计既立足国情，又勇于进取，不失时机地推进。

第三，将市场化改革的成果惠及全国人民。开展市场化改革、解放生产力的最终目的是造福全国人民，让人人分享改革开放的成果。市场化改革后经济持续快速发展，不仅带动居民收入和消费水平不断提升，更重要的是提升了人民的生活质量，具体体现在：市场化改革带来了买方市场格局的形成；社会保障制度不断健全；生态环境改善。市场化改革到一定程度，就要求进入高质量发展阶段。改善民生、加强社会建设、改善生态环境需要投入一定的资源，必然会降低发展速度，以保持经济可持续发展。这符合经济从低向高、从粗放向集约、从外延到内涵，不断向高质量发展的规律。

二、怎样建设"高水平社会主义市场经济体制"

党的十九届五中全会审议通过的《中共中央关于制定国民经济和社会发展第十四个五年规划和二○三五年远景目标的建议》提出，我国全面建成小康社会、实现第一个百年奋斗目标之后，将"乘势而上开启全面建设社会主义现代化国家新征程、向第二个百年奋斗目标进军"。2021~2035年，我国仍继续处于重要战略机遇期。据测算，我国将于"十四五"后期，跨过高收入国家门槛，进入高收入国家行列；到2035年，跨过中等发达国家门槛（按人均GDP高于2万美元标准），进入中等发达国家行列。经过这两级跳，我国经济发展将再上一个大台阶。

为实现上述两级跳，我们必须切实贯彻新发展理念，以高质量发展为主题，以改革创新为根本动力，进一步构建高水平的更加成熟的社会主义市场经济体制。

站在新的历史起点上，我们必须清醒地看到，推动经济高质量发展还存在不少体制性障碍，要素流动不畅、资源配置效率不高、微观经济活力不强等问题亟待解决。

党的十九大报告提出，"经济体制改革必须以完善产权制度和要素市场化配置为重点"。完善产权制度，对国有企业来说，主要是完善知识产权保护制度，推动国企在创新发展方面发挥更大作用；同时要很好地保护非公经济产权、促进非公有制资本自由流转，推进混合所有制改革。

要素市场化配置也很关键。只有真正实现要素市场化配置，经济才能实现高质量增长。在我看来，这是当前推进现代化建设涉及面比较广的改革难题。

与此前的商品和服务价格改革不同，要素市场化配置改革涉及土地、劳动力、资本、技术、数据等多方面，各有特殊的情况和挑战。比如资本要素的配置，近年来，上市公司注册制改革取得较大进展；土地改革方面，各地正在探索推进农村土地"三权分置"改革，目前农村集体经营性建设用地已可以入市；劳动力自由流动涉及户籍制度改革，一些地区已经放开落户限制。

数据作为生产要素，推进其优化配置，是一个比较新的课题，也是推动经济发展数字化、网络化、智能化的基础工程。目前，我国数据要素的市场化配置还处于起步和发育阶段，市场规模还较小，需要加快推进相关体制机制建设。

面对中国改革开放中尚面临的一些深层次问题和障碍，要求我们必须进一步解放思想，坚定不移地深化市场化改革，坚持问题导向，着力攻坚克难，不断在关键性基础性的"四梁八柱"的改革上突破创新，更好地发挥综合改革效能和整体优势。

社会主义市场经济体制的"高水平"，应体现在党的十九大提出的"产权有效激励、要素自由流动、价格反应灵活、竞争公平有序、企业优胜劣汰"中。这就要求我们坚定不移地坚持和完善社会主义基本经济制度，充分发挥市场在资源配置中的决定性作用，更好发挥政府作用，推动有效市场和有为政府更好结合，激发各类市场主体活力，完善宏观经济治理，建立现代财政金融体制，建设高标准市场体系，实施更大范围、更宽领域、更深层次的对外开放，加快转变政府职能，持续推动我国经济高质量发展，从而为实现第二个百年奋斗目标提供更加完善、成熟、坚实的制度保障。

在此，有必要继续提出我多年来一直强调的一个建议，即中国改革需要"顶层设计"，更需要大力度的"顶层推动"和落到实处。

回顾40多年中国改革开放史，我们曾经有过很好的顶层设计。1993年党的十四届三中全会通过的《中共中央关于建立社会主义市场经济体制若干问题的决定》，2003 年党的十六届三中全会通过的《中共中央关于完善社会主义市场经济体制若干问题的决定》，2013 年党的十八届三中全会通过的《中共中央关于全面深化改革若干重大问题的决定》，2014 年党的十八届四中全会通过的《中共中央关于全面推进依法治国若干重大问题的决定》等，都是非常好的顶层设计。现在的问题在于，如果只有好的规划设计，却不去大力推动实施的话，再好的顶层设计也难以完满实现。

　　当下，"十四五"规划已然开始实施，中国继续奋进在实现第二个百年目标的新征程上，机遇与风险并存，发展与挑战相随，中国将以更高水平和更大力度的改革开放来迎接挑战、化解风险、克服困难、促进发展。党中央国务院正在继续加强对改革的领导和推动，更加重视对改革的顶层设计和总体规划，坚决防范改革方案和进程受到一些部门、地区利益集团和少数既得利益者的干扰和抵制。同时，尤须强化对"顶层设计"的"顶层推动"和督促落实。只有这样，深层次的改革才能有实质性的推进。

着力完善收入分配制度

——在"第五届中国经济学家高端论坛（2022）"
上的发言*

各位专家，各位同学：

很高兴有机会参加第五届中国经济学家高端论坛！这届论坛的主题是共同富裕的理论与实践。我对共同富裕问题没有专门的研究，只能讲关于这个问题的几点粗浅想法。

我发言的题目是：着力完善收入分配制度。讲以下三点：

1. 如何形成合理的制度安排把"蛋糕"切好分好，需要重点研究

2021 年底中央经济工作会议指出，"实现共同富裕目标，首先要通过全国人民共同奋斗把'蛋糕'做大做好，然后通过合理的制度安排把'蛋糕'切好分好。这是一个长期的历史过程，要稳步朝着这个目标迈进"。我个人认为，经过改革开放 40 多年的探索和奋斗，我们在如何做大做好"蛋糕"方面已积累了丰富的经验，有一套相当成熟的能与时俱进的理念、政策和做法。

比如，我们已经明确，2012 年党的十八大以后中国经济已由高速增长阶段转入高质量发展阶段，以供给侧结构性改革为主线推动转方式调结构，坚持新发展理念，努力实现创新驱动发展、技术自立自强，着力发展制造业，金融业要支持实体经济发展，加快发展新兴产业和推动传统产业数字化转型，以国内大循环为主体国内国际双循环互相促进，深化改革开放优化资源配置，激发各类市场主体活力，等等，从而使中国经济 2012~2021 年高质量发展的十年，年均 GDP 仍然达到 6.7% 的快速增长。

---

* 浙江省社会科学界联合会、孙冶方经济科学基金会、浙江财经大学：《共同富裕的理论创新与中国实践》，经济科学出版社 2022 年版。

与此同时，我们看到，在分配即如何切好分好"蛋糕"方面，则存在较多问题。突出的是，居民收入在快速增长的同时，反映居民收入差距的基尼系数一直维持在高位，2020 年为 0.468，太高了，多年来没有缩减，离共同富裕时基尼系数需降到 0.3 左右（如像现在北欧国家那样），差距还很大；居民财产基尼系数进入 21 世纪后则持续上升，据专家估计 2018 年以来均维持在惊人的高位 0.7。又如，2020 年，人均地区生产总值，北京市 16.5 万元，甘肃省只有 3.6 万元，北京为甘肃的 4.7 倍。广东省深圳市人均地区生产总值 15.76 万元，梅州市只有 3 万元多一点，深圳是梅州市的 4 倍。我哥哥是梅州市退休教师，91 岁了，一年从政府领取的高龄补贴只有 120 元，一个月 10 元，而我 85 岁的妹妹（退休工人）每月从深圳市领取的高龄补贴有 500 元，差距太大了。这说明，在如何通过合理的制度安排把"蛋糕"切好分好方面，需要探索和创新的理论和实践问题还很多，现有的制度安排如果不作重大调整和改进，难以实现共同富裕的远景目标。

2. 提高居民收入在 GDP 中的占比和改善结构是调整分配结构的首要任务

我国居民可支配收入占 GDP 的比重长期偏低，2007 年党的十七大报告提出，"逐步提高居民收入在国民收入中的比重，提高劳动报酬在初次分配中的比重"。此后，居民可支配收入占 GDP 的比重有所提高，但是提高不够快。2013 年，全国居民人均可支配收入占人均 GDP 的比重为 42.2%，到 2021 年，我国人均可支配收入为 35128 元，占人均 GDP 80976 元的比重为 43.4%，只比 2013 年提高 1.2 个百分点。这一占比离世界平均水平占 60% 有较大差距。

2021 年中央经济工作会议指出中国经济面临三重压力，其中第一重压力是需求收缩，不光是投资需求收缩，消费需求收缩也比较突出。2022 年第一季度，社会商品零售总额只增长了 3.3%，其中 3 月更是 -3.5%，这是近几年少有的。由于居民可支配收入占比低，就决定了居民消费支出对国内生产总值的贡献率太低，2020 年只占 37.7%，比 20 世纪 80 年代初的 53% 低 15 个百分点。一般认为，发展中国家在摆脱贫困以后，要逐步走向消费主导经济增长。生产的目的最终是为了消费，世界上发达的经济体都是消费主导的，其产出 80% 以上是用于消费的。过去，我国为了尽快摆脱贫困状态，努力赶超发达经济体，产出较多用于投资，是必要的。现在，我们已经全面建成小康社会，开启全面建设现代化新征程，应逐步转向消费主导型增长，只有这样，才是可持续的，因为消费主导型社会要求大力发展能吸纳更多劳动力就业的服务业，逐步提高服务业在国民经济中的占比，做到第一、第二、第三产业协同推动经济增长。同时，只有这样，才能从根本上改变至今仍有五六亿人月均收入千元以下的令人不安的状况，这种状况的存在也说明中国仍未达到富起来的水平，富起来的只是一小部分人，更谈不上共同富裕了。所以，今后调结构应着力提高居民可支配收入占 GDP 的比重，与此同时，要改善其内部结构，较大幅度提高低收入者的收入，扩大中等收入群体，调节过高收入，取缔非法收入，逐步使居民收入结构从"金字塔"型向"橄榄"型转变。这也是降低居民收入基尼系数、走向共同富裕的可行途径。

3. 完善财税体制还有很多文章可做

经济学原理一般认为，国民收入经过初次分配以后居民收入差距会较大，因为初次分配比较讲求效率，需要经过再分配把收入差距缩减下来。再分配有三大杠杆：财政转移支付、税收、社会保障体系。数据表明，多数 OECD 国家是主要的发达经济体，经过再分配，将居民收入差距降低了 30%，从初次分配居民收入基尼系数 0.5 降到 0.35 左右，北欧国家更降到 0.3 左右。而我国远未达到。最近看到一位专家写的文章说，目前在我国，通过财政转移支付，可以降低居民收入差距 8%，这是一个好现象，但是 8% 的数字显然太低了。

第一个再分配杠杆是财政转移支付。党的十八届三中全会决定确认我国要建立现代财政制度。现代财政制度的一个基本职责是促进社会公平，逐步实现基本公共服务均等化。而公共服务均等化的主要实现手段是政府间转移支付制度。目前，我国中央对地方的转移支付分为财力性、一般性转移支付和专项转移支付两类。一般性转移支付又称均等化转移支付，是促进地方政府公共服务能力均等化的主要手段。专项转移支付是按照政府支出责任划分，对承办委托事务或从事上级政府鼓励性事务的地方政府的一种拨款。十八届三中全会决定特地指出，"完善一般性转移支付增长机制，重点增加对革命老区、民族地区、边疆地区、贫困地区的转移支付。中央出台增支政策形成的地方财力缺口，原则上通过一般转移支付调节。清理、整合、规范专项转移支付项目，逐步取消竞争性领域专项和地方资金配套，严格控制引导类、救济类、应急类专项，对保留专项进行甄别，属地方事务的划入一般性转移支付"。总的意思是，扩大一般性转移支付，减少专项转移支付。

我国财政转移支付制度正在逐步完善，一个重要表现是规范的一般转移支付占比上升，不规范的（其中有一些就是批条子的）专项转移支付占比在缩减。2022 年 3 月《政府工作报告》讲到，2022 年，"中央对地方转移支付增加约 1.5 万亿元、规模近 9.8 万亿元，增长 18%、为多年来最大增幅。中央财政将更多资金纳入直达范围，省级财政也要加大对市县的支持，务必使基层落实惠企利民政策更有能力、更有动力"。例如，德国，各个州之间财政转移的幅度就很大。以各州人均财政收入平均数为 100 欧元，那么，超过 100 欧元的州（如超过 110 欧元），就要把超过的部分转移给不到 100 欧元（如 90 欧元）的州，这样就保证了各州的人均财政收入基本一致，从而保证各州基本公共服务均等化，而不至于像我国那样各地公共服务水平差距那么大，大家都使劲往公共服务最好的大城市跑，不愿意留在公共服务差的地方工作和生活。德国成为各国难民向往的首选地，基本公共服务水平高和比较均衡是一个非常重要的原因。德国和北欧一些国家关于财政转移支付的做法，从长远来看，是值得我们借鉴的。

第二个再分配杠杆是税收，需要完善的地方也很多。世界上发达国家都是以直接税为主，对个人收入到一定程度时征税，对个人财产或资产征税。许多中央文件谈到税制改革时都强调要提高直接税比重，降低具有累退特点的间接税如增值税的比重，但是实际进展很慢。

还有，财产税或资产税对缩小居民财产和收入差距，至关重要，但是很难出台。以房地产税为例，2003 年党的十六届三中全会关于完善社会主义市场经济体制的决定，就提出开征房地产税，因遭到一些人的反对实行不了。十年后，2013 年党的十八届三中全会的《中共中央关于全面深化改革若干重大问题的决定》又提出，"加快房地产税立法并适时推进改革"，到现在九年又过去了，现在连试点都安排不下去。原因在于这项改革会触及一些人的利益。一次研讨会上，国家开发银行原副行长到地方调研时，发现地方上的干部每人都至少有三套住房，他们本能地反对征收房地产税。他还说，如果 2003 年就下决心开征房地产税，阻力要比现在小很多，因为那时包括地方干部一般只有一两套房子。现在大家都增加了房产，而且房产占个人资产比重高达70%的情况下，开征房地产税其阻力之大可想而知。更宏观地看，一开征房地产税，房价可能下跌，泡沫捅破，引发金融风险。但是，从完善税收制度特别是完善地方税体系角度，从长远来看，开征房地产税又是必需的，这成了现实经济生活中极难破解的难题。

《中共中央关于全面深化改革若干重大问题的决定》指出，"逐步建立综合与分类相结合的个人所得税制"。但是，由于怕影响股市，一直对炒股的收入也是不计入到个人所得中的。对个人所得征税主要是对个人劳动或劳务所得征税。这说明，对资产所得没有征税，或者说没有财富增值税。这是造成居民财产的基尼系数很高的重要原因。

看来，为了逐步实现共同富裕的远景目标，需要逐步对居民资产（财富）及其所得征税，不能久拖不决，坐失时机，积重难返。

第三个再分配杠杆是社会保障体系。改革开放以后，我国社会保障体系经过40多年的建设，已取得巨大的成就，也使全国人民得到巨大的实惠。与此同时，也要看到，社会保障体系和制度建设仍需完善，面临的实际困难还不少，在调节居民收入和生活水平、缩小居民收入差距方面发挥的作用还不够大。首先，人口老龄化快速发展带来的压力不小。中国是真正"未富先老"国家。2021年，我国尚未进入高收入国家行列，但60岁及以上人口占总人口的比重为18.7%（到20%就进入超级老龄化社会了），65岁及以上人口占总人口的比重为14.2%，联合国的预测显示，到2030年60岁及以上老年人口的比重可达25.1%，到2050年将达到35.1%，这意味着养老金支付压力很大，而且在现代化建设进程中会越来越大。养老金的支付缺口一般是由财政填补的，养老金支付压力在相当程度上就是财政压力。养老金和医疗保险等是按省统筹的，由于不同省的经济差距很大，有的省如东部各省养老金有结余，有的省如西部和东北地区则存在缺口，这也在一定程度上使不同地区的实际养老金待遇有不合理的区别。医疗费用不能完全跨省报销也不利于劳动力的正常流动。

针对上述情况，2020年5月11日发布的《中共中央、国务院关于新时代加快完善社会主义市场经济体制的意见》提出：完善覆盖全民的社会保障体系。健全统筹城乡、可持续的基本养老保险制度、基本医疗保险制度，稳步提高保障水平。实施企业职工基本养老保险基金中央调剂制度，尽快实现养老保险全国统筹，促进基本养老保险基金长期平衡。大力发展企业年金、职业年金、个人储蓄性养老保险和商业养老保险。深化医疗卫生体制改革，完善统一的城乡居民医保和大病保险制度，健全基本医保筹资和待遇调整机制，持续推进医保支付方式改革，加快落实异地就医结算制度。完善失业保险制度。开展新业态从业人员职业伤害保障试点。统筹完善社会救助、社会福利、慈善事业、优抚安置等制度。加强社会救助资源统筹，完善基本民生保障兜底机制。加快建立多主体供给、多渠道保障、租购并举的住房制度，改革住房公积金制度，等等。这就为今后健全社会保障体系和制度指明了方向，有利于全国人民不断提高收入和生活水平，有利于逐步缩小居民收入差距，逐步走向共同富裕。

"两个毫不动摇" 必须长期坚持*

中央经济工作会议把"切实落实'两个毫不动摇'"作为 2023 年经济工作的五大任务之一，强调做好经济工作，必须坚持和完善社会主义基本经济制度，坚持社会主义市场经济改革方向，坚持"两个毫不动摇"。

如何理解"两个毫不动摇"？我结合自己的体会谈几点看法。

一、"两个毫不动摇" 的由来

1997 年，党的十五大报告明确提出，"公有制为主体、多种所有制经济共同发展，是我国社会主义初级阶段的一项基本经济制度"。与此同时，还明确"公有制的主体地位主要体现在：公有资产在社会总资产中占优势；国有经济控制国民经济命脉，对经济发展起主导作用""非公有制经济是我国社会主义市场经济的重要组成部分。对个体、私营等非公有制经济要继续鼓励、引导，使之健康发展"。这既是对改革开放头 9 年所有制改革经验的科学总结，也为中国确立社会主义市场经济体制改革目标后深化所有制调整和改革指明了方向。

2002 年，在认真总结党的十五大以后我国许多地区特别是广东、浙江等省份在非公有制经济迅速发展的同时，公有制经济特别是国有经济也加快发展，公有制经济和非公有制经济在市场竞争中能很好地各自发挥优势、共同发展的经验后，党的十六大报告提出"坚持和完善公有制为主体、多种所有制经济共同发展的基本经济制度。第一，必须毫不动摇地巩固和发展公有制经济。发展壮大国有经济，国有经济控制国民经济命脉，对于发挥社会主义

制度的优越性，增强我国的经济实力、国防实力和民族凝聚力，具有关键性作用。集体经济是公有制经济的重要组成部分，对实现共同富裕具有重要作用。第二，必须毫不动摇地鼓励、支持和引导非公有制经济发展。个体、私营等各种形式的非公有制经济是社会主义市场经济的重要组成部分，对充分调动社会各方面积极性、加快生产力发展具有重要作用。第三，坚持公有制为主体，促进非公有制经济发展，统一于社会主义现代化建设的进程中，不能把这两者对立起来，各种所有制经济完全可以在市场竞争中发挥各自优势，互相促进，共同发展"。

党的十六大提出"两个毫不动摇"，是对公有制为主体、多种所有制经济共同发展的基本经济制度的具体化和创新发展。

第一，"两个毫不动摇"将发展公有制经济和发展非公有制经济置于同等重要地位。国有经济控制国民经济命脉，主导国民经济发展。民营经济等主要在竞争领域遍地开花，可以充分调动广大群众的积极性、主动性，努力提高产出水平。

第二，"两个毫不动摇"让公有制经济和非公有制经济各自发挥优势，实现优势互补，共同发展。国有经济在投资规模大、建设周期长、正外部性和长期收益明显的领域有优势，而非公有制经济范围非常广泛，涉及生产、流通、消费领域，有很强的内在增长动力。这两方面结合起来，可以使社会财富源源不断涌流。

第三，"两个毫不动摇"是社会主义初级阶段发展市场经济的最优选择。社会主义初级阶段的主要任务是赶超发达经济体、实现现代化。社会主义初级阶段发展市场经济是实现现代化的必由之路。市场经济是由多元市场主体互相竞争、优胜劣汰的，只有单一的公有制（国有制）经济、没有其他市场主体与其竞争的不可能是市场经济。市场竞争还必须是平等的、公开的、不能有垄断特权的。

二、"两个毫不动摇"的发展

随着改革开放的深化，"两个毫不动摇"的含义也在深化和发展。

党的十七大报告和党的十八大报告均重申了"两个毫不动摇"。

2013 年，党的十八届三中全会《中共中央关于全面深化改革若干重大问题的决定》对"两个毫不动摇"有进一步的论述，提出"公有制为主体、多种所有制经济共同发展的基本经济制度，是中国特色社会主义制度的重要支柱，也是社会主义市场经济体制的根基。公有制经济和非公有制经济都是社会主义市场经济的重要组成部分，都是我国经济社会发展的重要基础。必须毫不动摇巩固和发展公有制经济，坚持公有制主体地位，发挥国有经济主导作用，不断增强国有经济活力、控制力、影响力。必须毫不动摇鼓励、支持、引导非公有制经济发展，激发非公有制经济活力和创造力"。在谈到完善产权保护制度时指出，公有制经济财产权不可侵犯，非公有制经济财产权同样不可侵犯。还提出，国家保护各种所有制经济产权和合法利益，保证各种所有制经济依法平等使用生产要素、公开公平公正参与市场竞争、同等受到法律保护，依法监管各种所有制经济。在论述发展国有经济时，提出两个要点：一是以管资本为主加强国有资产监管；二是国有资本投向重点包括：提供公共服务、发展重要前瞻性战略性产业、保护生态环境、支持科技进步、保障国家安全。在论述支持非公有制经济健康发展时指出，坚持权利平等、机会平等、规则平等，废除对非公有制经济各种形式的不合理规定，消除各种隐性壁垒，制定非公有制企业进入特许经营领域的具体办法。

2017 年，党的十九大报告重申，"必须坚持和完善我国社会主义基本经济制度和分配制度，毫不动摇巩固和发展公有制经济，毫不动摇鼓励、支持、引导非公有制经济发展"。还提出，推动国有资本做强、做优、做大，支持民营企业发展，激发各类市场主体活力等。需要特别提出的是，2018 年以来，社会上有的人发表一些否定、怀疑民营经济的言论。比如，有的人提出所谓的"民营经济离场论"，说民营经济已经完成使命，要退出历史舞台；有的人提出所谓的"新公私合营论"，把现在的混合所有制改革曲解为新一轮"公私合营"；有的人说加强企业党建和工会工作是要对民营企业进行控制等。2018 年 11 月 1 日，习近平总书记主持召开民营企业座谈会并发表重要讲话明确指出，"这些说法是完全错误的，不符合党的大政方针"。"民营经济是我国经济制度的内在要素，民营企业和民营企业家是我们自己人。""在全面建成小康社会、进而全面建设社会主义现代化国家的新征程中，我国民营经济只能壮大、不能弱化，不仅不能'离场'，而且要走向更加广阔的舞台。"

2020年5月19日《人民日报》刊登的《中共中央、国务院关于新时代加快完善社会主义市场经济体制的意见》第二大部分，专门讲了"两个毫不动摇"，并在下面列了四个小标题，分别是：推进国有经济布局优化和结构调整；积极稳妥推进国有企业混合所有制改革；稳步推进自然垄断行业改革；营造支持非公有制经济高质量发展的制度环境。这些针对性很强的论述，充分体现了中国特色社会主义进入新时代后落实"两个毫不动摇"的新举措。

三、中国民营经济发展的前景

经过改革开放40多年的发展，我国民营企业数量达4700多万家。概括起来说，个体私营经济贡献了50%以上的税收、60%以上的国内生产总值、70%以上的技术创新成果、80%以上的城镇劳动就业、90%以上的企业数量。在世界500强企业中，我国民营企业由2010年的1家增加到2022年的28家。此后几年，我国民营经济对经济发展贡献的占比没有大的变化，但是私营企业和个体工商户的数量却大量增加。我们常说，中国经济有巨大的韧性，最重要的原因就是我国的民营经济有巨大韧性。

从改革开放40多年的实践，结合当代世界经济和技术发展的趋势来看，可以认为，即使我国实现现代化，以后仍须发挥民营经济对促进经济增长、增加就业岗位等方面不可替代的作用。因此，我们必须长期坚持"两个毫不动摇"。

首先，改革开放以来中国和外国的实践表明，生产的社会化程度并没有随着生产力的发展而不断提高。相反，随着科学技术日新月异的进步，人们对美好生活需要的日益增长，社会生产呈现分散化、多样化、差异化、个性化的发展趋势，社会化大生产并不是我们过去想象的那样会日益排挤小生产，规模经济的效益在众多领域逐渐缩减。这说明，现阶段和今后一段时期内，民营经济的存在和发展是符合生产力标准的。

马克思在《马克思〈政治经济学批判〉序言、导言》中说，"无论哪一个社会形态，在它们所能容纳的全部生产力发挥出来以前，是决不会灭亡的；而新的更高的生产关系，在它存在的物质条件在旧社会的胎胞里成熟以前，是决不会出现的"。中国民营经济就是属于生产力没有全部发挥出来的经济形态。

其次，建设中国特色社会主义市场经济，就是发展社会主义市场经济，不断解放和发展生产力。建设社会主义现代化经济体系，就是发展社会主义市场经济，在实现现代化、建成富强民主文明和谐美丽的社会主义现代化强国以后，我国还要继续发展社会主义市场经济。既然我们还要实行市场经济体制，发展社会主义市场经济，就意味着我国还要保留多种市场主体，即除了要发展公有制经济特别是国有经济外，还要让非公有制经济包括民营经济和外资经济存在和发展。到那时，有关政策会有调整，但公有制为主体、多种所有制经济共同发展的基本经济制度不会变，"两个毫不动摇"也不会变。

最后，从全世界发达经济体的经济结构看，中小企业仍然占90%以上，大企业排挤小企业、兼并小企业并不显著，相反，而是互相兼容、互相补充，许多中小企业为大企业提供零配件或各种各样的服务。由于中小企业众多，就业人数也多，各国一般都采取和实施扶助中小企业的政策，中小企业在稳定和发展经济中一直起着不可或缺的作用。这说明，即使人均GDP达到七八万美元以上的发达经济体，中小企业仍然有其生存和发展的空间。这也佐证了以中小企业为主的民营经济在中国今后相当长时期内，仍然有其生存和发展的空间。所以，我们现在和今后很长一段时间内，还要坚持和落实"两个毫不动摇"。

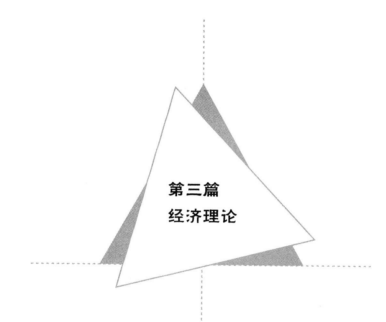

第三篇

经济理论

新中国 70 年经济学理论
研究的重大进展*

摘　要：新中国成立70年来，在中国共产党领导下，中国经济与社会面貌发生了翻天覆地的变化，中国经济学理论研究也取得了重大进展，实现了三次飞跃：从社会主义初级阶段理论，到中国特色社会主义经济理论，再到新时代中国特色社会主义政治经济学理论。特别是改革开放以后，经济学理论研究在社会主义市场经济论、基本经济制度、收入分配、宏观经济调控、对外开放等方面取得了诸多创新成果，形成了中国特色社会主义经济理论。党的十八大以来，经济学理论研究在进一步丰富和发展宏观经济调控和对外开放理论的同时，对经济新常态、供给侧结构性改革、新发展理念等新的经济理论进行了开创性研究，形成了新时代中国特色社会主义政治经济学理论。

关键词：新中国；中国特色社会主义；经济学理论；政治经济学

新中国成立70年来，在中国共产党领导下，中国经济与社会面貌发生了翻天覆地的变化，从饱受列强欺凌积贫积弱一跃而起，成为世界上举足轻重的经济大国、科技大国、文化大国。广大人民群众的收入和生活水平，也出现使很多人做梦都想不到的几十倍的增长，再过五六年就将进入高收入国家行列。中国正处于中华民族几千年来最光辉耀眼的盛世。在这一大背景下，中国经济学也大步走向繁荣和发展，特别是1978年改革开放后形成的中国特色社会主义经济理论、新时代中国特色社会主义政治经济学理论等，更是对经济科学的划时代贡献！

＊《新视野》2019年第5期。

一、社会主义初级阶段经济理论的初步探索

1949 年中华人民共和国成立后，只用了两三年的时间，就医治了战争对国民经济的创伤。1953 年起，开始实施第一个五年计划，进行大规模的社会主义建设。从那时开始，中国共产党一直在寻找把马克思主义同中国具体实际相结合的社会主义建设道路，也曾经进行了一些有积极意义的探索。如1956 年，毛泽东就重工业和农业、沿海工业和内地工业、经济建设和国防建设等十大关系发表了重要讲话。[1]陈云也提出，在社会主义经济中要有市场调节作为补充。[2]

1956 年之后，中国经济学家也比较活跃，提出了一些远见卓识。如孙冶方首先提出把计划和统计放在价值规律基础上的鲜明主张。[3]顾准认为，社会主义经济可以设想让价值规律自发调节企业的生产经营活动。[4]于光远认为，凡是加入交换的产品，都是商品；社会主义经济中存在的几种交换关系，都是商品交换关系。[5]沈志远提出，按劳分配与社会主义生产方式一样，"具有相对稳定性"。有人过分强调按劳分配的过渡性特别是强调它具有法权性质等"缺点"，从而"把事情说成仿佛从社会主义存在的第一天起就开始了按劳分配规律的作用范围逐步缩小、按需分配规律的作用范围逐步扩大的过程"，这是值得商榷的。实际上，在社会主义历史阶段内，"按劳分配制度势必经历一个不断完善、不断巩固和发展的过程"。[6]

但是，一直到 1978 年改革开放前，我们对中国最基本的国情即中国仍处于社会主义初级阶段没有很好了解和掌握，往往超越阶段，经济情况稍好一点就在城市和农村搞"一大二公"的所有制升级，急于消灭个体和私营经济，急于割资本主义尾巴和破除资产阶级法权；加上学习和实行从苏联那里学来的传统的高度集权的计划经济体制，没有认识到中国是商品经济很不发达的国家，而商品经济的充分发展，是社会经济发展不可逾越的阶段，视市场为异己力量，以致造成极其严重的灾难性后果。总体而言，改革开放前，中国经济发展还不算慢，1952~1957 年和 1962~1965 年还相当快。但是，由于大起大落和"文化大革命"期间相对停滞，致使到"文化大革命"结束的

1976 年，国民经济濒临崩溃。

　　1978 年，党的十一届三中全会决定实行改革开放和确定以经济建设为中心。在党的解放思想、实事求是的思想路线的指引下，从 1979 年开始，有经济学家提出，中国仍处于社会主义不发达阶段，必须允许个体经济的存在和发展，以解决数以千万人的就业问题。党的十一届六中全会首次明确提出，"我们的社会主义制度还是处于初级的阶段"。1987 年 8 月，邓小平强调："社会主义本身是共产主义的初级阶段，而我们中国又处在社会主义的初级阶段，就是不发达的阶段。一切都要从这个实际出发，根据这个实际来制订规划。"[7]

　　正是由于确立了社会主义初级阶段理论，我们党终于在改革开放中开辟了一条中国特色社会主义道路。1982 年 9 月，邓小平在党的十二大开幕词中提出："把马克思主义的普遍真理同我国的具体实际结合起来，走自己的路，建设有中国特色的社会主义，这就是我们总结长期历史经验得出的基本结论。"由于我们找到了唯一正确的建设中国特色社会主义道路，使社会主义和马克思主义在中国大地上焕发出勃勃生机，给人民带来更多福祉。因此可以说，社会主义初级阶段理论，是使我国社会主义建设走上健康发展轨道的指路明灯。

二、中国特色社会主义经济理论的几大创新成果

　　改革开放以来至党的十八大召开，以邓小平同志、江泽民同志和胡锦涛同志为主要代表的中国共产党人，团结带领全党全国各族人民，成功开创和发展了中国特色社会主义。在这一过程中，中国经济学理论研究也不断开创新局面，中国特色社会主义经济理论取得了诸多创新成果。

　　（一）社会主义市场经济论

　　改革开放一开始，各方面都认识到社会主义经济建设必须尊重价值规律，引入市场机制。这就必须逐步放开价格，放开市场，发展商品生产和交换。1979 年全国第二次经济理论研讨会上，不少经济学家都认为社会主义经济也

是一种商品经济，或者具有商品经济的属性，竞争是社会主义经济内在机制，价值规律调节生产和流通，企业应是相对独立的商品生产者和经营者等。改革初期广东等改革先行地区放开蔬菜、水果、水产品价格后，这些产品像泉水般涌流的活生生事实，使大家看到了市场机制的"魔力"。1984年，党的十二届三中全会明确指出，社会主义经济是"公有制基础上有计划的商品经济"，对此前理论界关于社会主义经济是否具有商品经济属性的争论作出肯定的结论。此后，以放开价格和建设各种各类市场为中心的市场化改革逐步展开，国民经济迅速活跃起来。1991年10~12月，江泽民在北京召开十一次专家座谈会，酝酿和建议采用"社会主义市场经济体制"提法。1992年，邓小平在南方谈话中指出，计划经济和市场经济都不是区分社会制度的本质区别，计划和市场都是经济手段。随后，党的十四大确立社会主义市场经济体制改革目标，提出使市场在国家宏观调控下对资源配置起基础性作用。1993年，党的十四届三中全会进一步明确社会主义市场经济体制的基本框架，从而形成比较完备的社会主义市场经济论。此后，市场化改革在经济各领域包括国有部门大步推进，并于20世纪末在中国初步建立起社会主义市场经济体制。

需要指出，社会主义市场经济论是中国改革开放的主要理论支柱。因为改革经济体制，就是要把传统的计划经济体制转变为社会主义市场经济体制。这是一个根本性转变，其他改革都要围绕实现这个根本性转变进行。传统的经济学包括西方经济学认为，社会主义和市场经济是不能结合的，公有制和市场经济是不能结合的。而中国作为一个拥有十几亿人口的大国，在改革过程中，由于找到了股份制和混合所有制作为公有制的有效实现形式，从而在理论上和实践上都证明，社会主义和市场经济能够相结合，公有制和市场经济能够相结合。这是一个伟大的创举，是意义重大的理论创新，从而大大丰富和发展了经济科学。

（二）社会主义基市经济制度理论

我国在改革开放前是公有制一统天下的局面。改革开放后最早打破这一局面的动因是解决城镇上千万人的就业问题。1979年，著名经济学家薛暮桥提出发展多种经济成分、广开就业门路的建议："在目前，留一点个体经济和资本主义的尾巴，可能利多害少。"[8]1980 年底，"个体工商户营业执照"开始发放。当年年底全国从事个体经济人数达到 81 万。到 1985 年，城乡从事个体经营从业人员已达 1766 万。

个体经济一发展，私营经济必然接踵而来，这是经济学一般原理。经过一段时间的观察和实践，大家对私营经济的认识逐渐明确。1987 年，党的十三大指出："目前全民所有制以外的其他经济成分，不是发展得太多了，而是还很不够。对于城乡合作经济、个体经济和私营经济，都要继续鼓励它们发展。"1988 年，各地工商行政管理机构开始办理私营企业的注册登记。此后私营经济快速发展，到 1997 年，已达 96 万户，从业人员 1350 万，注册资本 5140 亿元。

在引进和利用外资方面，1980 年正式在深圳、珠海、汕头和厦门创办经济特区。办特区是为了吸收利用外资，引进先进技术和管理经验，扩展对外贸易。1979~1984 年，实际使用外资 142 亿美元。1988 年起，每年实际使用外资都在百亿美元以上，1997 年达 644 亿美元，其中外商直接投资 453 亿美元。

在公有制经济改革方面，中国经济改革是从农村起步的。1978 年底，安徽省凤阳县小岗村 18 户农民自发实行包干到户后，短短几年，到 1983 年底，全国 98% 的农村集体都实行了家庭联产承包责任制，实现农村土地集体所有权和农户承包权的分离。与此同时，乡镇企业异军突起。1996 年，乡镇企业从业人员达 1.35 亿人，增加值达 1.8 万亿元。从 20 世纪 90 年代中后期起，乡镇企业逐步开展了旨在改变政企不分和明晰产权制度的改革。

国有企业改革从扩大企业自主权开始，先是下放一些生产经营权限，实行利改税和承包制等。1993 年，党的十四届三中全会确定国有企业改革以建立现代企业制度为方向。在这之前，1987 年国家体改委在委托八个单位制订中期（1988~1995 年）改革规划纲要时，北京大学课题组、中央党校课题组等专家都明确建议国有企业实行股份制和现代企业制度，不再实行强化政企不分和容易产生"内部人控制"的承包制。

根据改革开放以来中国所有制结构变化情况，党的十五大报告提出："公有制为主体、多种所有制经济共同发展，是我国社会主义初级阶段的一项基本经济制度。""非公有制经济是我国社会主义市场经济的重要组成部分。"此后，党的十六大和党的十七大都重申要巩固和完善社会主义基本经济制度，并有新的发展。比如，党的十六大提出了"两个毫不动摇"；党的十七大提出在"两个毫不动摇"基础上，要"形成各种所有制经济平等竞争、相互促进新格局"。

以上说明，社会主义基本经济制度理论是中国特色社会主义经济理论的重要创新成果。在社会主义基本经济制度理论形成和发展中，曾经有过两种不同的认识。一种是，进入21世纪后，随着非公经济发展壮大，非公经济对GDP的贡献已超过50%，有专家认为公有制为主体已不符合实际。另一种是，有人在2018年提出"民营经济离场论"，说民营经济已经完成使命，要退出历史舞台。这两种认识都是不全面的、不切合实际的。

（三）按劳分配为主体、多种分配方式并存的理论

1978年改革开放后，在分配理论方面最大的突破是提出了社会主义社会除了要实行按劳分配以外还要按其他生产要素进行分配。谷书堂和蔡继明在1988年最早提出了按劳分配与按生产要素分配相结合的观点。[9]当时有一些经济学家不赞成其观点，展开了相当热烈的讨论。不久，随着社会主义市场经济体制改革目标的确立，按生产要素分配逐渐被党的文件确认。1997年，党的十五大提出："坚持按劳分配为主体、多种分配方式并存的制度。把按劳分配和按生产要素分配结合起来。"2002年，党的十六大强调："确立劳动、资本、技术和管理等生产要素按贡献参与分配的原则，完善按劳分配为主体、多种分配方式并存的分配制度。"此后党的文献一直坚持这一分配制度。

按生产要素参与分配，会不会违背马克思主义的劳动价值论？这是经济学家们关注的问题。在1998年，就有经济学家指出，按要素分配并不违背劳动价值论。劳动价值论是指商品价值由人的活劳动创造的，它涉及的是生产领域，而按生产要素分配是指在生产过程中创造的价值如何分配，它涉及的是分配领域，根本不涉及价值是如何创造的。萨伊的要素参与分配理论是要素创造价值，而我们所说的要素参与分配，并不涉及要素创造价值，而是指要素在形成财富中的作用。[10]

按生产要素贡献参与分配，这个贡献是指创造价值的贡献还是指创造财

富的贡献？经过讨论，主流的看法是，按创造财富的贡献而非按创造价值的贡献，否则就会同劳动价值论相悖了。

（四）宏观经济调控理论

传统的社会主义经济理论没有宏观经济和微观经济的概念，不存在宏观经济调控理论。计划经济时期实行的是指令性计划管理，不存在宏观调控问题。改革开放后，农民有了生产经营自主权，个体和私营经济是自主经营自负盈亏的，国有企业也开始有一定的生产经营自主权，总的说是微观经济开始放活了，这就要求宏观经济管理要跟上去，使之活而不乱。1985年9月，由中国社会科学院、中国经济体制改革研究会、世界银行在"巴山"号游轮上联合举办了"宏观经济管理国际讨论会"，来自西方和东欧的著名学者和中国的知名决策咨询专家（薛暮桥、安志文、马洪、刘国光、高尚全等），就中国经济改革中碰到的宏观经济管理问题进行深入探讨。外方专家比较系统地介绍了市场经济国家宏观经济调控的理论、政策和经验，并同中方专家一起讨论如何对中国宏观经济管理体制进行改革，一致认为应从直接管理转变为以间接管理为主，主要运用财政政策和货币政策以及它们之间的松紧搭配进行调控，保持宏观经济的稳定、协调。这些认识，逐步成为中国制定宏观调控政策的依据。党的十四届三中全会提出，宏观调控的主要任务是：保持经济总量的基本平衡，促进经济结构的优化，引导国民经济持续、快速、健康发展，推动社会全面进步。这实际上对之前一段时间广泛讨论的宏观调控的任务包不包括结构优化问题、宏观调控要不要运用计划手段问题，作出了肯定的回答。党的十六大报告进一步把促进经济增长、增加就业、稳定物价、保持国际收支平衡作为宏观调控的主要目标。

（五）对外开放理论

1979年7月，我国开始在广东深圳、珠海、汕头和福建厦门建立经济特区。特区经济发展以吸引外资为主，产品主要外销。此后，中国对外开放由东到西，由来料加工放开制造业到逐步放开服务业等，发展为实行高水平全方位对外开放。对外开放初期，社会各界对打开国门搞建设有争论。邓小平旗帜鲜明地支持兴办特区、利用外资、搞来料加工等，并于1992年提出了著名的"三个有利于"原则。在这一背景下，我国经济学界积极展开对外开放理论的研究。袁文祺等从理论上论证了发展对外贸易包括同资本主义国家对外贸易，可以取得比较利益，对国家经济发展有积极作用。[11] 20 世纪 90 年代后期，经济学家进一步从比较优势研究转向竞争优势研究，认为比较优势只有最终转化为竞争优势，才能形成真正的出口竞争力。为适应知识经济和高新技术产业蓬勃发展的需要，中国对外贸易发展战略从以比较优势为导向转向以竞争优势为导向实为必然的选择。[12] 关于引进外资的作用，世界银行报告认为，"总体上，外商直接投资对中国经济发展做出了积极的贡献"。[13]

2001 年 11 月中国加入世界贸易组织，具有里程碑式意义。在加入世界贸易组织谈判过程中，有些人忧心忡忡，怕加入世界贸易组织影响国家经济安全，许多产业会受到大的冲击。但加入世界贸易组织后实践表明，加入世界贸易组织对中国利大于弊，原来的许多担心并未出现。加入世界贸易组织后，中国的经济总量、对外贸易、利用外资、外汇储备等一段时间增速都加快了。开放还促进了改革，加入世界贸易组织使中国一大批同市场经济通行规则相抵触的法律法规得以废止和修正。

三、新时代中国特色社会主义政治经济学理论的深化和演进

党的十八大以来，中国经济发展进入新时代。进入新时代以后，中国经济学研究在进一步丰富和发展宏观经济调控理论、对外开放理论的同时，对经济新常态、供给侧结构性改革、新发展理念等新的经济理论进行了开创性研究，逐步形成了新时代中国特色社会主义政治经济学理论。

（一）宏观经济调控理论的深化

2013 年 11 月，党的十八届三中全会对健全宏观调控体系做出更全面的论述，指出："宏观调控主要任务是保持经济总量平衡，促进重大经济结构协调和生产力布局优化，减轻经济周期波动影响，防范区域性、系统性风险，稳定市场预期，实现经济持续健康发展。" 2017 年 10 月，党的十九大进一步提出："创新和完善宏观调控，发挥国家发展规划的战略导向作用，健全财

政、货币、产业、区域等经济政策协调机制。"与党的十八届三中全会相比，党的十九大不再提价格政策，增加了区域政策。增加区域政策是很有必要的，中国那么大，区域协调发展是优化重大结构的内容，而促进重大结构优化正是宏观调控的重要任务。党的十九大还提出健全货币政策和宏观审慎政策双支柱调控框架，这是一个重要进展。因为货币政策一般主要关注物价稳定，货币政策要不要关注资产价格变动一直有争议。2008 年国际金融危机爆发后，大家反思认为，要维持金融稳定，只关注物价稳定的货币政策是不够的，还要有宏观审慎政策，以便把更多的金融活动和行为纳入管理。[14]

（二）对外开放理论的深化

党的十八大以来，对外开放理论随着我国更高层次更高水平的全方位对外开放而取得重大进展。

首先，放宽投资准入，对外商投资实行准入前国民待遇加负面清单管理模式。经过几年的努力，2018 年 6 月，国家发展和改革委员会、商务部发布了《外商投资准入特别管理措施（负面清单）（2018 年版）》。2018 年，关税总水平由 9.8% 下降到 7.5%。同时扩大金融、汽车等行业开放。《中华人民共和国外商投资法》将于 2020 年 1 月 1 日起施行。

其次，加快自由贸易区建设。2013 年 9 月，中国（上海）自由贸易试验区成立。之后，又先后设立了 11 个自由贸易试验区。试验区率先开展市场准入负面清单制度改革试点。2018 年 4 月，习近平总书记在海南宣布："党中央决定海南全岛建设自由贸易试验区，支持海南逐步探索、稳步推进中国特色自由贸易港建设。"有学者认为，应当努力把海南打造成中国开放新高地。在海南自由贸易港建设各项工作中，关键是形成自由贸易港的制度安排。[15]

再次，推进"一带一路"建设。2013 年 9 月和 10 月，习近平总书记先后提出共建"一带一路"的重大倡议。截至 2019 年 4 月底，中国已与 131 个国家和 30 个国际组织签署 187 份共建"一带一路"合作文件。据商务部数据，2013～2018 年，我国企业对"一带一路"沿线国家直接投资超过 900 亿美元，年均增长 5.2%。目前，"一带一路"已成为对外开放理论研究的热点。有学者认为，"一带一路"是新时期中国全方位扩大对外开放战略的重要组成部分，体现了开放国策、外交战略、结构调整、促进增长目标之间的良性互动关系。[16]

最后，积极参与全球治理。2015 年中共中央和国务院发布的《关于构建开放型经济新体制的若干意见》指出："积极参与全球经济治理，推进全球经济治理体系改革，支持联合国、二十国集团等发挥全球经济治理主要平台作用，推动金砖国家合作机制发挥作用，共同提高新兴市场和发展中国家在全球经济治理领域的发言权和代表性。"有研究认为，中国参与全球经济治理重点要抓住三个战略平台：G20 机制、国际经济组织和区域经济组织，针对不同的全球经济治理领域，实施中国的参与战略。[17]有的专家主张通过深化金砖国家合作推进全球经济治理改革。[18]

（三）经济新常态理论

首先，如何认识经济新常态？2014 年 11 月，习近平总书记指出："中国经济呈现出新常态，有几个主要特点：一是从高速增长转为中高速增长。二是经济结构不断优化升级，第三产业、消费需求逐步成为主体，城乡区域差距逐步缩小，居民收入占比上升，发展成果惠及更广大民众。三是从要素驱动、投资驱动转向创新驱动。"一些经济学家认为，新常态不完全是速度换挡，更主要是经济转型。经济转型主要是发展方式的转变和经济结构的优化升级，同时，居民的收入水平也要随着经济发展得到同步提升。有的专家提出，应把提高生产率作为新常态发展主动力，认为："在我国经济过去三十多年的高速增长中，生产率提高作出了重要贡献。最近几年我国生产率提高速度放缓，是成功追赶型经济体普遍经历的规律性现象，也是我国经济发展达到新水平的表现。但这也提醒我们，今后应通过全面深化改革，充分释放生产率提高潜力，使生产率提高成为新常态下经济发展的主动力。"[19]也有专家认为："我国经济发展进入新常态，从表象上看是经济增长减速换挡，但从本质上说是发展动力的转换和重塑。""要实现经济发展动力的转换和重塑，就要从追求高速增长转向追求高效增长，将提高效率和效益作为经济发展的主旋律。从这个意义上讲，新常态是从高速增长阶段向高效增长阶段跃升的过程，也是我国经济实现由大到强的过程。"[20]

（四）供给侧结构性改革

2015 年底，中央经济工作会议进一步提出"供给侧结构性改革"任务，并明确 2016 年主要抓好去产能、去库存、去杠杆、降成本、补短板五大任务。供给侧结构性改革就是为了落实转变经济发展方式，从要素驱动、投资驱动转向创新驱动。从"三期叠加"到"经济新常态"，再到供给侧结构性改革，是一个不断探索、深化认识的过程。2013 年，中央认为我国经济进入"三期叠加"阶段，明确了我们对经济形势应该"怎么看"。2014 年，中央提出经济发展"新常态"，对此作了系统性理论论述，既进一步深化了"怎么看"，又为"怎么干"指明了方向。2015 年，中央财经领导小组第十一次会议提出要推进"供给侧结构性改革"，既深化了"怎么看"和"怎么干"的认识，又进一步明确了主攻方向、总体思路和工作重点。权威人士认为，当前和今后一个时期，要在适度扩大总需求的同时，着力加强供给侧结构性改革，实施"五大政策支柱"，即宏观政策要稳、产业政策要准、微观政策要活、改革政策要实、社会政策要托底。推进供给侧结构性改革，战略上我们要着眼于打好持久战，坚持稳中求进，把握好节奏和力度；战术上我们要抓住关键点，致力于打好歼灭战，主要是抓好去产能、去库存、去杠杆、降成本、补短板"五大重点任务"。完成好"五大重点任务"要全面深化改革。"五大重点任务"的具体内容非常多，但病根都是体制问题。无论是处置"僵尸企业"、降低企业成本、化解房地产库存、提升有效供给还是防范和化解金融风险，解决的根本办法都是依靠改革创新。[21]

（五）新发展理念

党的十八届五中全会提出了创新、协调、绿色、开放、共享的发展理念。有的专家认为："创新、协调、绿色、开放、共享的发展理念，充分反映了党的十八大以来中国共产党治国理政的新理念、新思想和新战略，对关于发展的目的、方式、路径、着力点、衡量和共享等方面的问题做出了全面回应，具体体现了目标导向与问题导向的统一。"[22]有的论著也指出，新发展理念集中反映了我们党对我国经济社会发展规律认识的深化，是中国特色社会主义经济发展理论的最新成果，是改革开放 40 年来党领导中国特色社会主义经济发展的理论结晶，是马克思主义发展观的继承与创新，是我国未来经济发展的基本理论遵循和实践指南。[23]

参考文献

[1] 毛泽东：《论十大关系》，《毛泽东选集》（第5卷），人民出版社1977年版。

[2] 陈云：《陈云文选（1956—1985）》，人民出版社1986年版，第13页。

[3] 孙冶方：《把计划和统计放在价值规律基础上》，《经济研究》1956年第6期。

[4] 顾准：《试论社会主义制度下的商品生产和价值规律》，《经济研究》1957年第3期。

[5] 于光远：《关于社会主义制度下的商品生产问题的讨论》，《经济研究》1959年第7期。

[6] 沈志远：《关于按劳分配的几个问题》，《文汇报》1962年8月30日。

[7] 邓小平：《邓小平文选》（第3卷），人民出版社1993年版，第252页。

[8] 薛暮桥：《薛暮桥回忆录》，天津：天津人民出版社1996年版，第349页。

[9] 谷书堂、蔡继明：《论社会主义初级阶段的分配原则》//中宣部：《理论纵横》上篇，石家庄：河北人民出版社1988年版。

[10] 黄泰岩：《论按生产要素分配》，《中国经济问题》1998年第9期。

[11] 袁文祺、戴伦彰、王林生：《国际分工与我国对外经济关系》，《中国社会科学》1980年第1期。

[12] 洪银兴：《从比较优势到竞争优势》，《经济研究》1997年第6期。

[13] 世界银行：《中国利用外资的前景和战略》，中信出版社2007年版，第34页。

[14] 张卓元：《中国经济改革的两条主线》，《中国社会科学》2018年第11期。

[15] 迟福林：《把中国特色自由贸易港打造成开放新高地》，《人民日报》2019年3月21日。

[16] 卢锋等：《"一带一路"的经济逻辑》，《国际经济评论》2015年第3期。

[17] 广东国际战略研究院课题组：《中国参与全球经济治理的战略：未来10—15年》，《改革》2014年第5期。

[18] 翁东玲、汤莉：《金砖国家推进全球经济治理改革的机遇与路径》，《新视野》2017年第6期。

[19] 刘世锦等：《把提高生产率作为新常态发展主动力》//人民日报理论部编：《中国经济为什么行》，人民出版社2015年版，第177页。

[20] 王一鸣：《使创新成为发展驱动力》//人民日报理论部：《中国经济为什么行》，人民出版社2015年版，第185、186页。

[21] （记者）龚雯、许志峰、王珂：《七问供给侧结构性改革——权威人士谈当前经

济怎么看怎么干》,《人民日报》2016 年 1 月 4 日。

［22］蔡昉:《四十不惑:中国改革开放发展经验分享》,中国社会科学出版社 2018 年版, 第 73 页。

［23］张卓元、胡家勇、万军:《中国经济理论创新四十年》,中国人民大学出版社 2018 年版, 第 262 页。

新中国经济学发展的若干特点[*]

1949 年特别是 1978 年改革开放以来，伴随着经济的飞速增长和社会的日新月异，经济学研究也呈现空前繁荣景象，大量创新研究成果交替推出，在国际上影响力也与日俱增，一批又一批经济学家脱颖而出，活跃在日益增多的研究院所、大专院校、各类智库和咨询机构中，为国家的社会主义现代化建设、为经济科学的繁荣发展贡献自己的智慧和才能。纵观中国经济学 70 年的发展，笔者认为至少呈现以下几个特点：

第一，社会主义经济建设理论研究、道路选择和重大决策必须建立在正确掌握基本国情基础上。中国新民主主义革命胜利和中华人民共和国成立，是靠马克思主义和中国具体实践相结合取得的。中国社会主义建设也要靠马克思主义和中国国情相结合，才能顺利前进。70 年社会主义建设的实践证明，对中国基本国情的准确掌握，至关重要。经过近 30 年艰辛探索找到的中国特色社会主义道路，是唯一正确的选择。而中国特色社会主义正是根据中国处于而且将长期处于社会主义初级阶段这一最基本的国情确立的。1949 年以来头 30 年探索和寻找适应中国国情的社会主义建设道路过程中，中国经济建设也取得不小进展，比如 1949 年以来仅用 3 年时间就医治了多年战乱造成的巨大创伤，与此同时，没收官僚资本，发展国营经济。1952 年，中国财政经济状况根本好转，财政收支实现平衡；工业总产值比 1949 年增长 144.9%，主要工业品产量均已超过新中国成立前最高水平；农业总产值比 1949 年增长 48.5%，粮食、棉花、糖料等产量和大牲畜、猪的年底头数均超过新中国成立前最高水平。^①第一个五年计划（1953~1957 年）也相当成功，1957 年工业总产值达 783.9 亿元，比 1952 年增长 128.3%，年均增长 18%；1957 年农

---

* 《经济研究》2019 年第 9 期。
① 苏星：《新中国经济史》，中共中央党校出版社 2007 年版。

业总产值比 1952 年增长 24.8%，年均增长 4.5%。[①] 1953～1978 年，中国建立起社会主义工业化初步奠定基础，GDP 年均增速达 6.1%，高于世界平均水平。但是，由于对基本国情掌握不够好，不少举措往往超越阶段，结果欲速则不达，造成大起大落和重大损失。例如，1958 年 GDP 增长率高达 21.3%，而 1960 年、1961 年、1962 年 GDP 连续 3 年负增长，其中 1961 年竟下降 27.3%。1967 年、1968 年、1976 年 GDP 也是负增长，分别是 -5.7%、-4.1%和-1.6%。[②]

与此不同，1978 年底党的十一届三中全会以后，党的一系列改革开放的重大决策都是从确认中国仍然处于并将长期处于社会主义初级阶段这一基本国情出发作出的。正如邓小平同志 1980 年 4 月说的，"要充分研究如何搞社会主义建设的问题。现在我们正在总结建国三十年的经验。总起来说，第一，不要离开现实和超越阶段采取一些'左'的办法，这样是搞不成社会主义的。我们过去就是吃'左'的亏。第二，不管你搞什么，一定要有利于发展生产力"。[③] 1981 年 6 月党的十一届六中全会第一次明确指出："我们的社会主义制度还是处于初级的阶段。"经济学界对这方面研究也有贡献。1979 年，苏绍智和冯兰瑞率先发表文章，坦言中国并未真正建成社会主义，中国"还处在不发达阶段的社会主义，还处在社会主义的过渡时期。"[④] 于光远回忆说："1981 年我在参与起草《中共中央关于建国以来党的若干历史问题的决议》的过程中，主张要将中国仍处在'社会主义初级阶段'的判断写入文件，以便更深刻地认识走过的弯路。当时有的同志不同意这样做，还发生了争论。但最后，'社会主义初级阶段'的概念还是写进了文件。"[⑤]

正是由于大家认识到中国社会主义处于初级阶段，首先，改革开放后采取允许个体私营经济存在和发展的政策，解决了几千万甚至几亿人的就业问题，大大解放和发展了社会生产力。1997 年党的十五大进一步确立公有制为

---

① 苏星：《新中国经济史》，中共中央党校出版社 2007 年版。
② 李克穆：《中国宏观经济与宏观调控概说》，中国财政经济出版社 2019 年版。
③ 邓小平：《邓小平文选》（第 2 卷），人民出版社 1994 年版。
④ 苏绍智、冯兰瑞：《无产阶级取得政权后的社会主义发展阶段问题》，《经济研究》1979 年第 5 期。
⑤ 于光远：《背景与论题：对改革开放初期若干经济理论问题讨论的回顾》，《经济科学》2008 年第 6 期。

主体、多种所有制经济共同发展的基本经济制度，肯定个体私营经济是社会主义市场经济的重要组成部分。截至 2017 年底，中国民营企业数量超过 2700 万家，个体工商户超过 6500 万户，注册资本超过 165 万亿元。民营经济贡献了 50% 以上的税收，60% 以上的国内生产总值，70% 以上的技术创新成果，80% 以上的城镇劳动就业，90% 以上的企业数量。2018 年，当有人提出所谓"民营经济离场论""新公私合营论"时，中央领导同志及时进行批驳，明确指出，"在全面建成小康社会、进而全面建设社会主义现代化国家的新征程中，中国民营经济只能壮大、不能弱化，不仅不能'离场'，而且要走向更加广阔的舞台"。① 其实，随着人民日益增长的对美好生活的需求，生产的个性化、多样化范围的不断扩大，社会化大生产并不是我们过去想象的那样不断发展和持续地排挤小生产，规模经济效益将日渐缩减，我们到现在还看不到个体私营经济消除的前景。其次，从社会主义处于初级阶段出发，使我们认识到，社会主义商品经济和市场经济的发展，是社会经济发展不可逾越的阶段，因为迄今，由市场配置资源是最有效率的，采取计划经济体制不可能取得比资本主义更高的劳动生产率。

第二，研究和确立中期发展目标还必须切合阶段性特征。社会主义建设需要几代人甚至十几代几十代人的努力。中国是世界上人口最多的大国，研究和确立中期发展目标时首先要从社会主义处于初级阶段的基本国情出发，同时还要切合阶段性特征。党中央决定 21 世纪头 20 年全面建设小康社会就是一个非常突出的范例。

大家知道，中国改革开放后，经过 20 多年的经济高速增长，到 21 世纪末人民生活总体上达到小康水平。2002 年在起草党的十六大报告时，对于 21 世纪头 20 年的发展目标如何确定，曾有不同的设想，有的地方和有的同志曾提出把加快实现现代化作为目标，而多数同志则认为，我们当时已经达到的小康，还是低水平的小康、不全面的小康、发展很不平衡的小康。即使东部沿海地区，大城市与山区、农村之间，发展水平也有相当大的差距。据统计，到 2000 年底，在全国除市辖区以外的 2000 多个县级单位中，未达温饱线的占 22.8%，居温饱线和小康线之间的占 63.2%，居小康线和比较富裕线之间

---

① 习近平：《在民营企业座谈会上的讲话》（2018 年 11 月 1 日）。

的占 13.7%，达到比较富裕线的只占 0.3%。[1] 根据上述阶段性特征，中国那时还没有达到可以全面开启建设现代化经济体系的条件。党的十六大报告明确提出，"我们要在本世纪头二十年，集中力量，全面建设惠及十几亿人口的更高水平的小康社会，使经济更加发展、民主更加健全、科教更加进步、文化更加繁荣、社会更加和谐、人民生活更加殷实。这是实现现代化建设第三步战略目标必经的承上启下的发展阶段，也是完善社会主义市场经济体制和扩大对外开放的关键阶段。经过这个阶段的建设，再继续奋斗几十年，到本世纪中叶基本实现现代化，把我国建成富强民主文明的社会主义国家"。全面建设小康社会，符合中国国情和社会主义初级阶段的阶段性特征，有利于动员全国各族人民为中华民族的发展壮大贡献力量。在对外宣传上，确立这样的中期发展目标也不张扬，符合邓小平同志关于集中力量把我们自己的事情办好的战略思想，有利于在国际上树立我们致力于和平与发展、维护世界和平与促进共同发展的坚定力量的良好形象。

21 世纪以来直到 2018 年底的实践证明，21 世纪初全面建设小康社会的决策是科学合理的。2000 年，中国的人均 GNI（国民总收入）接近 1000 美元，2001 年突破 1000 美元，到 2018 年则跃升至 9732 美元。改革开放 40 年来，中国贫困人口累计减少 7.4 亿，贫困发生率下降了 94.4 个百分点。到 2020 年全面建成小康社会时，我国将实现全部贫困人口脱贫。2002 年，当时估计 2020 年经济建设的最重要的成就是人均国内生产总值达到和超过 3000 美元，并认为这是全面建成小康社会的根本性标志。[2] 实际执行结果是大大超过了当时的设想，这也从一个方面显示中国改革开放后呈现的令世人瞩目的"增长奇迹"。可见，全面建设小康社会理论，是实事求是的典范，具有鲜明的中国特色，是中国特色社会主义理论体系的重要组成部分。

第三，改革发展任务带动学科建设和发展。新中国经济学的大繁荣是由社会主义建设特别是改革开放发展的伟大任务带出来的。社会主义建设要问题导向，经济学发展则是任务导向，为解决时代提出的任务而进行探索，寻找客观内在的规律性。

中华人民共和国成立初期，各方面一直在探索走中国自己的社会主义建

---

① ② 本书编写组：《党的十六大报告学习辅导百问》，党建读物出版社、人民出版社 2002 年版。

设道路，也有不少研究成果。改革开放初期，改革传统的计划经济体制，我们是摸着石头过河，引入市场机制搞活经济，但是没有设定具体目标。所以在1992年确立社会主义市场经济体制改革目标前，各方面特别是经济学界对计划与市场关系、社会主义经济是否具有商品经济属性、社会主义能不能搞市场经济等问题，展开了热烈的讨论，争论是很激烈的。由于市场取向改革成效显著，经济快速增长，市场日益繁荣，人民生活迅速改善，加上党中央和邓小平的积极倡导和大力支持，经过十几年的努力探索，1992年党的十四大确立社会主义市场经济体制的改革目标，并得到社会各界包括经济学界的认同和拥护，从而确立了社会主义市场经济论。这一重大理论创新开拓了中国特色社会主义经济理论的视野。紧接着，随着改革开放后特别是1992年后的迅猛发展，1997年党的十五大报告确立了公有制为主体、多种所有制经济共同发展的基本经济制度，2002年党的十六大报告又进一步提出两个毫不动摇（毫不动摇地巩固和发展公有制经济，毫不动摇地鼓励、支持和引导非公有制经济发展），从而确立了比较完备的社会主义基本经济制度理论。

社会主义市场经济理论随着市场化改革的不断深化而日益丰富和发展，其中最突出的是2013年提出了市场在资源配置中起决定性作用，取代此前沿用了21年的基础性作用，使社会主义市场经济理论和实践更加完善。还有提出市场经济的法治化。1997年党的十五大报告提出依法治国方略后，一些经济学家就提出建立法治市场经济的构想。① 2014年党的十八届四中全会进一步作出《关于全面推进依法治国若干重大问题的决定》，社会主义市场经济是法治经济已成为理论界共识。

任务带学科的另一个突出事例是随着中国经济腾飞和社会全面进步，除了理论经济学包括中国特色社会主义政治经济学成为经济学研究的大热门外，各种应用性强的部门经济学、专业经济学像雨后春笋般涌现出来，成为新的研究热门。产业经济学、金融学、财政学、税收学、会计学、审计学、国际贸易学、数量经济学、技术经济学、人口经济学、劳动经济学、消费经济学、区域经济学、城市经济学、生产力经济学、资源环境经济学、生态经济学、教育经济学、卫生经济学、体育经济学、比较经济学、制度经济学、工商管

---

① 吴敬琏：《呼唤法治的市场经济》，生活·读书·新知三联书店2007年版。

理学、市场营销学、电子商务学、家政服务学等，不胜枚举，都在社会巨大需求的推动下得到很大发展。

第四，与时俱进，不断丰富和发展中国特色社会主义经济理论。新中国经济学的精髓是中国特色社会主义经济理论，这一理论是随着中国改革开放和发展的实践而不断丰富和发展的。

这方面最突出的当数我们对于发展问题的认识是不断深化的。1992 年，邓小平同志提出著名的发展是硬道理的重大战略思想。接着以江泽民同志为核心的党中央提出了必须把发展作为党执政兴国的第一要务，不断开创现代化建设的新局面。21 世纪初，鉴于中国长时期粗放式发展，付出的资源环境代价过大，资源和环境对经济增长的瓶颈制约越来越突出，以胡锦涛为总书记的党中央于 2003 年提出了坚持以人为本，树立全面、协调、可持续的科学发展观。相应地提出要求转变经济增长和发展方式，建立资源节约型和环境友好型社会，促进经济增长由主要依靠投资、出口拉动向依靠消费、投资、出口协调拉动转变，由主要依靠第二产业带动向依靠第一、第二、第三产业协同带动转变，由主要依靠增加物质资源消耗向主要依靠科技进步、劳动者素质提高、管理创新转变，强调转向创新驱动发展。

2008 年国际金融危机爆发后，中国出口迅速增长势头受阻，转方式调结构任务更显突出。2012 年党的十八大以后，中国经济逐步进入新常态。习近平总书记概括了经济新常态的三个特点："一是从高速增长转为中高速增长。二是经济结构不断优化升级，第三产业、消费需求逐步成为主体，城乡区域差距逐步缩小，居民收入占比上升，发展成果惠及更广大民众。三是从要素驱动、投资驱动转向创新驱动。"2013 年以来的实践，印证了上述判断。2015 年中央关于制订"十三五"规划建议提出，必须牢固树立创新、协调、绿色、开放、共享的发展理念。新发展理念是我们对于发展理论的最新研究成果，是中国发展理论的又一次重大创新。坚持创新发展、协调发展、绿色发展、开放发展、共享发展，对中国发展全局具有重要现实意义和深远的历史意义，是我国全面建成小康社会、建设现代化经济体系的指路明灯。

中国特色经济理论的创新与演进[*]

1979 年改革开放后形成的中国特色社会主义理论、社会主义市场经济理论等，是对经济科学的划时代贡献。

第一是社会主义市场经济论。

第二是社会主义基本经济制度理论。

第三是按劳分配为主体、多种分配方式并存的理论。

第四是宏观经济调控理论。

第五是对外开放理论。

第六是经济发展理论的不断深化和演进。

70 年来，在中国共产党领导下，中国社会经济面貌发生了翻天覆地的变化，从饱受列强欺凌积贫积弱一跃而起，成为世界上举足轻重的经济大国、科技大国、文化大国。在这一大背景下，中国经济学也大步走向繁荣和发展，特别是 1979 年改革开放后形成的中国特色社会主义理论、社会主义市场经济理论等，更是对经济科学的划时代贡献。

第一是社会主义市场经济论。

改革开放一开始，各方面都认识到社会主义经济建设必须尊重价值规律，引入市场机制。这就必须逐步放开价格，放开市场，发展商品生产和交换。

在 1979 年全国第二次经济理论研讨会上，不少经济学家都认为社会主义经济也是一种商品经济，或者具有商品经济的属性，竞争是社会主义经济内在机制，价值规律调节生产和流通，企业应是相对独立的商品生产者和经营者等。改革初期广东等改革先行地区放开蔬菜、水果、水产品价格后，这些产品像泉水般涌出的活生生事实，使大家看到了市场机制的"魔力"。

1984 年党的十二届三中全会通过的《关于经济体制改革的决定》明确指

---

[*] 《经济参考报》2019 年 9 月 25 日。

出，社会主义经济是"公有制基础上有计划的商品经济"，对此前理论界关于社会主义经济是否具有商品经济属性的争论作了肯定的结论。此后，以放开价格和建设各种各类市场为中心的市场化改革逐步展开，国民经济迅速活跃起来。

1992 年，邓小平在南方讲话中指出计划经济和市场经济都不是区分社会制度的本质区别，计划和市场都是经济手段。1991 年 10~12 月，江泽民同志在北京召开十一次专家座谈会，酝酿和建议采用"社会主义市场经济体制"提法。1992 年党的十四大确立社会主义市场经济体制改革目标，提出使市场在国家宏观调控下对资源配置起基础性作用。

2013 年，党的十八届三中全会决定用市场在资源配置中起"决定性作用"，代替已经沿用 21 年的起"基础性作用"。这标志着社会主义市场经济论又一重大进展。

第二是社会主义基本经济制度理论。

我国著名经济学家薛暮桥 1979 年就针对当时全国城镇待业人员已达2000 多万人，影响社会安定的实际情况，勇敢地提出发展多种经济成分、广开就业门路的建议。明确提出，"在目前，留一点个体经济和资本主义的尾巴，可能利多害少"。1980 年底，"个体工商户营业执照"开始发放。当年年底全国从事个体经济人数达到 81 万。到 1985 年，城乡从事个体经营从业人员已达 1766 万人。2017 年，个体工商户已超过 6500 万户。

引进和利用外资。1980 年正式在深圳、珠海、汕头和厦门创办经济特区。办特区是为了吸收利用外资，引进先进技术和管理经验，扩展对外贸易。1979~1984 年，实际使用外资 142 亿美元。1988 年起，每年实际使用外资都在 100 亿美元以上，1997 年达 644 亿美元，其中外商直接投资 453 亿美元。

在公有制经济改革方面，中国经济改革是从农村起步的，1978 年底，安徽省凤阳县小岗村 18 户农民自发实行包干到户后，到 1983 年底，短短几年，全国 98% 的农村集体都实行了家庭联产承包责任制，实现农村土地集体所有权和农户承包权的分离。与此同时，乡镇企业异军突起。1996 年，乡镇企业从业人员达 1.35 亿，增加值达 1.8 万亿元。

国有企业改革从扩大企业自主权开始，先是下放一些生产经营权限，实行利改税和承包制等。1993 年，党的十四届三中全会确定国有企业改革以建立现代企业制度为方向。

根据改革开放以来中国所有制结构变化情况，1997年，党的十五大报告指出，公有制为主体、多种所有制经济共同发展，是我国社会主义初级阶段的一项基本经济制度。

第三是按劳分配为主体、多种分配方式并存的理论。

在分配理论方面最大突破是提出了社会主义社会除了要实行按劳分配以外，还要按其他生产要素进行分配。最早提出按要素分配的是谷书堂和蔡继明教授。他们1988年就提出了按劳分配与按生产要素分配相结合的观点。当时有一些经济学家不赞成他们的观点，展开过相当热烈的讨论。不久，随着社会主义市场经济体制改革目标的确立，按生产要素分配逐渐被党的文件确认。1997年，党的十五大报告指出，"坚持按劳分配为主体、多种分配方式并存的制度。把按劳分配和按生产要素分配结合起来"。2002年，党的十六大报告指出，"确立劳动、资本、技术和管理等生产要素按贡献参与分配的原则，完善按劳分配为主体、多种分配方式并存的分配制度"。此后党的文献一直坚持这一分配制度。

按生产要素参与分配，会不会违背马克思主义的劳动价值论？这是经济学家们关注的问题。1998年就有经济学家指出，按要素分配并不违背劳动价值论。劳动价值论是指商品价值由人的活劳动创造，它涉及的是生产领域，而按生产要素分配是指在生产过程中创造的价值如何分配，它涉及的是分配领域，根本不涉及价值是如何创造的。萨伊的要素参与分配理论是要素创造价值，而我们所说的要素参与分配，并不涉及要素创造价值，而是指要素在形成财富中的作用。

第四是宏观经济调控理论。

传统的社会主义经济理论没有宏观经济和微观经济的概念，不存在宏观经济调控理论。计划经济时期实行的是指令性计划管理，不存在宏观调控问题。改革开放后，农民有了生产经营自主权，个体和私营经济是自主经营自负盈亏的，国有企业也开始有一定的生产经营自主权，总的说是微观经济开始放活了，这就要求宏观经济管理要跟上去，使之活而不乱。

1985年9月2~7日，中国社会科学院、中国经济体制改革研究会、世界银行在"巴山"号游轮上联合举办了"宏观经济管理国际讨论会"，来自西方和东欧的著名学者和中国的知名决策咨询专家，就中国经济改革中碰到的宏观经济管理问题进行深入探讨。

1993 年，党的十四届三中全会提出，宏观调控的主要任务是：保持经济总量的基本平衡，促进经济结构的优化，引导国民经济持续、快速、健康发展，推动社会全面进步。宏观调控主要采取经济办法，近期要在财税、金融、投资和计划体制的改革方面迈出重大步伐，建立计划、金融、财政之间相互配合和制约的机制，加强对经济运行的综合协调。

2013 年，党的十八届三中全会决定对健全宏观调控体系做出更全面的论述，指出，"宏观调控主要任务是保持经济总量平衡，促进重大经济结构协调和生产力布局优化，减轻经济周期波动影响，防范区域性、系统性风险，稳定市场预期，实现经济持续健康发展"。

第五是对外开放理论。

改革开放前，中国经济学家关于对外经济问题的研究甚少。那时，一般是重复斯大林在《苏联社会主义经济问题》一书中提出的"两个平行的世界市场理论"，尽管在具体实践中没有完全按照斯大林的教条，但对外贸易特别是与资本主义国家的经贸关系很不发达，处于半封闭状态。

1979 年实行改革开放后，开始在广东深圳、珠海、汕头和福建厦门建立经济特区。特区经济发展以吸引外资为主，产品主要外销。此后，中国对外开放由东到西，由来料加工放开制造业到逐步放开服务业等，发展为实行高水平全方位对外开放。对外开放初期，社会各界对打开国门搞建设有争论。邓小平旗帜鲜明地支持兴办特区、利用外资、搞来料加工等，并于 1992 年提出了著名的"三个有利于"原则。在这一背景下，我国经济学界积极展开对外开放理论的研究。

2001 年 11 月中国加入世界贸易组织，这是中国顺应经济全球化潮流的重大举措，具有里程碑式意义。在加入世界贸易组织谈判过程中，有些人忧心忡忡，怕加入世界贸易组织影响国家经济安全，许多产业会受到大的冲击。但加入世界贸易组织后实践表明，加入世界贸易组织对中国利大于弊，原来的许多担心并未出现。加入世界贸易组织后，中国的经济总量、对外贸易、利用外资、外汇储备等一段时间增速都加快了。开放还促进了改革，加入世界贸易组织使中国一大批同市场经济通行规则相抵触的法律法规得以废止和修正。

2013 年，党的十八届三中全会决定提出构建开放型经济新体制。首先是放宽投资准入，对外商投资实行准入前国民待遇加负面清单管理模式。推进金融、教育、文化、医疗等服务业领域有序开放，放开育幼养老、建筑设计、会计审计、商贸物流、电子商务等服务业领域外资准入限制，进一步放开一般服务业。

2013 年 9 月和 10 月，习近平同志先后提出共建"一带一路"的重大倡议。截至 2019 年 3 月底，中国政府已与 125 个国家和 29 个国际组织签署 173 份合作文件。据商务部材料，到 2018 年初，中国对"一带一路"投资已超过 600 亿美元。2017 年，中国与"一带一路"相关国家进出口总额 1.1 万亿美元；2018 年，进出口总额 83657 亿元人民币。

第六是经济发展理论的不断深化和演进。

党的十八大后中国经济进入新常态，在创新、协调、绿色、开放、共享新发展理念指引下持续稳定增长。

2014 年 11 月 9 日，习近平总书记在亚太经合组织工商领导人峰会演讲时指出，"中国经济呈现出新常态，有几个主要特点：一是从高速增长转为中高速增长。二是经济结构不断优化升级，第三产业、消费需求逐步成为主体，城乡区域差距逐步缩小，居民收入占比上升，发展成果惠及更广大民众。三是从要素驱动、投资驱动转向创新驱动。新常态将给中国经济带来新的发展机遇"。新常态最显著的特征是经济增速换挡，从近两位数高速增长转换为 7% 左右的中高速增长，而其实质则是经济转型主要是发展方式转变，从注重数量扩张转为追求质量效益。

2015 年底，中央经济工作会议又进一步提出"供给侧结构性改革"任务，并明确 2016 年主要抓好去产能、去库存、去杠杆、降成本、补短板五大任务。供给侧结构性改革就是为了落实转变经济发展方式，从要素驱动、投资驱动转向创新驱动。2015 年党的十八届五中全会，习近平总书记提出了创新、协调、绿色、开放、共享五大发展理念，其中创新是第一位的。

新常态、供给侧结构性改革、新发展理念，成为 2014 年以来中国经济学界讨论的热点。

首先，如何认识新常态？一些经济学家认为，新常态不完全是增度换挡，更主要是经济要转型。经济转型主要是发展方式的转变和经济结构的优化升级，同时，居民的收入水平也要随着经济发展得到同步提升。有的专家提出，应把提高生产率作为新常态发展主动力。"在我国经济过去三十多年的高速增长中，生产率提高作出了重要贡献。最近几年我国生产率提高速度放缓，是成功追赶型经济体普遍经历的规律性现象，也是我国经济发展达到新水平的表现。但这也提醒我们，今后应通过全面深化改革，充分释放生产率提高潜力，使生产率提高成为新常态下经济发展的主动力。"

其次，关于供给侧结构性改革。推进供给侧结构性改革是以习近平为总书记的党中央在综合分析世界经济长周期和我国发展阶段性特征及其相互作用的基础上，集中全党和全国人民智慧，从理论到实践探索的结晶。

从"三期叠加"到"经济新常态"，再到供给侧结构性改革，是一个不断探索、深化认识的过程。

再次，关于新发展理念。有的专家认为，"创新、协调、绿色、开放、共享"的发展理念，充分反映了党的十八大以来中国共产党治国理政的新理念、新思想和新战略，对关于发展的目的、方式、路径、着力点、衡量和共享等方面的问题做出了全面回应，具体体现了目标导向与问题导向的统一。

最后，建设现代化经济体系。2017年10月，党的十九大报告提出了建设现代化经济体系的任务，指出"我国经济已由高速增长阶段转向高质量发展阶段，正处在转变发展方式、优化经济结构、转换增长动力的攻关期，建设现代化经济体系是跨越关口的迫切要求和我国发展的战略目标"。

努力构建中国特色社会主义政治经济学[*]

摘　要：新中国经济学研究所取得的重大进展和创新，为构建中国特色社会主义政治经济学奠定了基础。其中，最重要的是社会主义市场经济理论，而中国发展经济学和其他经济学科的建设及其成果，可以而且正在不断丰富社会主义市场经济理论，增强其有效性、科学性。目前中国特色社会主义政治经济学仍处于理论构建阶段，包括范畴概念构建、主线确立、逻辑结构合理化、"四梁八柱"的完善，特别是对现代化经济体系建设经验的积累总结和概括等，尚未形成比较公认的以社会主义市场经济论为主体的中国特色社会主义政治经济学的系统体系。只有在我们进入高收入国家行列，成为发达经济体以后，社会主义市场经济论和中国特色社会主义政治经济学才能逐渐成为系统的、完整的、逻辑结构严密的，并且在世界上有充分说服力的理论体系。与此同时，在构建中国特色社会主义政治经济学乃至推进整个中国经济学发展与创新的过程中，尤其要注意善于融通古今中外各种学术资源。

关键词：中国特色社会主义政治经济学；社会主义市场经济理论；中国特色发展经济学

一、新中国经济学研究的八大进展

讨论构建中国特色社会主义政治经济学，可从新中国经济学研究的重大进展和创新谈起。

1949 年以来，在中国共产党的领导下，中国社会经济面貌发生了翻天覆

---

* 《经济思想史学刊》2021 年第 1 期。

地的变化，从饱受列强欺凌、积贫积弱，一跃而起成为世界上举足轻重的经济大国、贸易大国、科技大国、文化大国。在这一历史巨变过程中，中国经济学也得到了空前的发展和繁荣：一方面，70多年来新中国经济建设的历史成就和经验积累，为经济学家的研究工作提供了极为丰富的资源和研究对象；另一方面，党尊重知识、尊重人才的政策和百花齐放、百家争鸣的方针，为中国经济学家施展才能提供了最广阔的舞台。

概括而言，新中国经济学研究的进展和创新主要体现在八个方面：

第一，在马克思主义基本原理指导下，努力探索中国自己的社会主义建设道路，并在改革开放过程中确立了社会主义初级阶段理论，开辟和形成了唯一正确的中国特色社会主义道路和制度，找到了最有效的社会主义现代化建设道路。

第二，计划与市场的关系是中国经济学界研讨的第一大热点，其突出成果是确立了社会主义市场经济理论。

第三，所有制理论取得重大突破，确认公有制为主体，多种所有制经济共同发展，平等竞争，股份制和混合所有制是公有制的有效实现形式。

第四，分配理论取得重大创新，确认按劳分配为主体，劳动、土地、资本、技术、数据、管理等生产要素按贡献参与分配，明确坚持走共同富裕的道路。

第五，国民经济从封闭、半封闭走向开放，以开放促改革、促发展，"引进来"与"走出去"互相结合，建设高水平开放型经济新体制，逐步形成顺应经济全球化的对外开放理论。

第六，经济增长与发展理论越来越受重视，从提出四个现代化、发展是硬道理、发展是第一要务、科学发展观到新发展理念，不断深化和与时俱进。进入21世纪后还着力研究中国经济长时期高速增长奇迹。

第七，构建中国特色社会主义政治经济学的"四梁八柱"。

第八，经济学方法重大革新，注重创新，紧密联系实际，充分吸收现代经济学有用成果，重视实证研究和数量分析，勇于提出各种对策建议，各种评比和奖励活动逐步展开（张卓元、张晓晶，2019）。

在这八大进展中，最突出的是社会主义市场经济理论。社会主义市场经济理论的创立和发展，是改革开放后中国共产党推行解放思想、实事求是思想路线的伟大创举，是科学社会主义理论的重大突破，是中国共产党和马克思主义经济学家对经济学的划时代贡献。而这一理论的形成，也经历了长期的探索，是在中国社会主义建设事业的发展进程中逐步萌芽、确立和发展成熟的。改革开放 40 多年来，中国经济的飞速发展和人民生活水平的大幅提升，充分证明了这一崭新理论的科学性。改革开放前，我国经济学界就一再热烈讨论过社会主义商品生产和价值规律作用问题。改革开放一开始，党和政府，还有经济学界，都认识到社会主义经济建设必须尊重客观经济规律，首先是价值规律，必须引入市场机制。1979 年，在全国第二次经济理论研讨会上，不少经济学家认为社会主义经济也是一种商品经济，或者具有商品经济的属性，竞争是社会主义经济的内在机制，价值规律调节生产和流通，企业应是相对独立的商品生产者和经营者。1984 年党的十二届三中全会通过的《关于经济体制改革的决定》，明确指出社会主义经济是在"公有制基础上的有计划的商品经济"，对此前理论界关于社会主义经济是否具有商品经济属性的争论作了肯定的结论。1992 年，邓小平在南方讲话中指出，计划经济和市场经济不是区分社会制度的本质区别，计划和市场都是经济手段。1992 年，党的十四大确立了社会主义市场经济体制的改革目标，提出要使市场在国家宏观调控下对资源配置起基础性作用。1993 年，党的十四届三中全会明确了社会主义市场经济体制的"四梁八柱"。从此，社会主义市场经济理论逐渐成为大家的共识。

2003 年，党的十六届三中全会通过了《中共中央关于完善社会主义市场经济体制若干问题的决定》，要求对初步建立起来的社会主义市场经济体制进行完善。2013 年，党的十八届三中全会通过了《中共中央关于全面深化改革若干重大问题的决定》，指出经济体制改革是全面深化改革的重点，核心问题是处理好政府和市场的关系，使市场在资源配置中起决定性作用和更好发挥政府作用。这个"决定性作用"的表述，替代了从党的十四大以来已经沿用 21 年的"基础性作用"的表述，这是社会主义市场经济理论的又一重大进展，是社会主义市场经济理论走向成熟、走向完善的重要标志。

正是由于中华人民共和国成立后，特别是改革开放以后，经济学研究取得上述一系列进展，社会主义市场经济理论逐渐走向成熟，从而为党的十八大以后正式提出构建中国特色社会主义政治经济学做了比较充分的理论准备。

二、如何构建中国特色社会主义政治经济学

改革开放后，邓小平最早提出写中国的政治经济学的问题。1984 年 10 月 22 日，邓小平在中央顾问委员会第三次全体会议上的讲话指出，"比如《关于经济体制改革的决定》,① 前天中央委员会通过这个决定的时候我讲了几句话，我说我的印象是写出了一个政治经济学的初稿，是马克思主义基本原理和中国社会主义实践相结合的政治经济学，我是这么个评价"（邓小平，1993）。

党的十八大以后，随着我国社会主义市场经济的快速发展和经验积累，党中央和习近平总书记明确提出了构建中国特色社会主义政治经济学的重大历史任务，并作出了一系列重要论述。2015 年 11 月 23 日，习近平总书记在中共中央政治局第二十八次集体学习时强调，立足我国国情和我国发展实践，发展当代中国马克思主义政治经济学。2016 年 7 月 8 日，习近平总书记在主持召开经济形势专家座谈会时指出，坚持和发展中国特色社会主义政治经济学，要以马克思主义政治经济学为指导，总结和提炼我国改革开放和社会主义现代化建设的伟大实践经验，同时借鉴西方经济学的有益成分。中国特色社会主义政治经济学只能在实践中丰富和发展，又要经受实践的检验，进而指导实践。要加强研究和探索，加强对规律性认识的总结，不断完善中国特色社会主义政治经济学理论体系，推进充分体现中国特色、中国风格、中国气派的经济学科建设。2017 年 5 月，中共中央印发了《关于加快构建中国特色哲学社会科学的意见》，提出要加快构建中国特色哲学社会科学学科体系。巩固马克思主义理论一级学科基础地位，加强哲学社会科学各学科领域马克思主义相关学科建设，实施高校思想政治理论课建设体系创新计划，发展中国特色社会主义政治经济学，丰富发展马克思主义哲学、政治经济学、科学社会主义。

---

① 这个决定突破了把计划经济同商品经济对立起来的传统观念，指出中国社会主义经济是公有制基础上的有计划的商品经济。

中国特色社会主义政治经济学是中国特色社会主义经济学的最重要组成部分，也是构建中国特色哲学社会科学的重要方面。围绕着中国特色社会主义政治经济学的源流、研究对象、体系构建和研究重点，中国经济学界在党的十八大以后讨论得非常热烈。

在笔者看来，中国特色社会主义政治经济学，其核心内容就是社会主义市场经济理论，这是同资本主义政治经济学和传统社会主义政治经济学有根本区别的崭新的政治经济学。社会主义市场经济理论是中国改革开放以来最主要的理论创新。因此，贯穿中国特色社会主义政治经济学的红线是社会主义与市场经济的结合，公有制与市场经济的结合。社会主义市场经济是在社会主义条件下发展市场经济，而社会主义是以公有制为主体的。所以必须找到公有制与市场经济结合的方式和途径。经过多年的探索，我们已找到了股份制（现代公司制）和混合所有制作为公有制，特别是国有制的有效实现形式，从而找到了公有制，特别是国有制与市场经济相结合的方式和途径，这也就意味着我们找到了社会主义市场经济论立论的基础，打破了长时期流行的所谓社会主义与市场经济不相容、公有制与市场经济不相容的陈腐教条。

社会主义市场经济理论经过多年的研究和实践检验，已经初步搭建起有"四梁八柱"支撑的大厦。其中包括所有制结构（公有制为主体、多种所有制经济共同发展）、经济运行机制（市场决定资源配置和政府的宏观调控等）、分配制度（人人共享发展成果和逐步走向共同富裕）、社会保障安全网、全方位对外开放等。在深化社会主义市场经济改革和发展社会主义市场经济进程中，我国还出现了许多具有中国特色的范畴和概念，也很值得在构建中国特色社会主义政治经济学时研究和吸取，如小康社会、承包制（农村家庭联产承包责任制、国营企业承包制、财政包干制等）、抓大放小、职工下岗分流、双轨制、股份合作制、股权分置、地方政府竞争、土地财政、地方政府经营城市、摸着石头过河、三权分离（农村土地集体所有权、农户土地承包权、农村土地经营权分离）、乡镇企业异军突起、小产权房、地方对口支援、精准扶贫、两不愁三保障、老三会（党委会、工会、职工代表大会）和新三会（股东会、董事会、监事会）并存等。随着社会主义市场经济的持续发展，社会主义市场经济理论将进一步完善和成熟。这就为系统地构建中国特色社会主义政治经济学提供了最重要的条件。

构建中国特色社会主义政治经济学还要很好地吸收中国特色发展经济学的重要成果。改革开放后，由于调整了生产关系和上层建筑阻碍生产力发展的一些环节，引入市场机制，建立了社会主义市场经济体制，进入21世纪后又强调创新驱动发展，使得中国经济持续迅速腾飞。1979~2018年，按不变价计算，中国GDP（国内生产总值）年均增速高达9.4%，而且这40年经济都是正增长，没有出现过负增长。1949年以前，中国是世界上最贫穷落后的国家之一，受欧美列强侵略欺凌了一百多年，积贫积弱。中华人民共和国成立后，改变贫穷落后的面貌、实现中华民族伟大复兴一直是中国人民最迫切的愿望。在中国共产党的领导下，这个崇高愿望正在一步一步成为现实。1952年，我国人均GDP只有52美元，1978年为200美元，远低于世界平均水平，改革开放后急起直追，2019年和2020年已突破10000美元，接近世界平均水平。1978年，我国GDP只占世界总量的1.8%，而到2020年，已跃增至占世界总量的17%（《辉煌70年》编写组，2019；陆娅楠，2021）。

2010年起，中国已成为世界第二大经济体。2020年，中国已全面建成小康社会，人均GDP超过10000美元，农村人口全部脱贫。2021年起，开启全面建设社会主义现代化新征程；计划到2035年基本实现社会主义现代化，进入高收入和发达经济体行列；到2050年把我国建成富强民主文明和谐美丽的社会主义现代化强国。中国经济长期高速增长的奇迹，正在呈现出一个崭新的发展经济学，即一个落后的国家，可以不通过资本主义市场经济的发展阶段，可以在社会主义条件下发展市场经济，逐步而又快速地走向现代化，成长为发达的经济体，实现从二元经济结构向现代化经济结构的根本转变。这就向全世界仍然处于发展中的一百多个国家和经济体提供了一个全新的发展道路选择。

除了社会主义市场经济理论和中国特色发展经济学之外，我们还有很多学科都可以很好地构建，比如财政学、金融学、生态经济学、区域经济学、城市经济学、产业经济学、国际经济学、共享经济学、消费经济学等，但从构建中国特色社会主义政治经济学来说，社会主义市场经济理论和发展经济学无疑是最为重要的。上述应用经济学和专业经济学学科体系、学术体系和话语体系的建设，同样不可能一蹴而就，从理论构建到形成系统成熟的理论体系都还需要一个过程。其中很重要的一点，就是如何提炼理论范畴和概念，形成可以在理论上一以贯之的分析主线。这些学科的研究成果，也可以丰富社会主义市场经济理论体系。比如，财政学和金融学的研究成果，就能有效地丰富社会主义市场经济理论中的宏观经济调控理论，也有利于在实践中完善宏观调控政策和改善宏观经济调控工作。

由上可以看到，中国发展经济学和其他经济学科的建设及其成果，可以而且正在不断丰富社会主义市场经济理论，增强其有效性、科学性，从而为构建中国特色社会主义政治经济学作出自己的贡献。

与此同时，还要认识到，中国特色社会主义政治经济学到2020年仍处于理论构建阶段，包括范畴概念构建、主线确立、逻辑结构合理化、"四梁八柱"的完善，特别是对现代化经济体系建设经验的积累总结和概括，等等。大家知道，马克思在《资本论》中，从分析商品开始，分析生产商品的劳动两重性——具体劳动和抽象劳动，分析商品的使用价值和价值，进而分析商品和货币的对立、货币转化为资本、剩余价值的生产、剩余价值的分配，从而揭示了资本主义生产方式中资本与劳动的对立；而叙述则从直接生产过程到流通过程，再到生产总过程，其逻辑特别清晰、严密，令人信服。而我们现在要构建中国特色社会主义政治经济学，就要像马克思写《资本论》那样，寻找适当的逻辑起点，然后展开分析和论述。这是一个比较艰巨的任务。所以，总体而言，我们尚未形成比较公认的以社会主义市场经济论为主体的中国特色社会主义政治经济学的完整且系统的体系，而是仍然处于构建阶段、确立"四梁八柱"和整体装饰阶段。笔者一直认为，只有在我们进入高收入国家行列，成为发达经济体以后，社会主义市场经济论和中国特色社会主义政治经济学才能逐渐成为系统的、完整的、逻辑结构严密的并且在世界上有充分说服力的理论体系。因为只有在成为发达经济体之后，才能说明我们的理论经受住了时间和实践的考验，证明社会主义市场经济论和中国特色社会主义政治经济学体系是成功的、正确的、无可辩驳的。也就是说，有成熟的现代化经济体系，才能有成熟的经济理论体系，才能更好地概括出中国特色社会主义政治经济学理论体系。

那么中国还要多久才能达到上述发展目标？事实上，我们现在的发展水平离发达的经济体已经非常接近了，所需时间不会太久。首先是要达到高收入国家水平，按照世界银行 2020 年颁布的标准，人均 GNI（国民总收入）①超过 12535 美元的国家，属于高收入国家。2020 年 10 月底，党的十九届五中全会审议通过了《中共中央关于制定国民经济和社会发展第十四个五年规划和二〇三五年远景目标的建议》（以下简称"《建议》"），按照该《建议》，"十四五"是中国经济社会发展的一个转折点，是小康社会全面建成之后直接奔向现代化的转折点。"十四五"时期，我们可以跨过人均 GNI 12535 美元这个世界银行所设定的高收入国家门槛。2020 年，我国的人均 GNI 已经超过了 1 万美元，在正常情况下，在此后五年时间内实现人均 GNI 12535 美元这个目标是不会有悬念的。

但更为重要的，是在 2035 年基本实现现代化（以人均 GDP 2 万美元为标准），开始进入发达经济体行列，这是更为重要、更具有说服力和更值得期待的目标。按照世界银行的标准，高收入国家也只是一个发展阶段的标志，进入高收入国家行列比进入发达经济体行列的发展水平和人均 GDP 要低。"十四五"规划最重要的目标就是指出了 2020 年全面建成小康社会以后，要全面开启现代化建设，为经济发展和国家治理等多方面指明了往前走的方向。总体上，"十四五"规划既坚持了原来的社会主义市场经济的方向，又结合了面临的新形势，提出了新目标，如指出进入新发展阶段、构建新发展格局等。2017 年，党的十九大报告提出，我国经济已由高速增长阶段转向高质量发展阶段。综合分析国际国内形势和我国发展条件，从 2020 年到 21 世纪中叶可以分两个阶段来安排。第一个阶段（2020 ~ 2035 年），在全面建成小康社会的基础上，再奋斗 15 年，基本实现社会主义现代化。第二个阶段（从 2035 年到 21 世纪中叶），在基本实现现代化的基础上，再奋斗 15 年，把我国建成富强民主文明和谐美丽的社会主义现代化强国。这就为"十四五"规划和远景目标指明了方向和要求。总体上，就是要从高速增长阶段转为高质量发展阶段，必须坚持质量第一、效益优先，以供给侧结构性改革为主线，推动经济发展质量变革、效率变革、动力变革，提高全要素生产率，着力加快建设实体经济、科技创新、现代金融、人力资源协同发展的产业体系等。

---

① 与人均 GDP 大体相当，比如 2018 年我国按全年人民币平均汇率计算的人均 GDP 为 9783 美元，当年中国人均 GNI 为 9732 美元（国家统计局，2019）。

这种转变对资源的优化配置提出了更高的要求，也要求建立更高水平的社会主义市场经济体制，有更高水平的对外开放。在高质量发展阶段，虽然也需要 GDP 增速，但不能太注重 GDP 增速，而是始终要将高质量发展放在第一位。大致测算，只要我们能保持年均 4.7% 的经济增速，未来 15 年我国经济即可翻一番，2035 年就可以达到人均 GDP 2 万美元的标准，开始进入发达经济体行列。

如果我们可以顺利地实现上述目标，那么中国特色社会主义、中国特色社会主义政治经济学、社会主义市场经济理论的科学性就无可辩驳了。因为这可以证明我们走中国特色社会主义道路、社会主义市场经济的路最终取得了成功，理论和实践就都可以表明，落后国家可以越过资本主义市场经济的发展阶段，通过走符合本国国情发展市场经济的道路而进入发达经济体行列。迄今为止，所有发达经济体都是通过走资本主义市场经济这条道路而跻身发达经济体行列的，但我们找到了一个新的实现途径，这对世界上许多发展中国家来说具有非常重要的借鉴意义。

有的观点认为，"中国道路"之所以成功，是因为有很多条件只有中国才具备，比如大国优势、党的领导，这意味着只有中国才能走通这条道路，只有中国才适用于发展社会主义市场经济，或者说，社会主义市场经济理论只适用于中国。的确，中国有中国的独有条件，有些条件也很难被其他国家复制，比如我们是个大国，市场规模超大，经济有很强的韧性，回旋余地大，东方不亮西方亮。但对于世界上广大发展中国家而言，中国社会主义市场经济的成功至少说明，原来经济落后的国家要成为发达国家，并非必须经过资本主义市场经济这个阶段，这一点就具有非常重要的借鉴意义。中国的社会主义市场经济理论和实践，可以为发展中国家提供新的发展道路，而不是只有资本主义市场经济的发展道路。当然每个国家国情不一样，必须结合自己的国情，选择符合本国国情的发展道路。中国的社会主义现代化建设，也是建立在对国情的科学判断和认识的基础上的，所谓中国特色，最重要的是我们处在社会主义初级阶段。因为是处在初级阶段，所以我们的很多方针政策、很多实践就要适合初级阶段的实际，遵循初级阶段的规律，为此我们也就有必要纠正传统社会主义经济理论的错误，对传统的计划经济体制进行改革。

三、合理借鉴西方经济理论

　　构建中国特色社会主义政治经济学、深化社会主义市场经济理论，必须首先以马克思主义为指导，这是必须明确和坚持的。改革开放以来，曾有人认为中国实行改革开放是学习西方经济学的结果。这是与事实不符的。改革开放以来，包括初期，中国的一系列改革方案设计和举措，都是在中国共产党的领导下，在一批学马克思《资本论》起家的、真正的马克思主义经济学家①参与下制订和实施的。他们依据马克思主义基本原理，结合中国实际，反思传统社会主义经济理论和体制的弊病，批判"左"的幼稚的、违背客观经济规律的政策和做法，转向实事求是、尊重客观经济规律尤其是价值规律，寻找各种解放社会生产力的举措，不断取得促进经济振兴、市场繁荣的成功。

　　随着引入市场机制显现的魔力，许多马克思主义经济学家都发现，依靠市场配置资源比依靠计划配置资源居然更为有效率，更能调动企业和员工的积极性、主动性，推动生产力的发展。在这样的背景下，大家对以研究资本主义市场经济为特征的西方经济学不再一概排斥和批判，而逐渐采取开放和包容的态度，认为其中反映社会化大生产和市场经济一般规律的内容（理论范畴和方法）值得我们借鉴和利用。比如由于资源的稀缺性，必须高效利用有限的资源，市场竞争能最有效配置资源，为此要放开价格，由市场调节，给企业比较准确的信号，维护市场公平竞争环境，反对垄断；政府对经济的管理主要是维护宏观经济的稳定，维护市场秩序，提供公共产品和服务，不再干预微观经济活动等。大家发现，上述市场经济一般规律，由于西方经济学概括了比较成熟的具有两百多年发展市场经济的经验，而显得比较系统和深入，所以认为对西方经济学需要研究和借鉴，为我所用。正如党的十八届三中全会所指出的，市场决定资源配置是市场经济的一般规律，健全社会主义市场经济体制必须遵循这条规律。为了研究市场经济的一般规律，我们也引进了研究和分析市场经济的一些概念和范畴，如总供给、总需求、微观经

---

　　①　最早一批如薛暮桥、孙冶方、于光远、马洪、安志文、杜润生、徐雪寒等。

济、宏观经济、全要素生产率、恩格尔系数、基尼系数、帕累托最优、国内生产总值、制造业采购经理指数、居民消费价格指数、买方市场与卖方市场、购买力平价、自然失业率、M0（流通中的现金）、M1（狭义货币）、M2（广义货币）、自由贸易区、负面清单管理等。成熟的市场经济国家在利用市场机制方面也做得比较细致。2020 年两位诺贝尔经济学奖得主提出的拍卖理论，就是一例。他们将无线电频谱、机场黄金时间飞机起落机会等进行拍卖，使资源得到最有效的利用。总之，中国特色社会主义政治经济学、社会主义市场经济理论不是一成不变的，而是随着不断概括的社会经济发展的实践经验、随着不断吸收人类社会相关文明的进步成果，而不断丰富和发展的。当然，西方经济学涉及认为资本主义制度永恒、私有制是自然秩序等基本观点，即西方经济学中庸俗部分，则是应当受到批判的。

可以设想，再过若干年回头看，《经济思想史学刊》的创办不仅是中国社会科学院经济研究所的一件大事，也一定是中国经济学发展历程中具有重要意义的事件。因为在推进中国经济学发展与创新的过程中，很重要的一点就是要善于融通古今中外各种学术资源。习近平总书记在 2016 年 5 月 17 日《在哲学社会科学工作座谈会上的讲话》中强调，在加快构建中国特色哲学社会科学中，要善于融通古今中外各种资源，特别是要把握好三方面的资源：一是马克思主义的资源，包括马克思主义基本原理，马克思主义中国化形成的成果及其文化形态，如党的理论和路线方针政策，中国特色社会主义道路、理论体系、制度，我国经济、政治、法律、文化、社会、生态、外交、国防、党建等领域形成的哲学社会科学思想和成果。这是中国特色哲学社会科学的主体内容，也是中国特色哲学社会科学发展的最大增量。二是中华优秀传统文化的资源，这是中国特色哲学社会科学发展十分宝贵、不可多得的资源。三是国外哲学社会科学的资源，包括世界所有国家哲学社会科学取得的积极成果，这可以成为中国特色哲学社会科学的有益滋养（习近平，2016）。具体到中国经济学的创新与发展，在创新理论的来源上，也同样要不忘本来、吸收外来、面向未来，融通各种资源。马克思主义基本原理、中国经济改革与发展的鲜活现实、西方经济学可资借鉴的有益成分，乃至中华五千年文明，都是中国经济学理论创新和发展的来源。

2016 年以来，中国经济学界对经济史和经济思想史的研究明显升温，其中最重要的原因是中国经济增长、经济发展迅速。改革开放之初，没有一个人能想到 40 年后的中国能变得如此强大，而且正处于不断上升阶段，势头不可阻挡。这自然就会让学者去回顾、比较和总结，在历史的长期发展中，在经济史和经济思想史的比较分析中去探寻中国经济发展的内在规律，这不仅有助于更好地理解中国经济发展，也可以为当前乃至以后一段时间里中国经济发展中可能遇到的新情况、新问题提供一定的历史借鉴，同时对丰富和发展经济学的知识体系也有所裨益。在这种比较分析和总结的过程中，一方面要借鉴吸收有价值的成果和经验，另一方面也不能盲目比较、盲目学习。总之，要实事求是，按照习近平总书记讲的，用好三种资源，为更好地创建中国特色社会主义政治经济学而努力！

参考文献

［1］《辉煌 70 年》编写组：《辉煌 70 年——新中国经济社会发展成就（1949—2019）》，中国统计出版社 2009 年版。

［2］邓小平：《邓小平文选》（第 3 卷），人民出版社 1993 年版。

［3］国家统计局：《沧桑巨变七十载 民族复兴铸辉煌——新中国成立 70 周年经济社会发展成就系列报告之一》，http：//www. stats. gov. cn /tjsj /zxfb /201907 /t20190701_1673407. html，2021 年 2 月 5 日。

［4］陆娅楠：《2.3%，了不起的正增长!》，《人民日报》2021 年 1 月 19 日。

［5］习近平：《在哲学社会科学工作座谈会上的讲话》，《人民日报》2016 年 5 月19 日。

［6］张卓元、张晓晶：《新中国经济学研究 70 年》（上），中国社会科学出版社2019 年版。

To Strive for the Construction of Socialist Political Economy with Chinese Characteristics

ZhANG Zhuoyuan

(Institute of Economics，Chinese Academy of Social Sciences，Beijing 100836)

Abstract：The significant progress and innovations achieved by the economics research in China since the founding of PRC，have laid the foundation for the theory construction of socialist political economy with Chinese characteristics (hereafter referred to as SPECC) . Among them, the most important is the socialist market economy theory (hereafter referred to as SMET) . In addition, the theory construction and achievements of development economics and other economic branches in China have been and still are enriching the SMET, enhancing its effectiveness and scientificity. At present, SPECC is still proceeding through the stage of theory-building process, involving specifying categories and concepts, developing the fundamental views, building a more coherent logical structure, improving the framework of four beams and eight pillars, especially collecting and then summing up the practical experience of building a modern economic system. A widely accepted system of SPECC with the SMET as its main body has not yet been completed. Only after China enters the ranks of high-income countries and becomes a developed economy, can the SMET and SPECC gradually become a systematic, comprehensive, logically structured and fully convincing theoretical system in the world. At the same time, in the process of constructing SPECC and even advancing the development and innovation of all economics branches in China, special attention must be paid to integrating all kinds of academic resources at all times and in all countries.

Key Words: Socialist Political Economy with Chinese Characteristics; Socialist Market Economy Theory; Development Economics of Chinese Characteristics

社会主义初级阶段理论[*]

社会主义初级阶段理论，是中国特色社会主义理论体系重要组成部分，是中国实行改革开放的理论基石，是中国从 20 世纪 50 年代建立起社会主义基本制度到建成发达的社会主义现代化国家基本国情的科学概括，是党和国家制定社会主义现代化建设的发展战略和各项方针政策的根本出发点。中国的马克思主义者这一理论创新成果是对科学社会主义和政治经济学宝库的重大贡献。

一、社会主义初级阶段理论的提出

社会主义初级阶段这一概念，最早出现在 1981 年 6 月党的十二届六中全会发布的《关于建国以来党的若干历史问题的决议》中。决议明确指出，"我们的社会主义制度还是处于初级的阶段"。据经济学家于光远的回忆，这一概念的提出当时是有争议的。于光远说："1981 年我在参与起草《中共中央关于建国以来党的若干历史问题的决议》的过程中，主张要将我国仍处在'社会主义初级阶段'的判断写入文件，以便更深刻地认识走过的弯路。当时有的同志不同意这样做，还发生了争论，但最后，'社会主义初级阶段'的概念还是写进了文件。"[①] 当时对这个问题有争论并不奇怪。1979 年，经济学家苏绍智、冯兰瑞就曾撰文坦言，中国"还处在不发达的社会主义社会，

---

[*]《经济研究》2022 年第 1 期。

① 于光远：《背景与论题：对改革开放初期若干经济理论问题讨论的回顾》，《经济科学》2008 年第 6 期。

还处在社会主义的过渡时期"。① 文章发表后，朱述先撰文表示同意苏冯文章关于中国还处在不发达社会主义时期的观点，但不赞成他们关于中国仍处在社会主义过渡时期的论断，认为中国所处的阶段是社会主义阶段的不发达时期。② 很快，有关部门领导不再坚持批判苏冯文章的观点。

提出我国仍处于社会主义初级阶段的背景，邓小平讲得很清楚。1980 年4 月，邓小平说："要充分研究如何搞社会主义建设的问题。现在我们正在总结新中国成立三十年的经验。总起来说，第一，不要离开现实和超越阶段采取一些'左'的办法，这样是搞不成社会主义的。我们过去就是吃了'左'的亏。第二，不管你搞什么，一定要有利于发展生产力。"③ 1987 年7 月，邓小平又说："我们党的十三大要阐述中国社会主义是处在一个什么阶段，就是处在初级阶段，是初级阶段的社会主义。社会主义本身是共产主义的初级阶段，而我们中国又处在社会主义的初级阶段，就是不发达的阶段。一切都要从这个实际出发，根据这个实际来制订规划。"④ 此后，大家一致认为，中国仍处于社会主义初级阶段，是中国最基本的国情、最主要的实际，中国进行社会主义建设，都要依据这个基本的国情、主要的实际情况出发。改革开放前，我国在探索自己的社会主义建设道路过程中所犯的错误，包括三年"大跃进"、盲目追求一大二公急于向全面全民所有制和共产主义过渡、否定按劳分配、否定商品生产和市场机制、排斥价值规律，都是由于没有很好认识中国仍然处于社会主义初级阶段，干了超越历史发展阶段的事，结果欲速则不达。

1987 年，党的十三大报告系统论述了社会主义初级阶段的含义。报告指出：

"我国社会主义的初级阶段，是一个什么样的历史阶段呢？它不是泛指任何国家进入社会主义都会经历的起始阶段，而是特指我国在生产力落后、商

---

① 苏绍智、冯兰瑞：《无产阶级取得政权后的社会发展阶段问题》，《经济研究》1979 年第5 期。
② 朱述先：《也谈无产阶级取得政权后的社会发展阶段问题——与苏绍智、冯兰瑞同志商榷》，《经济研究》1979 年第8 期。
③ 邓小平：《邓小平文选》（第2 卷），人民出版社1994 年版，第312 页。
④ 邓小平：《邓小平文选》（第3 卷），人民出版社1993 年版，第252 页。

品经济不发达下建设社会主义必然要经历的特定阶段。我国从 20 世纪 50 年代生产资料私有制的社会主义改造基本完成，到社会主义现代化的基本实现，至少需要上百年时间，都属于社会主义初级阶段。这个阶段，既不同于社会主义经济基础尚未奠定的过渡时期，又不同于已经实现社会主义现代化的阶段。我们在现阶段所面临的主要矛盾，是人民日益增长的物质文化需要同落后的社会生产之间的矛盾。阶级斗争在一定范围内还会长期存在，但已经不是主要矛盾。为了解决现阶段的主要矛盾，就必须大力发展商品经济，提高劳动生产率，逐步实现工业、农业、国防和科学技术的现代化，并且为此而改革生产关系和上层建筑中不适应生产力发展的部分。"

"总起来说，我国社会主义初级阶段，是逐步摆脱贫穷、摆脱落后的阶段；是由农业人口占多数的手工劳动为基础的农业国，逐步变为非农产业人口占多数的现代化的工业国的阶段；是由自然经济半自然经济占很大比重，变为商品经济高度发达的阶段；是通过改革和探索，建立和发展充满活力的社会主义经济、政治、文化体制的阶段；是全民奋起，艰苦创业，实现中华民族伟大复兴的阶段。"

党的十三大报告还首次明确党在社会主义初级阶段的基本路线："在社会主义初级阶段，我们党的建设有中国特色的社会主义的基本路线是：领导和团结全国各族人民，以经济建设为中心，坚持四项基本原则，坚持改革开放，自力更生，艰苦创业，为把我国建设成为富强、民主、文明的社会主义现代化国家而奋斗。"

由上可见，党的十三大报告明确社会主义初级阶段，是指 20 世纪 50 年代生产资料私有制的社会主义改造基本完成后，用上百年时间集中力量进行现代化建设，发展社会生产力，到实现社会主义现代化的历史阶段，涉及生产力和生产关系，经济基础和上层建筑方方面面的变革，主要是大力发展生产力，以经济建设为中心，专心致志进行现代化建设。同时强调这是一个至少上百年的历史阶段，我们制定一切方针政策都必须以这个基本国情为依据，不能脱离实际，超越阶段。由于当时处于改革开放初期，论述中还突出强调大力发展有计划的商品经济，确认商品经济的充分发展，是社会经济发展不可逾越的阶段，是实现生产社会化、现代化必不可少的基本条件。

党的十三大后，理论界很快就对社会主义初级阶段的社会性质、基本经济特征等问题展开了热烈的讨论，历时达四五年之久。

有的学者认为，社会主义初级阶段就是不发达的社会主义，仍然是一种过渡性质的社会。① 有的学者认为，党的十三大报告关于社会主义初级阶段主要矛盾的提法，反映了我国社会主义初级阶段的根本特征：落后的社会生产力。这里所说的落后，不是生产和需要之间关系上的一般的、长在的落后，而是有特定历史内容的落后，这里所说的落后，就是不发达，没有基本实现现代化。② 于光远认为，公有制和按劳分配与社会主义的商品经济，就是包括初级阶段在内的整个社会主义阶段的经济制度的基本特征，而以公有制为主体的多种经济成分并存和一部分人先富裕起来则是我国社会主义初级阶段特有的现象。③ 于光远在他被评为"影响新中国经济建设 10 本经济学著作"之一的《中国社会主义初级阶段的经济》中，提出初级阶段将出现各种传统公有制以外的新兴复合的社会主义公有制形式，甚至可能成为初级阶段所有制的主要形式。④ 杨春学认为，这一时期理论探索的可贵之处在于，一些观点和看法逐步突破了禁区，起到了突破僵化体制和根深蒂固的"左"的思潮禁锢的作用，对于引领以后的改革开放走向深入功不可没。⑤

二、社会主义初级阶段理论的发展

随着我国社会主义现代化建设的发展，随着改革开放的深入，社会主义初级阶段理论也在不断深化和发展。最突出的有以下几点：

第一，1997 年党的十五大报告进一步充实了社会主义初级阶段的内涵，坚持社会主义初级阶段基本路线，提出社会主义初级阶段基本纲领，指出公有制为主体、多种所有制经济共同发展是社会主义初级阶段的一项基本经济

---

① 郑必坚：《我们立论的基础》，《人民日报》1987 年 11 月 23 日。
② 龚育之：《我国社会主义初级阶段的历史地位和主要矛盾》，《红旗》1987 年第 22 期。
③ 于光远：《社会主义初级阶段和社会主义初级阶段的生产关系》，《经济研究》1987 年第 7 期。
④ 于光远：《中国社会主义初级阶段的经济》，中国财政经济出版社 1988 年版。
⑤ 杨春学：《突破思想瓶颈——改革 40 年的政治经济学》，首都经济贸易大学出版社 2018 年版。

制度。

党的十五大报告指出："社会主义初级阶段，是逐步摆脱不发达状态，基本实现社会主义现代化的历史阶段；是由农业人口占很大比重、主要依靠手工劳动的农业国，逐步转变为非农业人口占多数、包含现代农业和现代服务业的工业化国家的历史阶段；是由自然经济半自然经济占很大比重，逐步转变为经济市场化程度较高的历史阶段；是由文盲半文盲人口占很大比重、科技教育文化落后，逐步转变为科技教育文化比较发达的历史阶段；是由贫困人口占很大比重、人民生活水平比较低，逐步转变为全体人民比较富裕的历史阶段；是由地区经济文化很不平衡，通过有先有后的发展，逐步缩小差距的历史阶段；是通过改革和探索，建立和完善比较成熟的充满活力的社会主义市场经济体制、社会主义民主政治体制和其他方面体制的历史阶段；是广大人民牢固树立建设有中国特色社会主义共同理想，自强不息，锐意进取，艰苦奋斗，勤俭建国，在建设物质文明的同时努力建设精神文明的历史阶段；是逐步缩小同世界先进水平的差距，在社会主义基础上实现中华民族伟大复兴的历史阶段。这样的历史进程，至少需要一百年时间。至于巩固和发展社会主义制度，那还需要更长得多的时间，需要几代人、十几代人，甚至几十代人坚持不懈地努力奋斗。"这个概括，总结了党的十三大以后中国改革发展和社会主义建设的丰富经验，吸纳了党的十四大确立社会主义市场经济体制改革目标的重大决策，进一步明确了初级阶段和社会主义建设的长远历程。

党的十五大报告还指出："十一届三中全会以来，党正确地分析国情，作出我国还处于社会主义初级阶段的科学论断。我们讲一切从实际出发，最大的实际就是中国现在处于并将长时期处于社会主义初级阶段。"同时指出，我国进入社会主义的时候，就生产力发展水平来说，还远远落后于发达国家。这就决定了必须在社会主义条件下经历一个相当长的初级阶段，去实现工业化和经济的社会化、市场化、现代化。报告郑重指出，全党要毫不动摇地坚持党在社会主义初级阶段的基本路线，把以经济建设为中心同四项基本原则、改革开放这两个基本点统一于建设有中国特色社会主义的伟大实践。根据基本路线确定的建设有中国特色社会主义的经济、政治、文化的基本目标和基本政策，有机统一，不可分割，构成党在社会主义初级阶段的基本纲领。

党的十五大报告还第一次确认公有制为主体、多种所有制经济共同发展，是我国社会主义初级阶段的一项基本经济制度。指出，公有制实现形式可以而且应当多样化。股份制是现代企业的一种资本组织形式，资本主义可以用，社会主义也可以用。这就为公有制特别是国有制通过股份制找到了同市场经济相结合的途径。2003年，党的十六届三中全会决定提出"使股份制成为公有制的主要实现形式"。2013年，党的十八届三中全会决定进一步提出，"国有资本、集体资本、非公有资本等交叉持股、相互融合的混合所有制经济，是基本经济制度的重要实现形式"。党的十五大报告同时确认，非公有制经济是我国社会主义市场经济的重要组成部分。在此之前，则一直认为个体、私营等非公有制经济只是公有制经济的补充，是配角。实际情况是，1997年，我国个体工商户已有2851万户，从业人员5441万人；私营企业96.1万户，从业人员1349万人；实际使用外资金额644亿美元。① 中国此后改革实践证明，社会主义初级阶段基本经济制度的确立，极大地促进了社会主义市场经济的发展，在公有制经济主要是国有经济大发展的同时，个体、私营、外资经济也迅速发展壮大，形成互相促进、共同发展的局面。

由上可见，党的十五大在确认社会主义初级阶段的基本路线和纲领时，与建设有中国特色社会主义紧密联系在一起，明确提出一个中心两个基本点的基本路线统一于建设有中国特色社会主义的伟大实践，建设有中国特色社会主义经济，就是在社会主义条件下发展市场经济，不断解放和发展生产力。正是由于我们认识到中国仍处于社会主义初级阶段，所以才找到唯一正确的中国特色社会主义道路，从此中国经济社会迅速腾飞，人民群众的收入和生活水平快速提升。党的十一届三中全会前我国在建设社会主义中出现失误的根本原因之一，就在于提出的任务和政策超越了社会主义初级阶段，改革开放后我国社会主义现代化建设取得举世瞩目成就的根本原因之一，就是克服了那些超越阶段的错误观念和政策，又抵制了抛弃社会主义基本制度的错误主张。这样做，没有离开社会主义，而是在脚踏实地建设社会主义，使社会主义在中国真正活跃和兴旺发达起来，社会生产力以前所未有的速度大发展，广大人民群众从切身利益感受中更加拥护社会主义，拥护中国共产党的领导。

___

① 张厚义、明立志：《中国私营企业发展报告（1978—1998）》，社会科学文献出版社1999年版。

与此相联系，2001 年，江泽民在庆祝中国共产党成立 80 周年大会上的讲话中进一步明确指出："社会主义初级阶段，是整个建设有中国特色社会主义的很长历史过程中的初始阶段。"这也表明，社会主义初级阶段理论，是中国特色社会主义理论体系的重要组成部分。

第二，2017 年党的十九大报告提出，中国特色社会主义进入新时代，社会主义初级阶段的主要矛盾已转化为人民日益增长的美好生活需要和不平衡不充分的发展之间的矛盾。这是社会主义初级阶段理论的又一重大发展。

党的十九大报告指出："中国特色社会主义进入新时代，我国社会主要矛盾已经转化为人民日益增长的美好生活需要和不平衡不充分的发展之间的矛盾。我国稳定解决了十几亿人的温饱问题，总体上实现小康，不久将全面建成小康社会，人民美好生活需要日益广泛，不仅对物质文化生活提出了更高要求，而且在民主、法治、公平、正义、安全、环境等方面的要求日益增长。同时，我国社会生产力水平总体上显著提高，社会生产能力在很多方面进入世界前列，更加突出的问题是发展不平衡不充分，这已经成为满足人民日益增长的美好生活需要的主要制约因素。""必须认识到，我国社会主要矛盾的变化，没有改变我们对我国社会主义所处历史阶段的判断，我国仍处于并将长期处于社会主义初级阶段的基本国情没有变，我国是世界最大发展中国家的国际地位没有变。全党要牢牢把握社会主义初级阶段这个基本国情，牢牢立足社会主义初级阶段这个最大实际，牢牢坚持党的基本路线这个党和国家的生命线、人民的幸福线，领导和团结全国各族人民，以经济建设为中心，坚持四项基本原则，坚持改革开放，自力更生，艰苦创业，为把我国建设成为富强民主文明和谐美丽的社会主义现代化强国而奋斗。"

党的十九大报告引发学界对中国新时代社会主要矛盾问题的热烈讨论。有的学者认为，党的十九大报告关于我国社会主要矛盾变化的新表述，是根据中国特色社会主义进入新时代这个我国发展新的历史方位作出的，有充分的现实依据。原来关于"人民日益增长的物质文化生活需要同落后的社会生产之间的矛盾"的表述，已经不能准确反映变化了的客观实际，理所当然需要作出新的概括。在社会生产方面，经过改革开放近 40 年快速发展，我国社会生产力水平总体上显著提高，社会生产能力在很多方面进入世界前列，我国长期存在的短缺经济和供给不足状况已经发生根本性变化，再讲"落后的生产"已经不符合实际。在需求方面，随着人们生活水平显著提高，对更好生活的向往更加强烈。人民群众的需要呈现多样化多层次多方面的特点，在需要的领域和重心上已经超出原先物质文化的层次和范畴，只讲"日益增长的物质文化需要"已经不能真实反映人民群众变化了的需求。[①]有的学者也认为，经过近40年改革开放的社会主义现代化建设，社会矛盾的格局也随之发生了变化，一是人民群众对美好生活的向往或需求日益多样化，变得更为丰富和广泛，人民不仅对物质文化生活提出了更高要求，而且在民主、法治、公平、正义、安全、环境等方面的要求日益增长，这些需求仅用"物质文化需要"难以概括。二是制约日益增长的人民对美好生活的需要的关键因素，不再是单纯的"社会生产"因素，而是扩展到包括生产发展因素在内的整体社会发展的不平衡和不充分。三是社会主要矛盾和次要矛盾地位发生了变化。人民群众日益增长的物质文化需要和落后的社会生产之间的矛盾在一定范围和一定程度上依然存在，但是它已经不构成当前中国社会发展的主要矛盾，或者说，人民的"物质文化需要"和"落后的社会生产"之间的矛盾的表述已经不能够概括或科学地表达新时代中国社会的主要矛盾。[②]还有学者认为，我国社会主要矛盾的变化主要表现在结构上面而非本质上。人民日益增长的物质文化需要和落后的社会生产之间的矛盾，最初原因是我国半殖民地半封建社会遗留下来的极低的生产力水平无法满足人民的基本需要。新中国成立以来经过多代中国人的艰苦奋斗，通过建立社会主义市场经济体制和引进国外先进技术，社会生产力水平不断提高，逐步从量上满足了人民日益增长的物质文化需要，但是，还存在一定的结构性矛盾，即人民多样化的、多层次的、不断变化的物质文化需要与社会生产力发展不均衡、不充分之间的矛盾日益突出。鉴于此，党的十九大报告指出，要坚持解放和发展社会生产力，坚持社会主义市场经济改革方向，推动经济持续健康发展。[③]

① 冷溶：《正确把握我国社会主要矛盾的变化》//《党的十九大报告辅导读本》，人民出版社2017年版。

② 郝立新：《如何看待我国社会主要矛盾的转化》，《中国高等教育》2017年第22期。

③ 杨春学：《突破思想瓶颈——改革40年的政治经济学》，首都经济贸易大学出版社2018年版。

第三，2019年，党的十九届四中全会根据中国处于社会主义初级阶段，进一步把按劳分配为主体、多种分配方式并存，社会主义市场经济体制，同公有制为主体、多种所有制经济共同发展一起，确立为社会主义基本经济制度。这是进一步完善中国特色社会主义基本经济制度的重大举措。

党的十九届四中全会指出："公有制为主体、多种所有制经济共同发展，按劳分配为主体、多种分配方式并存，社会主义市场经济体制等社会主义基本经济制度，既体现了社会主义制度优越性，又同我国社会主义初级阶段社会生产力发展水平相适应，是党和人民的伟大创造。"

上述"三足鼎立"的制度可以有力支撑中国特色社会主义经济制度，使之更好地促进生产力的发展和经济的高质量发展。本来，任何一个社会经济制度都是由两大板块组成的。一块是基础结构，包括所有制结构及与之相适应的分配结构。正如马克思说的："分配关系和分配方式只是表现为生产要素的背面。"[①] 马克思又说："消费资料的任何一种分配，都不过是生产条件本身分配的结果；而生产条件的分配，则表现生产方式本身的性质。"[②] 另一块是经济活动的运行机制，主要是资源配置方式。两者相互协调，相互促进。改革开放40多年来，这三个基本经济制度都逐渐建立、发展和走向成熟。为了在新时代更好地推动社会主义现代化建设，要进一步完善上述三项基本经济制度。

首先，进一步完善公有制为主体、多种所有制经济共同发展的制度。要继续坚持两个毫不动摇，即毫不动摇巩固和发展公有制经济，毫不动摇鼓励、支持和引导非公有制经济发展。改革开放后，在公有制经济特别是国有经济不断发展的同时，个体私营等非公有制经济发展较快，到2012年，非公有制经济对GDP的贡献率已达60%多，对新增就业岗位的贡献率达90%。此后，直到2020年，国有经济和非公有经济对GDP的贡献率大体稳定下来，没有大的起伏。国有经济和非公有经济正在各自发挥优势，相互补充，相互促进，共同发展。中国所有制结构的调整和改革，有力地推动着社会主义市场经济的发展。

---

① 马克思、恩格斯：《〈政治经济学批判〉导言》//《马克思恩格斯选集》（第2卷），人民出版社1972年版，第98页。

② 马克思、恩格斯：《哥达纲领批判》//《马克思恩格斯选集》（第3卷），人民出版社1972年版，第13页。

其次，改革开放后，在收入分配理论和实践方面取得的最大突破，就是提出了在社会主义初级阶段，除了要以按劳分配为主体外，生产要素也要参与分配。国内最早提出生产要素参与分配的是谷书堂和蔡继明，他们于1988年就提出按劳分配与按生产要素分配结合的观点。[①] 随着1992年社会主义市场经济体制改革目标的确立，按生产要素分配的观点被党的文件确认。1997年，党的十五大报告指出，"坚持按劳分配为主体，多种分配方式并存的制度。把按劳分配和按生产要素分配结合起来"。2002年，党的十六大报告提出："确立劳动、资本、技术和管理等生产要素按贡献参与分配的原则，完善按劳分配为主体、多种分配方式并存的分配制度。"2020年3月30日制定的《中共中央 国务院关于构建更加完善的要素市场化配置体制机制的意见》，提出了土地、劳动力、资本、技术、数据等要素领域的改革方向和举措，这就意味着生产要素扩展为六种（包括管理）。到2020年全面建成小康社会后，鉴于居民收入差距仍然较大，党和政府强调要坚持走共同富裕的道路，除了初次分配要更好地体现效率与公平，逐步提高最低工资标准等外，更要强化税收、转移支付、社会保障等再分配职能，让低收入群体加快增加收入，落实好人人共享改革发展成果。2021年5月20日，中共中央、国务院作出了《关于支持浙江高质量发展建设共同富裕示范区的意见》，意见要求，到2035年，浙江省基本实现共同富裕。这说明中国已着手先行先试实现这一体现社会主义本质要求的崇高目标。

最后，加快完善社会主义市场经济体制。把社会主义市场经济体制上升为基本经济制度，对于进一步完善中国特色社会主义经济制度具有重要意义。用社会主义市场经济体制取代传统的计划经济体制，是中国改革开放以来最主要的制度创新，具有里程碑式意义。社会主义市场经济体制是中国特色社会主义的主要支柱，把这根支柱确立为基本经济制度，作为长期稳定的制度安排，对于坚持和完善中国特色社会主义制度，是十分重要的。社会主义市场经济体制的核心，是市场在资源配置中起决定性作用。经过40多年的市场化改革，市场已在很大程度上对资源配置起决定性作用，但是还有不足之处，

---

① 谷书堂、蔡继明：《论社会主义初级阶段的分配原则》//沈一之：《理论纵横》（经济篇（上）），河北人民出版社1988年版。

比如，政府直接配置资源和对微观经济活动的干预仍然过多，各种形式的垄断抑制着公平竞争，生产要素价格仍然存在一定的扭曲影响资源配置效率的提高，所有制歧视影响民营经济进入市场，等等，说明还需要在广度和深度上推进市场化改革。

在党的十九届四中全会决定公布后，2020年5月的《中共中央、国务院关于新时代加快完善社会主义市场经济体制的意见》提出，要构建更加系统完备、更加成熟定型的高水平社会主义市场经济体制。文件根据中国特色社会主义已经进入新时代、经济转入高质量发展阶段、即将进入全面建设现代化经济体系的新形势，针对我国市场体系还不健全、市场发育还不充分，政府和市场的关系还没有完全理顺，还存在市场激励不足、要素流动不畅、资源配置效率不高、微观经济活力不强等问题，推动高质量发展仍存在不少体制机制障碍，围绕建设高水平社会主义市场经济体制的目标，着眼于制度创新，提出了七个领域的改革举措：一是坚持公有制为主体、多种所有制经济共同发展，增强微观主体活力；二是夯实市场经济基础性制度，保障市场公平竞争；三是构建更加完善的要素市场化配置体制机制，进一步激发全社会创造力和市场活力；四是创新政府管理和服务方式，完善宏观经济治理体制；五是坚持和完善民生保障制度，促进社会公平正义；六是建设更高水平开放型经济新体制，以开放促改革促发展；七是完善社会主义市场经济法律制度，强化法治保障。

三、开启全面建设现代化

我国处于社会主义初级阶段，主要是由我国现阶段的经济发展水平决定的，社会主义初级阶段的主要历史任务，是加快发展社会生产力，实现社会主义现代化，实现中华民族伟大复兴。为此，党的十五大提出建党和新中国成立两个百年目标，指出："展望下世纪，我们的目标是，第一个十年实现国民生产总值比二〇〇〇年翻一番，使人民的小康生活更加宽裕，形成比较完善的社会主义市场经济体制；再经过十年的努力，到建党一百年时，使国民经济更加发展，各项制度更加完善；到世纪中叶新中国成立一百年时，基本实现现代化，建成富强民主文明的社会主义国家。"党的十八大报告进一步明确，"只要我们胸怀理想、坚定信念，不动摇、不懈怠、不折腾，顽强奋斗、艰苦奋斗、不懈奋斗，就一定能在中国共产党成立一百年时全面建成小康社会，就一定能在新中国成立一百年时建成富强民主文明和谐的社会主义现代化国家"。1979 年党的十一届三中全会以来，由于实行改革开放，党的路线和方针政策都从中国仍处于社会主义初级阶段的实际出发，大大解放了社会生产力，调动了各方面建设中国特色社会主义的积极性，我国经济迅速腾飞，社会快速全面进步。经过 42 年的奋斗，到 2020 年，我国已全面建成小康社会，实现了第一个百年目标，经济总量已从 1978 年的 3678.7 亿元，跃增到 100 万亿元以上，扣除物价变动因素，增长 39 倍以上，年均实际增速达 9.2%，创造了人类社会历史上最长时期保持经济高速增长的奇迹。中国经济总量也从 1978 年占世界总量的 1.8%，到 2020 年跃升至占世界总量的 17%以上，人均 GDP 达 1 万美元以上。这就使我们比历史上任何时期都更接近、更有信心和能力实现社会主义现代化和中华民族伟大复兴的目标。"十四五"时期将"开启全面建设社会主义现代化国家新征程"，这个"新征程"，"是向着我们党制定的在社会主义初级阶段'三步走'战略部署中置顶的目标发起冲锋，通过'十四五'和 2035 年、2049 年这三个步骤，胜利实现中华民族几代人梦寐以求的'中国梦'的新征程"。①

下面，拟着重就此后如何建设社会主义现代化强国，实现第二个百年目标，完成社会主义初级阶段的历史任务，作简要论述。

按照党的十九大报告的部署，从 2020 年到 21 世纪中叶可以分两个阶段来安排。第一个阶段（2020~2035 年），在全面建成小康社会的基础上，再奋斗 15 年，基本实现社会主义现代化。第二个阶段（从 2035 年到 21 世纪中叶），在基本实现现代化的基础上，再奋斗 15 年，把我国建成富强民主文明和谐美丽的社会主义现代化强国。2021 年 3 月发布的《中华人民共和国国民经济和社会发展第十四个五年规划和 2035 年远景目标纲要》，为开启全面建设社会主义现代化国家新征程，作出了系统的规划，指明了此后一个时期我

---

① 施芝鸿：《"十四五"规划是开启全面建设社会主义现代化国家新征程的第一个五年规划》，载《〈中共中央关于制定国民经济和社会发展第十四个五年规划和二〇三五年远景目标的建议〉辅导读本》，人民出版社 2020 年版，第 144 页。

国发展的指导方针、目标任务、战略举措，对于动员和激励全国人民继续抓住重要战略机遇期，推动全面建设现代化经济体系开好头，落实好党的十九大报告的要求，意义重大。

一般认为，基本实现现代化经济方面的主要标准是人均 GDP 达到 2 万美元以上（2019 年美元，下同）。我国不少学者认为，2020 年我国人均 GDP 已达 10500 美元，此后 15 年，根据我国潜在增长率测算，年均 GDP 增速仍可保持 5% 左右，而只要人均 GDP 增速年均达到 4.73%，15 年即可翻番，达到人均 2 万美元以上，因此 2035 年基本实现现代化是可以做到的。2019 年，有的学者就撰文认为，我国能达到 "2035 年基本实现社会主义现代化的 20745 美元的人均 GNI 水平"。[①] 2020 年，习近平总书记在《关于〈中共中央关于制定国民经济和社会发展第十四个五年规划和二〇三五年远景目标的建议〉的说明》中指出："文件起草组经过认真研究和测算，认为从经济发展能力和条件看，我国经济有希望、有潜力保持长期平稳发展，到 '十四五' 末达到现行的高收入国家标准、到 2035 年实现经济总量或人均收入翻一番，是完全有可能的。" 2035 年我国基本实现现代化后，再奋斗 15 年，年均 GDP 增速争取保持 5% 左右，这样人均 GDP 可以再翻一番，达到人均 4 万美元以上，建成富强民主文明和谐美丽的社会主义现代化强国，实现中华民族伟大复兴。2035 年基本实现现代化后，我国经济实力、科技实力、综合国力将大幅提升，基本实现新型工业化、信息化、城镇化、农业现代化，建成现代化经济体系，人均国内生产总值达到中等发达国家水平，中等收入群体显著扩大，基本公共服务实现均等化，城乡区域发展差距和居民生活水平差距显著缩小，人民生活更加美好，人的全面发展、全体人民共同富裕取得更为明显的实质性进展等。

到 21 世纪中叶，中国建成富强民主文明和谐美丽的社会主义现代化强国后，中国将作为世界最大的发达经济体，开始从社会主义初级阶段进入中级阶段或高级阶段。中国通过建设中国特色社会主义，将为全世界发展中国家，提供一个通过非资本主义道路走向发达经济体的成功经验，从而大大扩大科

[①] 郭迎锋、张永军：《我国 2035 年基本实现社会主义现代化指标体系构建及评估》，《全球化》2019 年第 10 期。

学社会主义的影响力、吸引力。

关于中国的现代化建设，有学者认为，中国的现代化建设，有以下几个特点：我国的现代化是中国共产党领导的社会主义现代化，是 14 亿人口的规模巨大的现代化，是追求全体人民共同富裕的现代化，是物质文明和精神文明相协调的现代化，是人与自然和谐共生的现代化，是传承中华文化和光大中华文明的现代化，是走和平发展道路的现代化，是为人类社会进步作出重大贡献的现代化。①

关于 2035 年基本实现现代化人均 GDP 要达到多少美元作为标准，一般认为是 2 万美元左右。也有学者认为应达 3 万美元，如刘伟指出，根据对当代中等发达国家人均 GDP 水平的资料分析对比，世界银行统计分类中"高收入国家"中的中位水平（如韩国等）人均 GDP 为 3 万美元左右，在联合国有关机构的统计中，"发达国家"除去其中的"主要发达国家"外，其余作为"中等发达国家"，其人均 GDP 的水平现阶段也在 3 万美元左右。以此作为参照，到 2035 年我国基本实现现代化时，人均 GDP 水平按不变价格应从现阶段 1.1 万美元左右提升至或接近 3 万美元左右的水平。这要求未来 15 年的时间里，我国 GDP 总量至少要增长一倍或人均国民收入翻一番，换算为经济年增长率平均要达到 4.8% 以上。②

一般认为，我国实现现代化强国目标后，社会主义初级阶段的历史任务即已完成，将进入社会主义中级或高级阶段。但也有学者认为，实现现代化强国目标，中国特色社会主义仍然处于社会主义初级阶段。到 21 世纪中叶中国成为社会主义现代化强国后，将不再是现在意义上的发展中国家，但一方面在经济发展水平和生产力解放发展程度上并未超越发达国家，社会主义制度的优越性仍未充分实现，实现现代化强国目标只是实现了中国特色社会主义的基本纲领，中国特色社会主义还有更高纲领和目标，还需要长期奋斗，对于中国特色社会主义作为社会主义的初级阶段的长期性、艰巨性必须有充分的认识，党在社会主义初级阶段的基本路线必须长期坚持，正如 1992 年邓小平同志在南方谈话中强调的，"基本路线要管一百年，动摇不得"。另一方

---

① 张占斌：《强国新征程："十四五"时期的中国经济》，浙江教育出版社 2021 年版。

② 刘伟：《现代化强国目标与社会主义初级阶段》，《经济学动态》2021 年第 1 期。

面，超越社会主义初级阶段进入更高级的社会形态，根据马克思主义基本原理，高级阶段的共产主义社会应当是全球现象，即人类社会共同理想社会，而不是国别现象，"中国特色社会主义"本身表明这种"社会主义"是中国特有的历史，因而只能是社会主义的初级阶段。[①]

---

① 刘伟：《现代化强国目标与社会主义初级阶段》，《经济学动态》2021 年第 1 期。

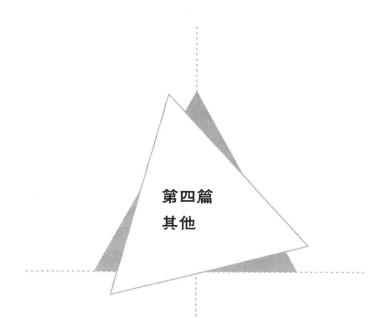

第四篇

其他

孙冶方价值规律研究的现实意义[*]

孙冶方是我国当代卓越的马克思主义经济学家。他一生论述甚丰，20 世纪五六十年代因提出把计划和统计放在价值规律基础上、千规律万规律价值规律第一条等，在经济学界起到振聋发聩的作用，产生了很大的社会影响。为纪念孙冶方诞辰 110 周年，我们对孙冶方一生的作品，主要是经济学作品，进行查找和核实，按时序排列，形成现在的《孙冶方文集》10 卷本，由知识产权出版社 2018 年初出版。这对于更好地了解孙冶方对马克思主义经济学的贡献，对于深入研究当代中国经济学思想史，对于认真吸收中国老一辈经济学家的理论精华，更好地构建中国特色社会主义政治经济学，都是很有意义的。

一

孙冶方 1957 年末到中国科学院经济研究所任所长。他在以下几方面起到了很好的示范引领作用：

一是强调经济理论研究要很好地联系实际，从实际出发寻找研究课题，深入实际调查研究。他亲自率领一批研究人员到企业进行调查，在调查过程中还同中央经济部门和地方工作的同志多次深谈，征求他们的意见。在孙冶方的带动下，在经济研究所逐渐形成了调查研究的风气。

二是大力倡导标新立异，向传统的经济理论挑战，扭转从书本到书本、从概念到概念的教条主义学风。他自己带头创新理论，给经济研究所带来一股清新的研究风气。

三是以任务带学科带队伍。孙冶方于 1960 年初起，接受写社会主义政治

---

* 《经济日报》2018 年 1 月 25 日。

经济学的任务，于是组织全所研究现实经济问题的骨干力量，撰写《社会主义经济论》。在这个过程中，带出了一批年轻的经济学家，他们在中国改革开放后都分别成为一些科研单位的骨干。

二

孙冶方提倡标新立异，并以身作则。他发表的《把计划和统计放在价值规律基础上》一文，在经济学界引起轰动。他到中国社会科学院经济研究所后，提出了一系列崭新的观点和主张，包括：主张以生产价格作为社会主义国家定价的基础；用最小的劳动消耗取得最大的有用效果应作为社会主义政治经济学的红线贯穿始终；千规律，万规律，价值规律第一条；等等。

孙冶方在经济理论上的标新立异，不是偶而突发的奇思异想，而是经过长时期调查研究深思熟虑后发表的。关于固定资产管理体制和重视利润的主张，就是经过大量实地调查研究和总结国内外经验教训后提出的。关于价值理论则除了调查研究、实际工作体会外，还大量地引经据典，与不同观点商榷。他发表的《论价值》一文，长达3万多字，系统地表达了他对价值和价值规律的独特观点。

三

孙冶方经济理论研究的核心，如果用一句话来概括，就是"千规律，万规律，价值规律第一条"。孙冶方一辈子强调价值规律，并不是有人想象的那样已经过时了，恰恰相反，在我们努力发展社会主义市场经济的今天，仍然具有重要的现实意义。

第一，马克思主义经济学原理历来认为，价值规律是商品经济和市场经济的基本规律，是支配市场经济活动的最根本的法则。现在我们正在社会主义条件下发展市场经济，就要按市场经济规律办事、按价值规律办事。如果我们在经济活动中违背价值规律，必然会受到这样那样的惩罚，如效率低下、竞争力下降甚至亏损破产等。相反，如果我们在经济活动中尊重价值规律，按价值规律办事，提高产品技术含量和品质，就能在市场竞争中处于强势地位，不断发展壮大自己。当然，我们也要看到，孙冶方对价值规律如何调节社会生产和流通的机理，并没有作出有说服力的说明，而是在中国改革开放中才找到了通过市场机制即放开市场和价格实现这种调节的。

第二，在孙冶方的论述中，价值由社会必要劳动时间决定的规律，其含义是比较广泛的，既包括个别商品的价值由社会必要劳动时间决定，也包括在社会总劳动时间中，要把必要的比例量用在各类不同的商品上。这就是我们今天常说的，在资源配置中起决定性作用。当前我国深化经济体制改革，就是要紧紧围绕使市场在资源配置中起决定性作用来进行，实质上正是要更好地让价值规律调节资源的配置。

第三，价格政策应很好尊重价值规律。孙冶方一贯反对实行价格与价值背离的政策，要求不断缩小工农产品价格剪刀差，国家定价应以价值和价值的转化形态生产价格为基础，否则难以正确评价经济活动的效果，难以评价企业的真实业绩。这点至今仍有现实意义。现在占全社会商品和服务97%的价格已放开由市场调节，也就是价值规律调节，在公平竞争的市场环境不断完善的条件下，价格将越来越贴近价值而运动。剩下由政府定价的主要限定在重要公用事业、公益性服务等，也要尊重价值规律，但不是由价值规律自发调节。这说明，孙冶方当年的设想，在社会主义市场经济条件下正在逐步成为现实。

第四，从政治经济学发展史来看，改革开放前，一些经济学家在创建社会主义政治经济学体系时，总是贬低和排斥价值规律的作用。可是，在半个多世纪前，孙冶方就已经提出，无论是在国民经济中，还是在社会主义政治经济学中，价值规律是首要规律。关于要以最小的劳动消耗取得最大的有用效果作为红线，也是他关于"千规律，万规律，价值规律第一条"在构建社会主义政治经济学中的具体应用。因为在孙冶方看来，价值由社会必要劳动时间决定的规律，体现的正是生产费用对效用的关系，如果生产没有社会使用价值的东西，其劳动消耗是白费的，不是社会必要的，不能形成价值。因此，我认为，孙冶方经济理论研究的核心——价值理论，对于今天构建中国特色社会主义政治经济学，是值得大家重视的，这也是孙冶方经济理论重要现实意义之所在。

孙冶方的"三不改"*

《孙冶方文集》（10 卷本）由知识产权出版社出版发行。我是这套文集的编辑委员会主任，但做的工作并不太多。我从编辑过程中学习了不少东西，简单谈三点学习体会。

一、"千规律，万规律，价值规律第一条"

第一个体会，改革开放 40 年来，中国的经济和社会面貌发生了巨大变化，我们走上了中国特色社会主义道路。中国特色社会主义理论并不是从天上掉下来的，其中包括几代人的艰辛探索，包括像孙冶方、薛暮桥这样的经济学家坚持不懈的长期研究，提出了一些很好的思想理论观点，指导我们的改革开放实践。在改革开放初期取得令人鼓舞的成果后，邓小平等领导人以高度的政治智慧，进一步归纳提炼出中国特色社会主义的思想、理论、道路。

孙冶方实际上是我国改革开放的先驱者之一。我记得党的十一届三中全会以前，胡乔木在 1978 年 10 月 6 日的《人民日报》发表了一篇大文章——《按照经济规律办事，加快实现四个现代化》。文章中有一个观点非常重要，就是按照经济规律办事，其中特别重要的是要按价值规律办事。我想胡乔木的文章应该是借鉴吸收了孙冶方的经济思想。孙冶方从 1956 年起就重视价值规律的作用，1964 年更旗帜鲜明地提出"千规律，万规律，价值规律第一条"。我们在学习胡乔木的这篇文章时，都觉得内容非常新鲜，思想非常解放。这篇文章实际上为党的十一届三中全会的召开提供了非常重要的理论准备。

---

* 《北京日报》2018 年 3 月 5 日。

党的十一届三中全会是开启改革开放新时期的标志性会议，会议公报也讲了"应该坚决实行按经济规律办事，重视价值规律的作用，注意把思想政治工作和经济手段结合起来，充分调动干部和劳动者的生产积极性"。会议公报专门讲价值规律，当然也包含了孙冶方在内的经济学家对价值规律的长期研究和探索。

我们现在讲"要使市场在资源配置中起决定性作用"，从马克思主义政治经济学概念上说，就是让价值规律对社会化生产起调节作用。当然，"使市场在资源配置中起决定性作用"将价值规律调节社会生产的机理讲得更加透彻，应该说比党的十一届三中全会的提法大大前进了一步。

二、财经体制改革的核心就是怎么处理好国家和企业的关系

第二个体会，在编辑《孙冶方文集》的过程中，我感到孙冶方写的文章一方面理论性很强，另一方面又很实际，在理论联系实际方面做得非常好。

比如固定资产折旧要不要上交财政，这是一个很具体的实际问题。孙冶方把它提到非常高的理论高度进行分析，提出如果固定资产折旧上缴财政，不留给企业来用，连工厂盖厕所都要上报，层层审批，这样根本不可能有企业活力。从这里出发，他进一步提升到国家的大权和企业的小权究竟应该怎么划分。他说在资金价值量简单再生产范围内属于企业的小权，应该由企业来定，在简单再生产之外的属于国家的大权，应该由国家来定。他从一个很具体的问题谈起，一直可以提升到国家的大权和企业的小权之间的关系，而且提出财经体制改革的核心就是怎么处理好国家和企业的关系。从这个例子可以看出来，他的问题是从实践中来的，所以他的作品不但理论性很强，而且实践性也很强。

三、"一不改志，二不改行，三不改观点"

第三个体会，就是孙冶方奋不顾身坚持真理的崇高精神。我举一个简单例子，1963 年 9 月 18 日，孙冶方写了一个关于利润的内部研究报告《社会主义计划经济管理体制中的利润指标》，当时并不是公开发表的。

孙冶方认为，对于企业来说，争取更多的盈利、更多的利润，应该是企业搞得好的一个非常重要的综合性标志。如果企业的利润率在社会平均资金利润率以上，就是一个好企业；如果在社会平均资金利润率以下，就不是一个好企业。所以，他要用利润作为综合指标。

当时，有关机构正在酝酿批判经济工作上的"利润挂帅"。作为他手下的工作人员，我们当时都觉得他写这个东西太危险了，替他捏了一把汗。我们五个人（桂世镛、项启源、何建章、吴敬琏和我）就在经济研究所一起商量：要向孙冶方建议，第一取消这个工作，不要写这个关于利润的报告；如果孙冶方坚持，报告无论如何要降温，不能写得那么明确，不能说利润是综合指标，说利润作为一个考核指标还可以考虑。我们公推了两位——项启源和桂世镛，项启源能言善辩，口才很好，桂世镛是孙冶方最得意的一个青年人，当时是我们经济研究所党总支青年委员、团总支书记，请他们两个人当面跟孙冶方讲，建议他或者取消，或者降温。但是项启源和桂世镛去了以后，很快就被孙冶方顶回来了。孙冶方说不行，还是要照写，而且观点不动，也不降温。这个例子说明，孙冶方对自己认准的观点是非常坚持的。

孙冶方曾宣布"一不改志，二不改行，三不改观点"。他这样的治学精神，我认为对科学研究是非常难能可贵的，我们搞科学研究，探索未知，可能会碰到一些错误，但是在你认为正确的情况下就应该坚持，不要随风倒，这是做科学研究的一个非常重要的原则。

张卓元学部委员访谈录*

胡家勇　陈　健

编者按：为弘扬老一辈经济学家勇于突破的理论创新精神，本编辑部特别邀请了相关领域的专家对老一辈经济学家进行访谈，记录一代经济学人的求学、治学经历。本期，编辑部委托中国社会科学院经济研究所胡家勇研究员和陈健副研究员对中国社会科学院学部委员张卓元先生进行了访谈。通过记录张卓元先生的学习、研究和参与经济改革决策咨询的过程，我们可以清晰地看到一代经济学人学术报国的责任担当和高尚情怀。

胡家勇、陈健：张老师，作为老一辈著名经济学家，您对社会主义政治经济学的研究工作伴随和见证了新中国成立以来经济发展和经济体制改革实践，可否介绍一下您的求学和工作经历？

张卓元[①]：我 1933 年 7 月生于广东省梅县。1950 年考入中山大学经济系。之所以选择经济系，是在考试前不久，我无意中读到苏联著名经济学家列昂惕夫的《政治经济学》，尽管对书中的基本原理一知半解，但他对资本主义经济的分析使我入迷，从此我对政治经济学产生了浓厚兴趣。进入中山大学后，前三年在校学习，其中有一年下去搞"土改"。其间，林伦彦教授的讲授使我对《资本论》有了了解。第四年全国院系调整，我从中山大学转到了中南财经学院（现中南财经政法大学）。到了中南财经学院以后，遇到

---

* 《经济学动态》2018 年第 9 期。

①　张卓元，广东梅州人，中国社会科学院学部委员、中国社会科学院经济研究所研究员。曾任中国社会科学院财贸经济研究所所长、工业经济研究所所长、经济研究所所长、国务院学位委员会委员、孙冶方经济科学基金会理事长、秘书长。现任孙冶方经济科学基金会荣誉理事长、评奖委员会主任。

了张寄涛先生，他是在中国人民大学进修过的，教我们《资本论》《政治经济学》，他在《资本论》上造诣很深，对我的学习影响很大。我记得那时每次上他的课，我都争取坐在第一排，他的课实在是太吸引人了，张寄涛先生是我经济学知识最重要的启蒙者。毕业那年，我还在《中南财经学院学报》上发表了一篇文章（《关于社会主义制度下价值规律的作用》），分析价值规律在社会主义经济中的作用，现在这篇文章已找不着了。1954 年毕业时分配工作，当时国家给了中国科学院一个优惠政策，就是可以优先到各个学校选人，中国科学院经济研究所就到中南财经学院把我和利广安挑去了。

到了中国社会科学院经济研究所以后，我先在政治经济学组和《经济研究》编辑部工作。1957 年孙冶方到经济研究所担任所长后，我参加了孙冶方主持的《社会主义经济论》的编写和整理工作，在这些过程中，我学习和了解到了孙冶方的很多观点，对他的很多观点先是觉得很新奇，也从中得到很多启发，慢慢地对他的一套理论观点比较相信，包括生产价格论、价值是生产费用对效用的关系、价值规律的作用等，这对我后来的研究工作影响很大。1958 年，骆耕漠调来当《经济研究》主编。骆老待人非常随和，当时我们都是三四个人一间办公室，他一个人一间办公室，不久他就把他办公室的钥匙给了我，他不在的时候我就可以在他办公室工作。1959 年，在上海举行了新中国第一次经济理论讨论会。在这次会议前后，我和于光远认识和熟悉了。上海会议回来以后，1959 年 5 月和 6 月，我和陈吉元两人经常到于光远办公室一块讨论问题，协助于光远写了 5 万多字的《关于社会主义制度下商品生产问题的讨论》一文，发表在《经济研究》1959 年第 7 期。在经济研究所和这些大家的接触使我获益匪浅，学习到了很多东西，特别是孙冶方给予了我很多教诲，加深了我对社会主义经济规律的理解，这为我以后研究社会主义商品经济和价值规律打下了良好基础。在我印象中，孙冶方为人和气，1957 年他来所后，正值反"右"运动时期，孙冶方只抓学术，不抓运动，他带领大家一起研究社会主义经济问题，并强调调研意义，鼓励大家勇于探索社会主义经济规律，实事求是、标新立异、发现真理，不搞教条主义；强调理论研究要尊重规律、敬畏规律，要从实际出发。孙冶方的这些做法给经济研究所带来了一股清新风气，大家都很尊重他。

孙冶方是我的良师益友，在某些具体观点上，我也写过文章提出了不同意见，这些都属于正常研究工作中的异见。即使在"文化大革命"中遭到批斗，孙冶方仍矢志不渝坚持原则，不随风倒，他的"三不改"——一不改志、二不改行、三不改观点，是他身上最宝贵的品质，也是让大家最敬佩之处，这些精神都值得我们学习。总的来说，"文化大革命"前，我是在孙冶方观点的启发下研究社会主义经济规律问题的，在当时环境下，主要还是从《资本论》的概念范畴出发进行讨论，如价值、价格、价值规律的作用等。

我的主要研究成果是改革开放以后做出的。1979 年，我和吴敬琏负责经济研究所派出的 7 人写作小组协助孙冶方整理他的《社会主义经济论》文稿，每天与孙冶方对谈、记录和整理。1985 年，作为多年来对孙冶方经济思想研究的一个总结，孙尚清、我和冒天启出版了《论孙冶方社会主义经济理论体系》，指出孙冶方经济理论作为一个体系，是与来自苏联教科书的传统社会主义经济理论迥然不同的体系，传统的社会主义经济理论体系是排斥价值规律作用的，社会主义经济必须尊重价值规律是孙冶方经济理论体系的基础，社会主义经济计划要放在价值规律基础上。与此同时，孙冶方提出的资金核算论、生产价格论和对社会生产流通过程的分析无一不闪耀着智慧的光芒。孙冶方强调价值规律是社会主义经济的客观规律，在今天看来仍然不过时，孙冶方也因此被称为"价值规律大学校的校长"。近年来，我还担任了《孙冶方文集》的编委会主任，该文集于 2017 年由知识产权出版社出版，这对研究中国经济学有重要意义，也寄托着我们对孙冶方的深深怀念。

1983 年，我到中国社会科学院财贸经济研究所当所长，一当就是 10 年。由于工作需要研究价格改革，我们的观点在社会上产生了较大影响。当时中国价格学会会长是国家物价局局长，学会秘书长王振之是财贸所价格室主任，我们关于价格改革的观点通过价格学会等渠道在社会上传播，对当时国家物价局的价格改革工作也起了作用。当时，我长时间担任中国价格学会副会长，学会每年开一次会，国家物价局领导都来参会。1993 年，我到工业经济研究所担任所长，当了 2 年。应改革形势发展和工作需要，我转向研究国有企业改革。1995 年，我回到经济研究所担任所长，当了 3 年。这一时期主要研究社会主义经济体制改革的理论问题，并多次参加了中央文件起草，主要是参与起草经济体制改革部分，并做了一些经济思想史的研究工作，先后主编和合著出版了《论争与发展：中国经济理论 50 年》《中国经济学 30 年（1978～

2008）》《中国经济学 60 年（1949～2009）》《新中国经济学史纲（1949～2011）》等著作。

胡家勇、陈健：您多次参与中央重要文件的起草工作，对中国经济改革和发展起到了推动作用。您可否介绍一下亲身参与和经历的这些中央重要文件的起草情况？

张卓元：改革开放以后，我在做社会主义经济理论研究工作外，同时参与了中央一些文件的起草和决策咨询工作。1987 年，我第一次受邀参加中央召开的专家会议，商讨流通体制改革问题。从那以后，我先后十几次参加了中央文件的起草，包括党的十五大、党的十六大、党的十七大三次党的全国代表大会报告的起草；党的十四届三中全会文件的起草；党的十五届四中、五中全会文件的起草；党的十六届二中、三中、四中、五中全会文件的起草；党的十八届三中全会文件的起草；还有一次参与胡锦涛同志纪念改革开放三十周年文件的起草。

我印象深刻的是，1991 年 10～12 月参加江泽民同志主持的 11 次专家座谈会。这几次座谈会讨论三个问题：一是为什么资本主义垂而不死，二是东欧剧变的原因，最主要是为 1992 年召开党的十四大如何确定经济改革目标做理论准备。众所周知，党的十四大是改革开放历史上具有深远影响的一次党代表大会，确立了社会主义市场经济体制改革目标。这些座谈会讨论了此后深化经济体制改革的内容、如何定经济体制改革的目标等问题。当时中国社会科学院有 5 个人参加——刘国光、我、蒋一苇、李琮和陈东琪，吴敬琏、林毅夫、周小川、郭树清等也参加了。经过多次讨论，大家取得了比较一致的认识，就是要把建立社会主义市场经济体制作为改革的目标。座谈会最终形成了"一个共识、两个要点"："一个共识"是指社会主义市场经济体制，"两个要点"是指国家宏观调控和市场在资源配置中起基础性作用。

今天看来，这 11 次座谈会应该说对社会主义市场经济体制改革目标的确定是起了作用的，为 1992 年党的十四大确立社会主义市场经济体制改革目标做了一定的理论准备。从时间上看，这 11 次座谈会在邓小平南方谈话之前。南方谈话是在 1992 年春，估计座谈会的记录稿会送到他那里去。过去都说邓小平南方谈话中的那段话：即"计划多一点还是市场多一点，不是社会主义与资本主义的本质区别"，对把社会主义市场经济体制作为改革目标起了非常重要的作用，这没问题。但是同时也可以说，江泽民同志在 1991 年 10~12 月主持的 11 次专家座谈会形成的共识，对中央下决心把社会主义市场经济体制作为经济改革目标也起了重要作用。这在当时来说意义是很重大的，因为当时理论界的认识还不一致。把社会主义市场经济作为经济体制改革的目标，对于体制改革实际部门没有什么异议，他们倾向于让市场在资源配置中起基础性作用。但在理论界，受传统社会主义经济理论束缚，把社会主义和市场经济对立起来的思想仍大有人在，有些比较有名的经济学家并不太赞成市场经济体制。在这些座谈会上，大家一致认为应该把建立社会主义市场经济体制明确写上，然后给两点解释：一是建立社会主义市场经济体制，就是让市场在资源配置中起基础性作用；二是国家要有宏观调控，因为市场经济不能放任自流，放任自流不得了，也不行。所以说，座谈会及形成的"一个共识、两个要点"对当时中央定下经济体制改革目标，对党的十四大把社会主义市场经济体制作为改革目标，是起了作用的。这些共识形成的意义今天看来仍然是很重要的。

我现在还记得，当时我在座谈会上的发言讲到过价格体制的改革。经过改革开放以来的价格改革，到 1991 年，农副产品和消费品以及生产资料，市场调节价格的比重都超过 50%，可以说市场定价的部分已经占到了主导地位。回顾这一历程，价格的放开，市场的搞活，对整个国民经济的活跃都起了很重要的作用。我们谈论的所谓市场，首先就是要放开价格，一放开价格就能够形成市场，市场有了，国民经济就活了。2012 年，在党的十四大提出确立社会主义市场经济体制 20 年之后，江泽民同志写了封信给周小川，要我们当年参加座谈会的几个人去座谈一下。2012 年 7 月 9 日，周小川、郭树清、吴敬琏、陈东琪和我，五个人又去见江泽民同志，大家一起回忆那次座谈会在改革开放过程中起的作用和贡献。后来，我们五个人都写了一篇回忆的文章，林毅夫当时在国外，没参加会见，也写了一篇回忆文章，这六篇回忆文章收录在 2012 年中央文献出版社出版的《江泽民与社会主义市场经济体制的提出——社会主义市场经济 20 年回顾》一书中。这些回忆文章有助于人们更好地了解社会主义市场经济体制改革的酝酿和提出过程。

我第一次正式参加中央文件的起草是 1993 年党的十四届三中全会文件。现在很多文章都说这次全会文件的起草是 5 月 31 日开始的，我记得是 6 月 1

日，通知我们九点半开会，我们九点前就到了，在外面散步，突然来电话说赶紧过去，总书记已经到了，在会场等我们。这点我印象很深。这次全会就是要对党的十四大确定的社会主义市场经济体制改革目标加以具体化。党的十四大刚刚开完，对社会主义市场经济体制本身是怎么构成的，大家都还不是很清楚，需要对这个改革的目标具体化。起草小组成员分了几组，比如所有制改革包括国有企业改革组、市场体系组、分配组、宏观调控组、社会保障组等，我在市场体系组，这个组有三个人：高尚全、郑新立和我。这次全会要给社会主义市场经济体制定下"四梁八柱"，也就是定下一个基本框架。所有制组，提出了要以公有制为主体、多种经济成分并存，当时还没有提基本经济制度，但内容已提出来了。国有企业改革方向是建立现代企业制度，有四个特征。市场体系组，就是我们组，提出要建立统一、开放、竞争、有序的市场体系，这个提法是这次全会定的。宏观调控组，提出以间接调控为主。当时没有专门讲对外开放，对外开放放在了我所在的市场体系组，国内市场与国际市场相互衔接。这些基本提法，现在看来应该说还是站得住的，除了其中一条，就是分配方面的效率优先、兼顾公平的提法，2004年以后就不再提了，主要是收入差距过大的问题已经比较突出了。2004年，党的十六届四中全会文件《中共中央关于加强党的执政能力建设的决定》我也参加了起草，最初还有效率优先、兼顾公平的内容，但后来在征求意见过程中，我印象最深的是退下来的几位老同志以及不少地方领导，都建议不要再提效率优先、兼顾公平了，而是应该效率和公平并重，而且在再分配过程中要更加注重公平问题，因为收入差距过大了，社会反映强烈。除了这个以外，我认为到现在为止对社会主义市场经济基本框架的论述还是有效的。

党的十四届三中全会文件的起草，最困难的是确立现代企业制度的四个基本特征。因为在此之前国有企业改革一直在放权让利里打转，包括后来承包制。尽管当时就有学者提出来要以现代企业制度，就是现代公司制作为国有企业改革的方向，但实际上一直到1992年还主要是在搞承包制。要以现代企业制度作为国有企业改革方向，现代企业制度是什么，有哪几个特征，成为起草文件的难点。我记得很清楚，我们市场体系组写的那段话比较早就通过了，没有太多意见，然后又把我临时加到国有企业改革那个组去。国有企业改革内容的焦点就是现代企业制度的基本特征怎么概括。我印象中好像刘国光也加进来了，还到当时国家经委请人，国家经委来了两三个负责同志，印象最深的是陈清泰，他当时是国家经委副主任，主管国有企业改革。大家开了好几次会后，最后把"产权清晰、权责明确、政企分开、管理科学"这四条作为现代企业制度基本特征定下来。在定下来之前，比如说管理科学要不要放进去，也经过了一番讨论。现在看来，这四个特征是比较准确的，起码到现在为止还是能站住，集中了各方面的智慧。

1999 年我参加党的十五届四中全会文件的起草，是关于国有企业改革的。那次文件起草组组长是吴邦国同志，他主管工业，主管国有企业改革。那个文件起草得比较顺利。这次国有企业改革文件起草有个特点，是对 1997 年，党的十五大关于国有企业改革，包括从战略上调整国有经济的布局，对国有企业进行改组以及健全现代企业制度等进行具体化。党的十五大报告作为党代表大会报告，牵连到政治、经济、社会、党的建设等很多方面，有关国有企业改革不可能写得太多。党的十五大报告已经提出了从战略上调整国有经济布局，对庞大的国有企业进行改组，提出了"抓大放小"，要求从整体上搞好国有经济，不要求把每个国有企业都搞好。而具体怎么来落实，是在党的十五届四中全会上决定的。

党的十五届四中全会对国有企业改革做了比较系统的论述，这里面我觉得有几个地方值得一提：一是在党的十五大提"抓大放小"，到党的十五届四中全会提抓大的同时，提出"放开搞活国有中小企业"，等于是"抓大放中小"；还有一个我觉得也很重要，党的十五大报告起草的时候，写了对国有企业进行公司制改革、完善公司法人治理结构这些话，但法人治理结构这个提法是从国外来的，在征求意见过程中，有的同志认为，法人治理结构是什么？很多人可能不懂，所以不赞成把法人治理结构写上去，删掉了。可是才过了两年，到了党的十五届四中全会，就把法人治理结构说成是公司制的核心，而且对法人治理结构里面董事会、监事会、经理层、职代会、党委会的几个关系说得比较清楚。后来我说过，这是中国改革开放进展之快，人们认识程度提高之快的标志。前两年，有人还说看不懂不同意写入报告，才过两年，已经变成文件里的核心概念了，而且其中关于董事会、监事会、职代会、党委会的关系，董事长和总经理要分设，党委书记和董事长可以一人兼任，这些内容当时都写得很清楚。这是党的四中全会决定相对十五大报告的一个很大的进展。文件写得很好，但是落实起来还不是太令人满意。

我在 2005 年参加了《中共中央关于制定国民经济和社会发展第十一个五年规划的建议》的起草工作。当时已经认识到了由于改革开放和经济的快速发展，资源和环境承受力到了极限，成为经济发展的硬约束。所以，2005 年中央就提出来要转变经济增长方式，建设资源节约型和环境友好型社会，而且提出像开矿不付开采费、环境污染不付成本，通过破坏生态环境来加快经济发展，把很多高能耗产品往国外出口、把污染留给国内等，这些现象要改变。我还记得当时非常明确提到为什么会造成这些问题，如果使用经济杠杆的话，哪些经济杠杆能够抑制资源环境的恶化。一次在起草组副组长曾培炎主持的会上，提出了几个经济杠杆来促进经济增长方式转变和改变破坏资源和环境的做法：一是财政杠杆，主要是税费，破坏环境要付成本，矿山的开采要交费；二是价格杠杆，资源能源的价格太低了，油气价低，电价低，还有像水资源，农业采取大水漫灌式灌溉，用水不收费。当时还有人引用了世界银行材料，国外节约能源和淡水最主要就是靠提高价格。破坏资源和环境还有一个很重要的原因是地方政府的行为，地方政府为了追求 GDP，不顾一切后果地破坏资源和环境，造成的后果很严重。在规划起草工作会议上，分析讨论的结论是，为了遏制这些破坏，最重要的是税收杠杆和价格杠杆，还有约束政府行为。政府的政绩考核不能以 GDP 论英雄，出口政策不能为了赚外汇就把污染留在国内，用低价竞争的办法来出口创汇。所以，在"十一五"规划中专门讲到了政府改革，主要是因为地方政府不顾一切追求 GDP 的快速增长而破坏资源环境，提出了要转变经济增长方式。这次规划是 21 世纪以来最早提出转变经济增长方式的，虽然在 1995 年党的十四届五中全会上提出了"两个根本性转变"，其中一个是经济增长方式从粗放型向集约型转变，但是后来就没再提了。进入 21 世纪提出转变经济增长方式，是因为资源和环境的瓶颈制约越来越突出，不转变不行了。为了转变经济增长方式，当时提出最主要的是抓政府改革，它是全面深化改革和提高对外开放水平的关键，这一提法我觉得还是很准确的。"十一五"规划还有一个新的做法，就是请世界银行、联合国在我们制定规划建议时提供材料和咨询意见，他们的意见也供起草组使用。"十一五"规划还有个新的地方，就是从"十一五"开始，把原来"五年计划"改为"五年规划"，这是与社会主义市场经济体制相适应的一个称呼。通过参加"十一五"规划的起草工作,我在《经济研究》2005年第11期上发表了一篇文章《深化改革,推进粗放型经济增长方式转变》,阐述了"十一五"规划建议对转变经济增长方式的意义。

2007年,我参加了党的十七大报告的起草,报告最主要的就是阐释科学发展观。报告起草过程中,在外出调研和征求意见时,讨论比较多的问题就是究竟是以和谐社会,还是以科学发展观作为以胡锦涛为总书记的党中央的代表性创新观点,当时开了好几次会,多数主张用科学发展观,一部分主张和谐社会,另一部分主张两个都是。经过反复讨论,认为科学发展观比较合适。还有就是科学发展观进一步把经济增长方式转变改为经济发展方式转变。我记得在党的十七大报告经济组起草过程中,一次经济组组长偶然在外面碰到我,对我说,领导给他打电话说想把转变增长方式改为转变发展方式,征求我的意见,我表示赞同,说经济发展方式转变可能会面宽点,增长方式转变会面窄点。转变经济发展方式在当时有三个标志:一是促进经济增长由主要依靠投资、出口拉动向依靠消费、投资、出口协调拉动转变;二是由主要依靠第二产业带动向依靠第一、第二、第三产业协同带动转变;三是由主要依靠增加物质资源消耗向主要依靠科技进步、劳动者素质提高和管理创新转变。这三个转变,应该说是对2005年"十一五"规划建议中经济增长方式转变提法的进一步发展。直到现在,转变经济发展方式这条路还在走。

党的十八届三中全会是部署全面深化改革的一次重要会议,我也参加了会议决定的起草工作。这个起草工作事先我都没想到,突然通知我参加的。第一次会议成立了起草小组,分成两摊:一摊是工作班子,是具体执笔的;另一摊主要是参加讨论的。党的十八届三中全会起草组由习近平总书记亲自担任组长,总书记任中央全会文件起草组组长,这在之前我是没有见过的。现在看来,党的十八届三中全会决定有几个比较突出的地方。首先,把市场的基础性作用改为决定性作用,此前就我看到的理论文章里,还没有出现过市场起决定性作用的提法,这个提法当时也不是起草组自下而上提出的。我记得有次会议领导在工作班子上说,起草组领导有个设想,关于市场在资源配置中的作用,是不是能够再往前走一步。大家说,已经用更大范围更高程度来形容市场的基础性作用,词已经用尽了,再往前走"基础性作用"就要改了。然后让一些单位,我记得有国务院发展研究中心、中央政策研究室等几个单位提方案，后来提了几个"往前走"的方案，最后还是觉得用决定性作用代替基础性作用最好。我记得有个方案是"由市场来决定资源的配置"，这当然也可以，但是用决定性作用代替基础性作用会更明确一点，由原来的"基础性作用"改为"决定性作用"，后来大家都觉得还是这个最好，就采纳了。这是因为当时感觉政府直接配置资源太多了，干预经济活动太多了。这是党的十八届三中全会的一个比较大的亮点。其次，提出混合所有制是基本经济制度的重要实现形式，积极发展混合所有制经济。我记得有人提出积极发展混合所有制经济后，大家觉得好，也是新提法。党的十八届三中全会提出发展混合所有制经济的背景是，经过那么多年发展，公有制经济资本跟非公有制经济资本，特别是民营资本，还有居民储蓄，都很雄厚了，要更好地让国内资本充分发挥作用，发展混合所有制经济是一个好的设想。强调发展混合所有制经济，可以为自然垄断行业放开竞争性业务打开一条通道。党的十八届三中全会还提出了国有企业利润上缴公共财政，比例应该提高到30%，这是文件中唯一用统计数字的表述。本来会议文件起草过程中有两个数字表述的，但另一个没有通过。这次全会提出国资委要以管资本为主，实现从管企业为主到管资本为主的转变，有的主管部门领导不是太能接受，也有过一番协调。现在看来，这几年的改革是按照文件往前走的，这是党的十八届三中全会重要意义的体现。但是，如果说其他各方面改革推进得还可以，国企改革是最艰难的。我总感到国企改革好像有点走的不是太顺畅。党的十八届三中全会决定里，还有个新的突出之处，就是把生态文明体制单独列为一部分，说明对环境生态文明建设的重视。过去一般来说"三位一体"，即经济、政治、文化建设，党的十七大加了"社会建设"，党的十八届三中全会把生态文明体制建设列入，形成"五位一体"，现在看来针对性很强。但是它又不是突然提出来的，刚才已经谈到，2005年"十一五"规划建议就已经提出了资源和环境问题，这次全会则更进一步了。

胡家勇、陈健：张老师，您多次参与中央的文件起草和决策咨询，为改革建言献策并产生了影响，在这些工作中您提出的主张合理有据，这是建立在您深厚的学术研究基础之上的。在这些研究中，早期您从事价格改革的研究，能否介绍一下在价格改革研究上的主张和建议？

张卓元：我在价格改革方面的研究最早要追溯到改革前所做的社会主义

经济中价值规律作用的研究。孙冶方特别强调价值规律的作用，他甚至为此遭到党内批斗，但社会主义经济中价值规律是客观存在的。孙冶方的观点对我很有启发，孙冶方赞同恩格斯关于"价值是生产费用对效用的关系"的论述，我也认识到这是一个正确的命题，并且至今仍有重要的现实意义。1962年11月26日我在《光明日报》经济学专刊发表了《对"价值是生产费用对效用的关系"的初步探讨》一文，论证了商品社会使用价值，即效用，是商品价值能够实现的前提。在孙冶方提出的生产价格论的基础上，1964年我与何建章对社会主义经济中的生产价格的作用做了研究，用笔名张玲在《经济研究》1964年第5期与何建章联名发表了《试论社会主义经济中的生产价格》一文，从理论上系统地论述了社会主义经济中存在生产价格的客观必然性和重要作用。在当时，我、何建章和孙冶方、杨坚白等一起成为较早提出生产价格论的一批人。利润是在社会主义经济中表现经济活动效果的重要指标，社会主义经济中商品价值仍然会转换为生产价格，社会主义经济的计划价格也应以生产价格为基础，改革开放的事实证明了价值规律存在的客观性。1981年，我与何建章将社会主义生产价格的相关思想编纂出版了《试论社会主义经济中的生产价格》一书，主张经济体制改革要以生产价格作为工业产品定价的基础，改变原来的资金无偿占用制度，以资金利润率作为评价经济活动的标准，以生产价格作为制定价格的基础。1983年，我出版了《社会主义经济中的价值、价格、成本和利润》一书，就价值、价格、成本、利润之间关系，成本和利润对于企业核算和社会主义经济的重要性做了阐述。

承认社会主义经济中价值规律的作用和生产价格，也就不可避免地使我逐步认识到社会主义经济具有商品经济性质和市场经济性质，我对社会主义商品经济的研究也是从早期的价值规律和生产价格研究延伸过来的，以生产价格为基础，尊重价值规律，必然要求扩大企业自主权，让企业成为商品生产者。传统社会主义经济理论总是把计划经济和商品经济对立起来，把价值规律看成异己。另外，出于实事求是的探索精神，中国经济学界不断掀起关于社会主义经济中价值规律作用讨论，改革开放伊始就演变为关于社会主义经济的商品经济属性的大讨论，这是很自然的。孙尚清、陈吉元和我在《经济研究》1979年第10期发表了《试评我国经济学界三十年来关于商品、价值问题的讨论》，对经济学界关于商品和价值的讨论做了分析。孙尚清、陈吉元和我（笔名张耳）在 1979 年的《经济研究》第 5 期上发表了《社会主义经济的计划性和市场性相结合的几个理论问题》，认为有计划发展规律的调节作用和价值规律的调节作用，两者的一致性是主要方面，我国是在经济落后基础上建设社会主义，发展商品经济是必然要求，社会主义经济计划性和市场性是统一的，并且我们还强调价格是改进经济管理体制的关键性环节。1980 年，孙尚清、陈吉元和我编著的《我国社会主义经济的计划性与市场性的关系》出版，对这两者关系做了系统的论述。在社会主义经济是商品经济这个问题上，当时对我特别有意义的一件事是，1984 年党的十二届三中全会文件开始起草时，仍提出"计划经济为主、市场调节为辅"，胡耀邦总书记不满意，正在此时，马洪院长要我和周淑莲、刘增禄等撰写《关于社会主义制度下我国商品经济的再探索》，提出社会主义经济同时也具有商品经济的属性。商品经济的对立物不是计划经济，而是自然经济，不要把计划经济和商品经济对立起来。马洪院长把这篇文章送上去征求意见，得到了王震等一些老一辈革命家的支持，当时国务院领导人也拿到了这篇文章，他拿到的另一篇类似文章是高尚全组织编写的，在给其他常委题为《关于经济体制改革中三个问题的意见》的信中，提出了"社会主义经济是以公有制为基础的有计划的商品经济"，邓小平、陈云分别批示同意。由此，党的十二届三中全会决定正式提出社会主义经济是有计划的商品经济，并强调了价格体系的改革是整个经济体制改革成败的关键，改革向前迈出了一大步。回顾这个过程，我们经济学界为这个决定的出台做出了一份贡献。上述内容，在彭森和陈立等的《中国经济体制改革重大事件（上）》①一书中有更为详细的论述。

1988 年，我出版了《论我国社会主义有计划的商品经济模式》一书，对有计划的商品经济在经济体制改革中的地位和具体内容做了思考。

确立社会主义经济是商品经济，意味着社会主义经济关系是商品生产关系，市场协调是商品经济运行的基本特征，它通过价格机制来调节商品的生产和流通，在保留国家对小部分重要商品控制的基础上，放开大部分商品价格让市场价格自发出现，价格改革就成为发展社会主义商品经济题中应有之义。我在 1986 年的《财贸经济》第 7 期上发表的《论价格体制从直接管理

---

① 中国人民大学出版社 2008 年版。

向间接管理转变》一文提出，社会主义价格理论研究必须以有计划的商品经济为根本出发点，价格改革要实现国家对价格从直接管理逐步转变为主要进行间接管理。我认为，有计划的商品经济意味着商品经济是基本形式，因而要较多地实行市场自由价格，以市场自由价格为主，少部分产品由国家定价。我所主张的价格改革目标是以市场自由价格为主，而当时有的主张以计划价格为主、市场价格为辅，有的主张以指导价格为主，形成了明显的区别。只有市场化价格占主导地位，市场机制才能起到调节商品生产的应有作用。这绝不仅仅是理论争论。改革开放初期，我印象特别深的一件事是，农民用大铁筐弄一大筐活鱼跑到三里河来卖，大家都感到非常新鲜。那个时候，能买到一条活鱼是很不容易的，大家马上排队买。回过头看，把水产品、水果、蔬菜的价格一放开，物价跟着会上涨点，但物价涨了以后，刺激了生产和供应，四面八方的东西都到你这里来，所以涨价也涨不了太多，因为供应也增加了。在计划经济年代，多少年来买什么东西都排队，供应那么紧张，很多很想吃的东西根本买不着。改革开放后价格一放开，市场也搞活了，物资供应增加了，对整个国民经济的活跃起了很重要的作用。价格放开市场搞活，其实不需要长篇大道理的争论，这是生活的事实。

我倾向于市场化价格改革，通过市场来形成价格，让价格回到市场交换中形成。当时，关于价格改革是不是坚持市场化改革方向是存在一些争论的。一是涉及生产资料价格双轨制的并轨，1991 年生产资料双轨制的价差已经不是很大了，50% 左右甚至更低，当时我们认为并轨条件有了，可以基本并到市场轨。记得当时在某次价格学会会议上，有人主张生产资料，特别是最重要的生产资料并到计划轨，在会上我们发生了争论。最后还是确认应主要并为市场价格单轨制。当时还有一种主张，想搞决策价格体系，就是通过计算影子价格作为价格基础。这种价格改革模式，我当时也是不赞成的，也有争论。影子价格的核心在于它还是计划价格，不是靠市场来形成，我坚持认为，价格只能主要依靠市场来形成。价格改革是市场化的改革，而且必须是全面的改革，这不仅包括一般消费品价格由市场形成，这个当时争议较小，还应当包括生产要素形成市场和市场化定价，这个观点是我们研究团队较早提出的。我在 1994 年的《中国工业经济》第 7 期上发表《发展市场体系，深化价格改革》一文中明确指出了这点。价格改革以市场化定价为核心，也不意味着国家的宏观调控就不管了，放任价格波动，这也是有害的。社会主义市场经济不仅规定市场的基础性作用，也规定了国家宏观调控的作用，包括国家建立起有效的价格调控体系，实现对部分关系国计民生的重要商品进行价格调控。

价格改革还有一个重要部分是自然垄断部门要推进价格形成机制改革，放开市场价格要重视保护竞争和反垄断。随着技术进步，原本的自然垄断行业业务可以分解，其中一些可以引入市场竞争和定价，对于仍属于自然垄断性的业务，国家依法进行价格监管。资源产品市场化价格改革，则是建设资源节约型社会的根本着力点，我在2005年的《中国经贸导刊》第22期上提出了资源产品价格要反映稀缺程度。长期以来我国资源价格受政府管制，明显偏低，包括地价、水价、能源、矿产品价格等，都是偏低的。建设资源节约型和环境友好型社会、转变经济增长方式需要进一步推进价格改革，纠正资源产品价格长期偏低的状况，我主张加快生产要素和资源品的市场化价格改革，指出这是建设资源节约型和环境友好型社会的根本着力点，这也与政府行政管理体制改革相联系。实事求是地说，价格改革在20世纪90年代取得巨大成功后，生产要素和资源品的价格改革进展相比之下并不快，直到2014年4月15日，我在接受《中国证券报》记者采访时仍呼吁进一步的价格改革，突破口在于资源品价格改革，这甚至比要素价格改革还迫切。用阶梯计价的办法保基本，必须拿捏好提供基本公共服务和体现资源稀缺性之间的一个"度"。未来的价格政策应根据国情更多地鼓励节约。

现在我们早已熟悉了市场价格的形成，但是回顾改革开放初期的20世纪80年代，在原来的计划经济下，价格是由国家计划制定，价格改革成为整个经济体制改革的突破口。关于这件事情，80年代中后期经济学界有过一场广泛的争论，争论的双方分别主张经济体制改革的主线是市场价格改革，还是企业所有制改革。后者的代表人物是厉以宁，他认为企业所有制改革是经济体制改革的主线和关键，而价格改革则不是。我当时的主张是企业所有制改革固然重要，但如果没有一个充分竞争的市场环境，通过价格改革来实现价格模式转换，在重重计划价格的束缚下，再好的企业改革方案，实施起来也要打很大的折扣。因此，价格改革是搞活企业不可缺少的一部分。这些观点收录在我1995年的文集《论中国价格改革与物价问题》中。这场争论在当时学界和社会都产生了一定的影响，也促进了对社会主义经济规律和经济体制改革目标认识的深化。

在价格问题上，除了坚持建立市场价格体制，我还不赞成通货膨胀政策。我一直认为，价格改革一定要在市场比较宽松的条件下进行，通货膨胀只会破坏价格改革的进行。1988年的价格闯关我是不赞成的，价格改革需要稳中求进。记得1988年一次在国家计委开会，第一个发言的是薛暮桥，他担忧现在物价涨得这么厉害，价格闯关是否可行，我发言支持了他的意见。后来我关于价格改革的规律性也讲了，一定要在排除通货膨胀的干扰下，价格改革才能顺利进行。价格改革还要注意逐步推进，先是放开一般消费品和工业生产资料价格，然后是推进资源产品和要素价格市场化，实现从狭义的价格改革扩展到广义的价格改革。价格体制转换是整个价格模式转换的关键，要通过整个体制改革来理顺价格关系，不能靠计划调价来调顺价格关系，这是行不通的，一定要形成能够自动理顺价格的一个市场价格体制才行。这些观点都收录在1990年我主编的《中国价格模式转换的理论与实践》和1996年我主编的《新价格模式的建立与市场发育的关系》等书中，并就价格改革的经验教训做了归纳。《中国价格模式转换的理论与实践》获得了第一届薛暮桥价格研究奖。在主张市场化的价格改革基础上，我还倡导重视社会主义流通问题研究。以往计划经济重生产轻流通，改革后流通领域的重要性日益显现，社会主义流通问题，也是社会主义商品经济必须研究的课题，1993年我与王绍飞共同主编的《社会主义流通经济研究》就是这方面研究成果的汇集。

价格改革是经济体制改革成败的一个关键，也是经济体制改革中常常走在前列的部分。回顾这一历程，价格改革并不是凭空拍板决定的，而是有着深厚的历史背景和理论准备的。在经济学界，社会主义建设开始不久，关于社会主义经济是由计划发展规律还是价值规律起主导作用的探索与争鸣就开始了，为改革开放后的价格改革做了长时间的积淀。我进入经济研究所后，受到了孙冶方、于光远、骆耕漠的影响，他们又是这些讨论的主角，我从认识价值规律的作用出发，改革开放后逐渐产生以市场化推进价格改革的看法，思想是一脉相承的，与后来坚持稳定地推进以市场经济为导向的经济体制改革的主张是逻辑一致的。国内经济学界的几场大讨论，不管从价值规律的讨论，到商品经济的讨论，再到价格改革还是企业改革优先的讨论，我都有幸参与了这段波澜壮阔的思想碰撞，见证了这几次大讨论对社会主义经济学发展的深远影响和对经济体制改革进程的有力推动。

胡家勇、陈健：张老师，您的价格理论研究形成了体系并取得广泛社会影响，同时推动着 20 世纪 80 年代的价格改革。随着工作岗位的变换，您的研究主题又转到了国有企业改革，您能否介绍一下您在国有企业改革上的主张和建议？

张卓元：随着价格改革的逐步推进，价格双轨制到 1991 年就基本并到市场轨了。在改革初期我认为，比较理想的价格改革是 80% 由市场调节定价，20% 政府调节定价，现在 97% 以上已经是市场调节价格了，价格改革的力度比我当初设想的理想状况还要大，这充分反映了价格改革取得的成就。当然，正如 2005 年"十一五"规划建议所强调的资源和环境破坏问题，其中一个重要原因是资源定价过低，环境保护缺乏价格杠杆的作用，这方面的价格问题是存在的，与政府行政管理体制改革的滞后有关。1993 年我调到工业经济研究所担任所长，此时，国有企业改革越来越成为经济体制改革的重点。那时，随着价格改革取得重大进展，国有企业面临的问题以及如何改革开始变得日益突出。1992 年党的十四大正式提出了社会主义市场经济体制的改革目标，与价格改革不同，国有企业改革的进展缓慢，但国有企业改革日显紧迫。而且，国有企业如何与社会主义市场经济相融合，成为改革的关键，也是社会主义市场经济体制改革目标能否实现的一个关键。

国有企业改革在 20 世纪 80 年代先后经历了扩大经营自主权、"两步利改税"、承包制等经营责任制方面的改革，但一直存在两大问题：一个是政企难分开，另一个是企业内部人控制。这两大问题是以往承包制等改革措施所无法解决的。如果说以往国有企业改革出发点是扩大经营自主权，社会主义市场经济体制提出后国有企业改革就必须站在适应整个社会主义市场经济体制的高度。我多次撰文主张加快国有企业改革步伐，首先是国有企业的改革目标，与以往具体着眼于某个方面的改革，适应社会主义市场经济的国有企业改革应着眼于整个制度创新，这就是 1993 年党的十四届三中全会提出的建立现代企业制度。当时，我是现代企业制度的拥护者。为了加快推行现代企业制度，我主张加快国有企业，特别是中央企业改革步伐，实现公司制改革，尽快改变绝大部分中央企业（集团公司一级）仍是国有独资和尚未转为现代公司的状况，要进行真正的规范改革，而不是成为"翻牌公司"。公司制改革要注意投资主体的多元化，进一步还要解决"一股独大"的问题，从而形成合理的公司治理结构。有条件的国有企业不仅要实施公司制改革，还要实施大公司战略，跻身世界大企业行列，这也是国有经济要控制国民经济命脉的表现，为此应当鼓励兼并，支持优势企业扩张。而为了鼓励兼并和支持优势企业发展，发展资本市场、拓宽企业融资渠道是十分必要的。我在1999年的《社会科学辑刊》第1期上撰文指出，除了少数国有独资公司以外，大多数公司都应具有多元投资主体，可以由多个国有投资公司和非国有投资者作为投资主体，以利于政企分开和转换经营机制，这是在所有制结构的重大调整和公有制新的实现形式的一种探索。

在国有企业建立现代企业制度的基础上，我建议加快国有经济布局和结构的战略性调整。党的十六大报告提出要在2020年建成完善的社会主义市场经济体制，国有企业改革是其中重要一环。国有企业改革并不是意味着要搞好每一家国有企业，这也是不可能做到的，应着眼于国有经济的整体好转和与市场经济的结合。我在1997年的《财经界》第12期上发表的《国有经济的准确定位》一文中谈到了这点，指出国有经济的范围搞得过大，比重过高，不利于生产力的顺利发展。我们调整和完善所有制结构的一个重要内容，就是要适当收缩国有经济，把资金、技术、人才等集中到控制国民经济命脉的大型骨干企业上面。国有经济的布局调整，抓大放中小，使国有资本更好地集中在能发挥自己优势的行业和领域，与有条件的国有企业实施大公司战略是完全一致的。

除了现代企业制度和国有经济布局调整，我在国企改革上的再一个建议是加快垄断行业改革，积极引入竞争机制。在价格改革中我提出垄断部门要推进价格形成机制改革，垄断行业是我国国有经济最集中的领域，与价格改革一样，垄断行业的改革也是国有企业改革的一个重点。我与路遥在2003年的《财经论丛》第1期上发表的《积极推进国有企业改革》一文中谈到，垄断行业表面上是以行业的自然垄断特性为由实行垄断经营，实质上在相当程度上是行政垄断、部门垄断，谋取部门利益，使部门利益固化。与垄断行业的价格改革一样，随着技术进步和管理水平提高，越来越多的垄断行业内部都可以拆分出非垄断性业务，这方面的改革要引入新的厂商市场竞争，对有条件的公司则进行多元持股，形成现代公司制度，同时加强政府监管和社会监督，《反垄断法》也要基本适用于国有部门。

探索和建立有效的国有资产管理体制和建立国有资本经营预算制度是国有经济改革的应有之义。要建立分级所有、分级管理的国有资产管理体制，中央政府和地方政府分别代表国家履行出资人职责，形成可以最终负责的出资人机构，如国有控股公司，这也有助于形成多元的投资主体；管人、管事、管资产要统一，把这些原本分散到不同部门的权力统一到国资部门；鼓励试点国有资产管理的具体形式，把改革的成功经验及时上升为理论和提升为法律，指导改革规范进行。建立一个有效的国有资产管理体制，目的还是要使国有企业成为符合市场经济要求的主体，在所有者制度建设上解决政企不分、所有者缺位和内部人控制的问题。

为了构建国有企业改革的良好外部环境，要加快健全社会保障体系，推进企业债务重组，剥离企业的社会负担，要形成独立于企业之外，资金来源多样化，保障制度规范化，管理服务社会化的社保体系。

国有企业改革任重而道远，重要原因就在于国有企业如何既坚持公有制的基本成分，又实现与市场经济相匹配的经营机制，这需要大量的实验和摸索。经过多年改革努力，国有企业改革在股份制和公司制改革以及国有经济布局调整上取得了显著进步。不过，由于改革会触动一些部门利益，国有企业的公司制以及国有资本运营方式转为管资本为主，都会面临一些阻力。比如在中央企业，公司制改革进展仍不快，重要原因就是不转制对主管部门有较大利益，转制后以管资本为主，利益就少了，国有企业改革需要打破一些既定利益格局。

此外，垄断行业的国有企业改革仍是一个问题，进展缓慢。这些行业是国有经济布局调整后国有企业的集中所在地，国有企业的机制转换仍显滞后，特别是在形成多元化投资主体和公司治理结构上。进入 21 世纪以来，混合所有制作为基本经济制度的重要实现形式，为改革注入了新的动力。实现投资主体多元化是大多数国有企业建立现代企业制度的基本前提之一，发展混合所有制则是实现投资主体多元化的主要方式。我在 2004 年的《理论参考》第 2 期上发表的《深化国企改革，发展混合所有制》一文中指出，混合所有制是对国有大中型企业实行规范的公司制改革的重要方式。到了 2013 年党的十八届三中全会，混合所有制更是被提到前所未有的高度。积极发展混合所有制经济，关键是允许非国有资本参股国有资本投资项目，从而促进各种资本优势互补、共同发展。发展混合所有制经济重要的就是要深化垄断行业改革。自然垄断行业、自然垄断业务要由国有资本控股，这是没问题的。但是随着技术进步，非自然垄断环节越来越多，它们属于竞争性业务，除了网络型自然垄断环节以外，其他应该都是竞争性的，这样的业务会越来越多，应该放开。至于怎么放开，通过混合所有制是个最好的办法。因此，垄断行业是今后一段时间内积极发展混合所有制经济的着重点。我在不同场合也一直宣传这一点，例如，2014 年 7 月接受《中国经济报告》记者采访时就指出，国有企业除极少数外应弃"独"求"混"，国有企业改革的根本出路是股份化和混合所有制化。原有的竞争性行业国有企业基本都搞了股份制，投资主体多元化已经做到了，现在困难的和关键的就是垄断行业，这些行业还是搞国有独资，而且以自然垄断为名，实际却是行政垄断，最明显就是比如说"三桶油"，石油进口很长一段时间它们都垄断、炼油它们垄断、零售它们也垄断，实际这些业务完全是竞争性业务。所以，发展混合所有制经济为垄断行业的竞争性业务放开提供了一个平台，也打开了一个通道。

胡家勇、陈健：转变政府职能，实行与社会主义市场经济要求相一致的政府改革也是改革的重要领域。张老师，您较早呼吁转变政府职能，并与转变经济发展方式联系起来，产生了实际影响，请您介绍一下这方面的理论和政策主张。

张卓元：社会主义市场经济体制要求市场来配置资源，党的十八届三中全会更是提出市场在资源配置中起决定性作用。我国社会主义市场经济体制是从原来的计划经济转型过来的，政府之手在计划经济中几乎无所不在，要让市场起决定性作用，政府转换职能就是基本前提。同时社会主义市场经济也不是放任自流的经济，政府在宏观调控、市场监管以及日益重视的收入分配调节上都起着重要作用，这也是政府职能转换的目标。政府改革总的来讲就是要解决以往政府职能中的越位和缺位问题，管住对市场经济过多的行政干预之手，伸出对市场监督和实现社会发展目标的干预之手。

中国社会主义市场经济是通过放开政府的管制，包括放开价格而逐步发展的，实质是通过政府职能的转变而实现的。从价格改革来看，一般商品的价格改革较为顺利，但生产要素以及资源品的价格改革相对滞后，土地、劳动力、环境和资金等价格存在着一定程度的扭曲，原因何在？在于这些领域的价格政府仍未放开，深化生产要素和资源产品的市场化价格改革，有赖于放松和消除行政管理价格的做法，因此，价格改革的背后是政府改革。同样，对于国有企业改革，对于调整国有经济战略布局，也应该从政府职能转变和公共政策角度来思考。而深化国有企业改革和打破行业垄断，有赖于政企分开和政资分开；深化国有资产管理体制改革，有赖于政资分开和政事分开，国有企业改革尤其是进展较为滞后的垄断行业国有企业改革，背后仍是政府改革。再有，建设现代化的统一开放的市场体系，有赖于打破地方政府的市场封锁和分割；建立公共财政体系，逐步实现基本公共服务均等化，有赖于强化政府社会管理和公共服务职能，加快服务型政府建设；完善现代金融体系，有赖于政府的有效监管和调节；要更好地发挥市场在资源配置中的决定性作用，有赖于政府不再充当资源配置的主角，加强和改善宏观调控，实施适当的宏观经济政策；对于较为突出的分配问题的解决，抑制收入差距扩大的趋势以及化解各类民生难题，有赖于政府的公共服务职能的加强。所以，要建成完善的社会主义市场经济体制，政府改革是关键。党的十八届三中全会提出市场的决定性作用，主要就是政府对资源配置的干预仍然过多，限制了市场的作用。目前，政府参与资源配置的方式，一是土地控制，二是通过行政垄断来限制竞争，三是信贷干预，四是对生产要素和重要资源品进行价格管制，五是干预微观企业经济活动等。

2005 年党的十六届五中全会关于"加快行政管理体制改革，是全面深化改革和提高对外开放水平的关键"的判断，是完全正确的，至今仍有重要现实意义。

转变政府职能的核心在于政府和市场的界限要分清，凡市场能有效做好的就交由市场去做。政府要真正实现政企分开、政资分开、政事分开、政府与中介组织分开，从全能型政府向公共服务型政府转变，政府应主要做好宏观经济调控、市场监管、社会管理、公共服务和环境保护，特别是致力于创造并维护一个良好的市场环境。我在 2001 年出版的《论中国所有制改革》一书中指出，随着市场经济的形成，政府原则上应在克服外部性，解决信息不对称，平衡宏观经济，增进社会整体福利上起作用，在保留强化以上相关职能基础上，把其他职能转让给市场及企业自主行使。

我对经济发展方式转变的思考深化了我对政府职能转变的思考。我国的经济发展方式长期以来呈现出粗放发展的特点，技术进步的贡献不够，资源消耗和环境破坏却比较严重。我从工经所回到经济研究所后，研究的视角从价格改革和国有企业改革日益转向对经济体制改革的整体思索，如何转变经济发展方式也成为我思考的一个主要内容。我认为，我国产业结构不够协调，技术创新能力不强，企业组织结构落后，经济效益低，城乡和地区经济布局不均衡等急需改变，这实际上也是转变经济发展方式的要求。2005年出台的"十一五"规划明确提出了必须加快转变经济增长方式，并把这作为"十一五"时期最突出的任务。转变经济增长方式的前提是要进行政府改革，我国经济发展方式没有根本性改变的主要原因是政府改革和政府职能转变没有到位，政府仍然充当许多地方经济活动和资源配置的主角，而这与地方政府通过粗放扩张追求GDP增速的政绩考核方式有关，也与以增值税为主的财税体制有关。政府改革就是要把资源配置主导权交给市场，改革审批经济和干部考核体制，完善财税体制，建立财权与事权匹配的政府间财政关系并改进转移支付，这样政府就有更多精力为居民提供基本公共服务。

政府改革涉及中央和地方政府职能怎样转换的问题。目前看来，中央政府在转换职能，减少审批方面应该说还是做得比较有力度的，取消和下放了大量行政审批等事项。相对而言，地方政府的干预仍然过多，改变软预算约束和依赖土地财政以及借了钱不准备还等方面做得还不够好，以致产能过剩、地方债务急剧增长等问题很难解决。地方政府改革涉及地方官员利益的调整，需要改革的顶层设计，需要中央全面深化改革委员会强有力的推动。

胡家勇、陈健：张老师，从价格改革到国有企业改革，再到政府改革，您在每个时期都抓住了当时改革的关键，并提出了有针对性的主张。改革开放已有40周年，回顾这些改革，您能否谈谈对改革方式的看法以及结合您的主张对改革做出一个总体性的评价？

张卓元：我的经济研究是从价值规律开始的，强调价值规律的作用是对传统计划经济思维的突破，事后来看，价值规律研究与市场经济研究其实就是一步之遥，前者是后者的雏形。得益于在价值规律问题上的思考，我在改革开放伊始就成为市场化改革的坚定拥护者，无论改革是叫商品经济，还是后来叫的市场经济。改革是有起伏波折的，但认识一旦形成又是坚定的，正是孙冶方的"三不改"对我的影响，我在价值规律问题研究上形成的信仰，实际就是对社会主义市场经济的信仰，使我在改革遇到曲折和争议的时候，都坚定不移地主张市场化改革方向，并总是以市场化取得的成效来评价改革的成效。

20世纪80年代中期，中国的市场化改革就面临着一些波折。在当时思想界，有的人认为经过一轮价格和企业改革，市场因素的作用已经够多了，再改革下去恐怕市场因素带来的不稳定会带来失控的局面；而持市场化改革思想倾向的人则认为改革步伐还是滞后，希望能够大刀阔斧推进改革一步到位。这些思潮发生的背景是有计划商品经济已经提出，原有的旧体制开始消融，但新体制尚未确立，在价格改革单兵突进的情况下，社会经济面临着通货膨胀的考验，改革面临着稳定和深入的取舍。在这样的背景下，1987年，中国社会科学院受国家体改委委托成立课题组，由刘国光和我主持，包括戴园晨、沈立人、陈东琪等，研究国家经济体制中期（1988~1995年）改革纲要，提出了"稳中求进"的改革和发展思路，即以深化改革促进经济稳定，在经济稳定中推进改革和发展，这份纲要收录在1988年出版的《中国改革大思路》中。稳定经济在当时主要就是治理通货膨胀，并解决国民经济发展比例失调现象。我们不赞成价格改革一步到位，不赞成在通货膨胀下大力推进价格改革。稳定经济是中短期目标，在此期间，改革走小步，以稳为主，使改革获得较为宽松环境；此后改革走大步，以进为主，使改革实现深化。回过头看，"稳中求进"的改革思路较好地处理了改革与稳定之间的关系，为改革的深入推进和保持国民经济较快稳定增长提供了比较可行的方案。我们这几个人后来因此被称为"稳健改革派"。1994年我提出，6%左右最高不超过10%的物价上涨率和9%左右的经济增长率，可能是中国经济发展的较佳结合点。1978~2007年，中国年平均经济增长率为9.8%，CPI年均上涨率为5.7%，可见我所提的结合点还是较为符合实际的。经济进入新常态后，"稳中求进"也是中央布置改革和发展的总基调。可见，"稳中求进"是较长时期内切合中国实际的政策取向。

正是基于长期研究和对市场经济的认识，1991年我参加中央组织的11次座谈会时，与他人一道坚定地提出改革的方向是社会主义经济的市场化，是建立社会主义市场经济体制。当时苏联解体，社会主义事业陷入低潮，一些同志对改革开放是否会导致走向资本主义是有疑虑的，而在市场化改革方向上逐步取得共识，对于中国的改革开放大业是十分重要的。

市场经济是竞争性经济，这需要在坚持公有制为主体的前提下，发展多种所有制经济。一些同志出于传统的计划经济思维，对非国有经济的地位和作用存在疑虑。我多次谈到非国有经济的作用，国有经济与非国有经济一道形成混合经济格局，各自在擅长领域发挥作用。我们要站在这种高度认识非公有制经济。为此，需要解决对非公有制经济的一些歧视性规定，消除诸多行业和领域阻碍和制约民营经济发展的各种隐性壁垒。

市场经济需要更好地发挥政府作用，市场在资源配置中起决定性作用并不意味着不重视政府的作用，而是要明确政府职能，更好发挥政府作用，使"看不见的手"和"看得见的手"有机结合起来。

目前改革已进入深水区，一些重要改革困难重重，其中一个重要原因是既得利益。20世纪80年代的改革差不多是所有人都能受益，现在不同了，改革会触动好多人的利益，特别是国有企业垄断部门和地方政府官员的利益，垄断国有企业改革和政府改革都容易遭到利益相关者的抵触。渐进式改革有时也容易形成既得利益群体。一些原来积极参与改革的群体，当有了既得利益并变成改革对象的时候，就容易转化为改革的阻力。新时期的改革，应避免使市场经济蜕变为"坏的"市场经济。对于这点，党的十八大后的反腐起到了很明显的成效。80年代的改革，虽然当时的争议比较大，分歧也很多，但邓小平和主要领导都是支持改革的，高层下定改革的决心，形成共识，使改革得到推进。当前，无论是生产要素和资源品的价格改革，还是国有企业和垄断部门的改革以及政府改革，都是难度很大的改革，改革的顶层设计就更显得重要。如果没有顶层的推动，改革将无法顺利推进。因此，中央应加强对改革的领导和推动，防范改革方案和进程受到一些部门、地区的左右。顶层推进，需要把一切有效的改革经验和做法及时上升为法律，以便更好地指导改革，推进改革，逐步把改革和发展纳入法治轨道，使社会主义市场经济法治化。

2018年，我在《中国经济四十年市场化改革的回顾》一文中，对经济体制改革做了总体性回顾。正是坚持了市场化改革，才使中国经济迅速起飞。

在改革初期，在社会经济活动中引入市场机制，尊重价值规律的作用；在深化改革阶段，改革的核心问题是要处理好政府与市场的关系，使市场在资源配置中起决定性作用。2017 年，党的十九大宣告中国经济进入高质量发展的新时代，建立现代化经济体系成为改革的目标，这将指引中国市场化改革进一步深化，推动经济提质增效和向现代化的目标迈进。

胡家勇、陈健：中国的改革开放是一个马克思主义中国化的过程，张老师，您对马克思主义在改革过程中的指导作用和构建中国特色社会主义政治经济学有什么看法？

张卓元：马克思主义是中国特色社会主义政治经济学的理论源泉，早年我的学习与研究过程就是伴随着研读《资本论》的。马克思主义是世界观和方法论，坚持马克思主义，是坚持马克思主义的基本原理和方法，用它们分析现实问题，而不是搞教条主义和本本主义。20 世纪 60 年代，我研究价值规律，阐述了价值理论的"恩格斯之谜"，对当时流行的计划经济忽视价值规律的做法提出了不同意见，这是我对坚持马克思主义的本质就是坚持马克思主义分析问题方法的一个体会。正是坚持了马克思主义的基本原理，我得出了价值规律也是社会主义市场经济的基本规律的结论。这充分说明了马克思主义基本原理的适用性，对于中国特色社会主义和改革开放事业的指导作用。

马克思主义不是教条，马克思主义是随着时代发展的。我印象很深的一件事是李铁映同志担任中国社会科学院院长时我参加的几次讨论会。当时一些人认为，马克思的劳动价值论需要发展，把服务劳动纳入创造价值的范围，我对此也是赞成的。在新的历史条件下要深化对劳动和劳动价值论的认识。还有，像公有制经济和非公有制经济的关系、非公有制经济的作用，我们都要用切合实际的发展的观点加以认识。马克思主义的立场、观点、方法是最重要的，守着马恩经典著作的所有原话不放，有些问题就可能说不清楚。中国经济新常态的理论表述，难道不是马克思主义？难道不是马克思主义的中国化？五大发展理念、供给侧结构性改革，都是中国特色社会主义政治经济学的新发展，都是马克思主义。实事求是的原则一定要坚持。

中国特色社会主义是马克思主义中国化的理论产物。中国经济建设之所以能取得如此大的成就，重要原因之一是有正确的理论指引，有一系列不断发展的马克思主义中国化的理论成果的指引，特别是中国特色社会主义经济理论的指引。这其中，社会主义市场经济论是当代马克思主义政治经济学中国化的最重要的成果。我认为，社会主义与市场经济论相结合是中国特色社会主义政治经济学的主线。2008年12月7日我在《光明日报》发表的一篇长文，题目就叫《社会主义市场经济论：中国改革开放的主要理论支柱》，指出："我国在社会主义条件下发展市场经济，是前无古人的伟大创举，也是一项全新的课题。在成功实践的基础上概括出来的社会主义市场经济论，是中国共产党人和马克思主义经济学家关于科学社会主义的重大理论创新，也是对经济科学的划时代贡献。"发展中国特色社会主义经济，就是发展社会主义市场经济，社会主义市场经济论自然在中国特色社会主义政治经济学中处于最重要的位置。

中国特色社会主义政治经济学和社会主义市场经济论的内涵是随着改革的深化而不断发展的，从市场在资源配置中起基础性作用，到市场在资源配置中起决定性作用，就反映了这一点。社会主义市场经济论的一大难点是公有制和市场经济能否结合。依靠改革开放的实践推动，我们找到了股份制、混合所有制等公有制的新的有效实现形式，为公有制和市场经济的结合摸索了新的实现途径。与实践紧密结合，对这些新的实践形态进行总结和提炼，是中国特色社会主义政治经济学成为一门不断发展和丰富中的科学的重要基础。

胡家勇、陈健：孙冶方经济科学奖在中国经济学界享有崇高的地位，您是孙冶方经济科学基金会的主要发起人之一，并长期担任秘书长，请您谈谈孙冶方经济科学奖的一些情况。

张卓元：孙冶方经济科学基金会是为了纪念我国卓越的马克思主义经济学家孙冶方对社会主义经济科学的重大贡献，鼓励和推出新人，繁荣我国经济事业，由党和国家的一些领导人和经济学家发起，于1983年6月成立的。由孙冶方经济科学基金会主办的孙冶方经济科学奖是我国公认的经济学界最高荣誉，也是受大家关注的经济学奖项。评奖活动从1984年首次开展，每两年举办一届，以奖励对经济科学做出杰出理论贡献的经济学家。迄今为止，已评了十八届，在社会上和学界产生了广泛和深远的影响。孙冶方经济科学奖评奖委员均为我国资深经济学家。30多年来，孙冶方经济科学基金会本着孙冶方同志生前追求真理、严谨治学的精神，公平、公正地评选，推出了一批又一批经济学界新人，为繁荣我国经济科学事业做出了积极的贡献。

胡家勇、陈健：张老师，感谢您接受我们的访谈，我们受益匪浅。祝您健康长寿！

参考文献

［1］房汉庭：《稳健改革派：中国社会科学院学部委员、著名经济学家张卓元评传》，经济管理出版社 2013 年版。

［2］国家经济体制改革委员会综合规划司：《中国改革大思路》，沈阳出版社 1998 年版。

［3］何建章、张卓元：《试论社会主义经济中的生产价格》，黑龙江人民出版社 1981 年版。

［4］江泽民：《江泽民与社会主义市场经济体制的提出———社会主义市场经济 20 年回顾》，中央文献出版社 2012 年版。

［5］孙冶方：《社会主义经济论稿》，人民出版社 1985 年版。

［6］孙尚清、张卓元、陈吉元：《试评我国经济学界三十年来关于商品、价值问题的讨论》，《经济研究》1979 年第 10 期。

［7］孙尚清、陈吉元、张耳：《社会主义经济的计划性和市场性相结合的几个理论问题》，《经济研究》1979 年第 5 期。

［8］孙尚清、陈吉元、张卓元：《我国社会主义经济的计划性与市场性的关系》，吉林人民出版社 1980 年版。

［9］孙尚清、张卓元、冒天启：《孙冶方的社会主义经济理论体系研究》，经济日报出版社 1987 年版。

［10］孙冶方：《孙冶方文集》，知识产权出版社 2018 年版。

［11］于光远：《关于社会主义制度下商品生产问题的讨论》，《经济研究》1959 年第 7 期。

［12］张卓元：《对"价值是生产费用对效用的关系"的初步探讨》，《光明日报》1962 年 11 月 26 日。

［13］张玲：《试论社会主义经济中的生产价格》，《经济研究》1964 年第 5 期。

［14］张卓元：《社会主义经济中的价值、价格、成本和利润》，中国社会科学出版社 1983 年版。

［15］张卓元：《论价格体制从直接管理向间接管理转变》，《财贸经济》1986 年第

7 期。

　　［16］张卓元：《社会主义价格理论与价格改革》，中国社会科学出版社 1987 年版。

　　［17］张卓元：《论我国社会主义有计划的商品经济模式》，江苏人民出版社 1988 年版。

　　［18］张卓元：《中国价格模式转换的理论与实践》，中国社会科学出版社 1990 年版。

　　［19］张卓元、王绍飞：《社会主义流通经济研究》，中国社会科学出版社 1992 年版。

　　［20］张卓元：《建立和健全市场价格体制》，《经济学家》1992 年第 3 期。

　　［21］张卓元：《发展市场体系，深化价格改革》，《中国工业经济》1994 年第 7 期。

　　［22］张卓元：《货币供应增长率应控制在比 GNP 增长率高一倍以内》，《中国工业经济》1994 年第 5 期。

　　［23］张卓元：《以深化改革推动经济稳步进入新常态》，《经济纵横》2015 年第 10 期。

　　［24］张卓元：《论中国价格改革与物价问题》，经济管理出版社 1995 年版。

　　［25］张卓元：《新价格模式的建立与市场发育的关系》，经济管理出版社 1996 年版。

　　［26］张卓元：《国有经济的准确定位》，《财经界》1997 年第 12 期。

　　［27］张卓元：《国有企业的公司制改革和资产重组》，《中国社会科学院研究生院学报》1998 年第 2 期。

　　［28］张卓元：《论争与发展：中国经济理论 50 年》，云南人民出版社 1999 年。

　　［29］张卓元：《所有制结构的重大调整和公有制实现形式的大胆探索——近二十年中国所有制改革的回顾与展望》，《社会科学辑刊》1999 年第 1 期。

　　［30］张卓元：《国有企业改革——二十一世纪初中国经济改革的主题》，《新视野》1999 年第 4 期。

　　［31］张卓元：《中国的国有企业改革与公共政策变迁》，《财贸经济》1999 年第 2 期。

　　［32］张卓元、路遥：《以调整经济结构为主线促进经济发展》，《当代财经》2000 年第 10 期。

　　［33］张卓元、胡家勇、刘学敏：《论中国所有制改革》，江苏人民出版社 2001 年版。

　　［34］张卓元：《新世纪国企改革面临的六大问题及深化改革设想》，《经济学动态》2001 年第 6 期。

　　［35］张卓元、路遥：《价格改革面临的新问题与深化改革》，《中国物资流通》2001 年第 12 期。

　　［36］张卓元、路遥：《积极推进国有企业改革》，《财经论丛》2003 年第 1 期。

［37］张卓元：《深化国企改革，发展混合所有制》，《理论参考》2004 年第 2 期。

［38］张卓元：《资源产品价格要反映稀缺程度》，《中国经贸导刊》2005 年第 22 期。

［39］张卓元：《深化改革，推进粗放型经济增长方式转变》，《经济研究》2005 年第 11 期。

［40］张卓元：《深化政府改革是转变经济增长方式的关键》，《经济纵横》2006 年第 9 期。

［41］张卓元：《中国经济学 30 年（1978—2008）》，中国社会科学出版社 2008 年版。

［42］张卓元：《社会主义市场经济论：中国改革开放的主要理论支柱》，《光明日报》2008 年 12 月 7 日。

［43］张卓元：《中国经济学 60 年（1949—2009）》，中国社会科学出版社 2009 年版。

［44］张卓元：《政府改革是关键》，《中国改革》2012 年第 11 期。

［45］张卓元：《改革需要顶层设计　更需要顶层推动》，《理论学习》2012 年第 11 期。

［46］张卓元：《当前经济改革重点是政府改革》，《中国证券报》2014 年 4 月 15 日。

［47］张卓元：《混合所有制经济是什么样的经济》，《求是》2014 年第 8 期。

［48］张卓元：《积极发展混合所有制经济　促进各种资本优势互补共同发展》，《经济理论与经济管理》2014 年第 12 期。

［49］张卓元：《划清政府和市场的边界》，《上海证券报》2017 年 7 月 8 日。

［50］张卓元：《经济转型与改革攻坚》，中国人民大学出版社 2017 年版。

［51］张卓元：《中国经济四十年市场化改革的回顾》，《经济与管理研究》2018 年第 3 期。

忆《经济研究》办刊初期二三事[*]

一、关于《经济研究》的创办

　　《经济研究》是 1955 年夏创刊的。创办《经济研究》是中国经济学界的一件大事，因为在此之前，全国还没有一个经济学的学术期刊。当时经济学界讨论热烈的关于社会主义经济规律问题的文章，多发表在政论刊物《学习》上，包括最具代表性的王学文的关于中国存在五种主要经济规律的文章和苏星批评王学文观点的文章，都是在《学习》杂志上发表的。因此，经济学家都感到迫切需要有一个经济学园地可以发表文章，讨论实际问题和理论问题。第一个五年计划全面推进，对农业、手工业和资本主义工商业的社会主义改造正在紧锣密鼓地进行着，有一大批现实经济问题需要经济学家研究和贡献智慧。

　　据我所知，发起创办《经济研究》杂志的，主要是中宣部科学处及处长于光远同志。于光远是当时很有名的经济学家，他常在《学习》杂志上发表经济学方面的文章。那个时候，我们常看见他带着科学处的杨士英和郑必坚同志到经济研究所，与经济研究所的狄超白所长商议创办刊物事宜。我之所以知道这些，源于于光远的豪爽性格，他喜欢同年轻人交往聊天，到经济研究所谈完工作上的事情后，只要有时间，就会到我们政治经济学组办公室跟大家聊天。记得一个星期天，他突然坐车来到我们经济研究所办公室与我们聊天，我们政治经济学组的年轻人多数尚未成家，星期天也在办公室看书，于光远大概知道这一点，所以不打招呼就来了。他学识渊博，擅长天南海北

---

　　* 《经济学家茶座》2019 年第 1 期。

地聊天，有时也把筹办《经济研究》的事情告诉我们。

为了筹办《经济研究》，组织上专门把时任东北统计局副局长的林里夫同志调到经济研究所，让他任《经济研究》常务编委，实为主编。当时任常务编委的除林里夫外，还有狄超白和王寅生。王寅生时任中国财经出版社社长，且为党外民主人士，因此是挂名的。狄超白是所长，不会专管杂志。林里夫同志是20世纪20年代入党的老党员，对《资本论》很有研究，算是当时党内有名的理论家，让他担任《经济研究》常务编委完全够格。与此同时，还从上海调来原在《经济周报》工作的陈世昌、汤国钧等到编辑部工作，我也被告之参加编辑工作。由于领导得力，筹办工作进展顺利，几个月后创刊号就出来了。张问敏同志是创刊后不久调来的，调来工作时还不到20岁。我认为，创办《经济研究》主要应归功于于光远、狄超白和林里夫三位同志。《经济研究》已创办了60多年，我们不应该忘记当年创办者的功劳。

二、关于再生产、经济核算、经济效果问题的讨论

1958年以来，人民公社化和"大跃进"带来国民经济大灾难，连我们这些在北京工作的人都吃不饱饭、吃不上肉。记得当时于光远常说要好好从理论上总结"大跃进"的惨痛教训。那时候，我们都听说，于光远和孙冶方常到我们编辑部下面二楼的大会议室，与时任中财委秘书（相当于现在的中财办主任）的薛暮桥一起开会，讨论为总结三年经济困难教训应研究哪些问题。不久即确定要分别研究和讨论社会主义再生产、经济核算和经济效果问题，后来人们通称"三大问题讨论"。他们先在二楼会议室内部讨论，请有关部门负责人和党内经济学家参加；然后再由经济研究所和《经济研究》出面，请经济工作者和经济学家参加。我记得，经常参加研讨会的有中国人民大学的宋涛、苏星等同志，北京大学的陈岱孙、樊弘等教授。会后《经济研究》都会发一篇会议报道。我写过一些，用的笔名都是"金理"。会议报道等发出后，会带动全国有关杂志和学界积极参与讨论这些重大问题，从而显示当时《经济研究》对经济学研究和讨论的引领作用。

关于社会主义再生产问题的讨论，主要是研究"大跃进"中以钢为纲造

成国民经济比例严重失调的问题。农业减产、粮食减产是其中最突出和最严重的问题。农业减产也影响了轻工业生产，影响了轻工业产品的市场供应。总之是农业、工业比重比例严重失调，从而造成灾难性后果。要重新协调国民经济比例关系，必须从大力恢复和发展农业生产入手。记得当时还讨论过制定国民经济计划要不要留有余地的问题，多数经济学家主张今后制订国民经济计划，必须留有余地，不能满打满算。

关于经济核算和经济效果问题，主要是针对"大跃进"时期不计工本，要算政治账不要算经济账的错误思想和做法，提出必须严格经济核算，讲究经济效果，包括投资效果，减少浪费和损失。孙冶方对严格经济核算很感兴趣，提出不仅要重视劳动消耗的核算，还应注重资金占用的核算。为此，还引发了关于利润问题的讨论。时任财政部财政科学研究所副所长的沈经农同志大胆提出利润是企业经济核算的中心指标。孙冶方则在利润问题报告中进一步提出，利润的多少是反映企业技术水平和经营管理好坏的最综合的指标。社会平均资金利润率是每个企业必须达到的水平，超过平均资金利润率水平的就是先进企业，达不到这一水平的就是落后企业。

社会主义再生产、经济核算、经济效果三大问题的讨论可以说抓到了"大跃进"错误的要害，对于探索中国社会主义建设道路和理论是很有价值的。

三、骆耕漠替我作检查

骆耕漠是我最尊敬的领导和师长。1958年初他从国家计委调到经济研究所，任《经济研究》主编。孙冶方对他很尊重，他们的关系很融洽。骆耕漠是中国科学院学部委员，是马克思主义经济学方面的著名学者。《经济研究》创刊号第一篇文章也是专门约他撰写的。

1958年，农村人民公社化运动兴起。他于当年秋带着我到河南省修武县调查人民公社制度。修武县是当时全国唯一的一县一社的所谓先进典型。调查回来后，由于受到当时"左"的思潮的影响，我写了一篇文章，题目是《关于人民公社向全民所有制过渡问题的探讨》，发表在1958年的《经济研究》第 11 期上。我在文章中提出国家插手"支配公社的积累和统一社员的收入水平"的主张，认为"国家迟插手不如早插手更为主动些，因为等到贫社和富社在经济上的差距扩大了以后……就会积重难返"，难以过渡。文章发表后不久，随着开始纠正太过头的错误，哲学社会科学部领导在一次干部会上，点名批评了我的这篇文章和"趁穷过渡"观点。骆耕漠当即把我的错误包揽下来，说是他指导不当的错误。这件事我当时并不知晓，是过了一段时间后才知道的。对此，我心存感激几十年，对骆耕漠的为人敬佩不已。骆耕漠热心帮助他人是很有名的。后来，我们从干校回来不久，顾准肺癌发作，想到协和医院看病，骆耕漠拄着拐杖一步步走到协和医院找人帮忙，顾准才得以住进协和医院接受治疗。

在中国社会科学院经济研究所建所 90 周年国际研讨会上的发言*

　　我很高兴参加今天庆贺经济研究所 90 华诞的大会。刚才高所长让我代表所里的同志来答谢，我可能代表不了，我只能讲我自己。

　　我从 1954 年大学毕业分配到经济研究所工作，至今 65 年。这中间，只是 1983～1995 年有 12 年我在财贸所和工经所工作，其余 53 年都是在经济研究所工作。除去"文化大革命"10 年工作停摆以外，其余时间都是在做研究和编辑工作。当然，2015 年退休以后因年老力衰只能做很少的事情。总之，经济研究所是我一辈子成长发展的最主要的园地和殿堂。

　　我在过去写自己的治学心得时说过，我几十年来之所以能够做出一些微不足道的成果，有四个因素：一是对经济学研究有兴趣，二是还算勤奋，三是碰上了新中国成立后特别是改革开放社会经济大变革的好时代，四是能够在经济研究所这个科学殿堂从事我很有兴趣的经济研究工作。这当中，在经济研究所工作非常重要。回忆走过的几十年，我一直认为自己是很幸运的。我到经济研究所以后，先后碰上孙冶方、骆耕漠、于光远、薛暮桥、徐雪寒等前辈，有机会常常接受他们的言传身教，获益良多。特别是孙冶方一系列标新立异的观点和强调理论联系实际的学风，使我终身受益。经济研究所作为国内最重要的研究经济学的科学殿堂，其一贯的良好的研究氛围和学风，给我们每一个成员提供了很好的成长机会。20 世纪五六十年代和改革开放初期，经济研究所曾经在一定程度上主导着全国的经济学研究。我印象最深的是，1959 年关于社会主义商品生产和价值规律问题的讨论，1962～1964 年关于社会主义再生产和经济核算、经济效果问题的讨论，改革开放初期关于价值规律和计划与市场关系问题的讨论等。这些讨论中最具有代表性的文章可

　　* 《经济学动态》2019 年第 6 期。

以说绝大多数都发表在《经济研究》杂志上，1979年《经济研究》的发行量达到了16万份，可见当时经济研究所的社会影响是多么重大。在这个过程中，我个人也学习到很多知识，眼界大开，开始写研讨会报道，也试写了一些参与研讨的论文。所以，我要在这个隆重的庆贺会议上感恩经济研究所给予我们顶尖的研究环境，感恩经济研究所这个大家庭和这个大家庭中数以百计的同事和朋友的帮助和鼓励，这也是我这次发言所要表达的最重要的想法。

经济研究所不仅为我们的研究和编辑等工作提供了非常好的条件，而且在我们离退休后还给予周到的照顾和帮助。所以，我们这些年纪大的老同志，对院、所一直以来的关心和照顾，非常感激，并致衷心的感谢！

最后讲一点希望。这几年，经济研究所正在努力振兴，我们感到非常高兴！希望所里的研究人员特别是年轻的研究人员，立足本职工作，潜心研究，甘于坐冷板凳，打好基础，认真思考，很好概括中国经济伟大变革中十分丰富的实践经验，寻找其内在的规律性，做出高质量的成果，带出一批有高深学术造诣的人才，奉献社会，奉献国家的社会主义现代化建设事业，奉献光辉灿烂的经济科学！

我的发言到此结束，谢谢大家！

向调查研究和实践经验求索智慧[*]

一

　　1954年秋我大学毕业后进入中国科学院（现中国社会科学院）经济研究所从事研究工作，头几年受斯大林《苏联社会主义经济问题》和苏联《政治经济学教科书》等洋教条的影响，研究工作没有什么进展。1957年底孙冶方到经济研究所担任所长后，强调理论要联系实际，对现行的社会主义经济管理体制和方法要敢于提出标新立异的观点。他到任后抓的第一件事，是向中央打报告要求经济研究所实行双重领导，即既由中国科学院领导，又由国家计委领导，由国家计委出题目让研究人员做实际问题研究。从此，经济研究所开启了大兴调查研究之风。

　　在这一背景下，我在1961年和1962年两次到浙江省调查，第一次是跟随时任国家计委副主任薛暮桥到杭嘉湖地区调查农业生产、农民收入、农产品成本问题；第二次是跟随原国家物价局副局长张翼飞到杭州调查农产品成本和价格问题。这两次调查，使我对中国农村实际有了初步的了解。调查回来后，写了两篇文章，一篇叫《关于农产品成本调查和计算的若干方法问题的探讨》，发表在1961年的《经济研究》第8期上；另一篇叫《关于农产品成本计算方法的几个问题》，发表在1962年6月11日的《光明日报》上。显然，没有这两次浙江调查，是写不出来这两篇文章的。还有，1961年秋，我还跟随经济研究所邝日安副所长到上海调查企业经济核算问题，回来后在1961年的《经济研究》第11期上发表了《关于社会主义经济核算的几个问

　　[*]《浙江日报》2022年7月18日。

题的探讨》一文。

现在回过头来看，我觉得自己是比较幸运的，大学毕业不久，30 岁之前，大体上就能不再只从马克思主义经典著作中寻章摘句、抠概念、搞规律排队等，而是转从实际出发，找问题、找经济活动的内在联系，提对策建议。这主要是因为受孙冶方理论的影响，并且自此以后，我一直在继承和发扬孙冶方的精神、思想和理论，他是我经济学研究的"领路人"。而激发我学习经济学浓厚兴趣的是苏联经济学家列昂惕夫的《政治经济学》，书中对资本主义经济的分析让我入了迷。当时我正在读高三，高考时我报了清华大学、中山大学和广东商学院的经济系，而后被清华大学社会学系和中山大学经济系同时录取，我放弃了清华大学，选择了后者。

二

改革开放后，理论与实践的互动更加明显、突出。1983 年，我调任中国社会科学院财贸经济研究所所长，直到 1993 年的十年间，我的研究重点是较为熟悉的中国价格改革问题。我同价格研究室的同事一起，到北京市和外地调研，参加国家物价局和中国价格学会（现中国价格协会）组织的有关如何推进价格改革的研讨活动。大家知道，中国的经济改革是摸着石头过河，当时无论是实际工作者还是理论工作者，都从实际出发，提出自认为最优的改革方案，希望得到党和政府的采纳。20 世纪 80 年代初，中国价格学会很活跃，在会长（先后是国家物价局两任局长刘卓甫和成致平）的组织领导下，几乎每年都举行一次年会，物价部门实际工作者和理论工作者上百人参加，主要讨论价格改革如何推进的问题。由于大家都在理论联系实际进行探索，常发生意见争论，真正呈现出百家争鸣的局面。我和财贸经济研究所价格室同事都是参会的积极分子，常提供论文和作大会发言。财贸经济研究所价格室主任王振之是学会秘书长，之前供职于全国物价委员会，价格室有几位研究人员也是从物价部门调来的，这使我们同物价部门有较密切的联系，便于了解许多实际情况，使我们写的论著和改革与政策建议具有较强的现实针对性，受到有关方面重视，产生了一定的社会影响。当时我们提出的意见和主张，主要有以下几点：

第一，强调价格改革的重要性，从理论上阐述价格改革是经济改革成败的关键；第二，坚持市场取向改革，主张价格改革的目标模式是建立市场价格体制，要通过改革行政定价管理体制为市场定价体制，促进价格关系的合理化；第三，价格改革要逐步推进，不能一步到位，先是调整价格，一旦有机会就放开价格，然后逐步同国际市场价格挂钩；第四，在价格改革过程中，仍需坚持稳定物价或基本稳定物价的方针，为此必须反对通货膨胀，在出现中位及以上通货膨胀时，要先治理通货膨胀，为价格改革迈步创造条件；第五，工业生产资料价格实行双轨制是中国渐进式改革的必然现象，双轨价差过大主要是经济过热和通货膨胀造成的，一旦双轨价差缩小至 1 倍以内，就要不失时机地变双轨制为市场单轨制。

中国经济改革和价格改革的实践证明，以上这些主张和政策建议是站得住的，既不保守，也不过激。由我主编、价格室同事共同撰写的《中国价格模式转换的理论与实践》一书[①]荣获中国价格学会主办的 1998 年首届"薛暮桥价格研究奖"著作奖和中国社会科学院 1977～1991 年优秀科研成果奖，也佐证了这一点。

三

1993～2013 年，即我 60～80 岁，有幸参加了十多次中央文件的起草工作，每次都在半年以上，最长的一次是参加党的十六大报告的起草，前后历时一年多。参加中央文件的起草工作，对于像我这样的理论工作者来说，是非常难得的接触实际、了解中国国情，了解党中央如何作出战略决策、确定发展改革大局的学习机会。我的许多研究成果和论著都是在这 20 年间产生的。

2001 年秋，我上玉泉山参加党的十六大报告的起草工作。在经济体制改革方面，提出坚持和完善基本经济制度，必须坚持"两个毫不动摇"，即

---

① 中国社会出版社 1990 年版。

"必须毫不动摇地巩固和发展公有制经济""必须毫不动摇地鼓励、支持和引导非公有制经济发展"。提出"两个毫不动摇",也是经过认真总结浙江省等一些地区公有制经济和非公有制经济互相促进、共同发展的宝贵经验而作出的。《党的十六大报告学习辅导百问》指出,"这几年像浙江、江苏、广东等省非公有制经济发展很快,给国有企业带来了好的市场竞争环境,并为国有企业改革创造了有利条件,推动了国有经济的改革和发展……"

2005年春天起,我参加党的十六届五中全会文件的起草工作。一进玉泉山上我居住的房间,办公桌上已摆好十多本十六开本的资料。记得当时最吸引我的是国家发改委关于经济情况的介绍,其中特别提到,进入21世纪后,随着我国经济连年两位数的高速增长,资源和环境的瓶颈制约越来越突出。与此同时,资源利用效率不高,高消耗还带来高排放高污染。正是根据上述令人不安的情况,党的十六届五中全会关于制定"十一五"规划建议提出,必须加快转变经济增长方式,建设资源节约型和环境友好型社会。

早在1995年,中央就提出了要从粗放型增长方式向集约型增长方式转变的任务,但是,此后十年,这一任务未能很好落实,原因主要在于政府改革、财税改革、价格改革等不到位。从价格改革来看,则主要是许多重要资源如水、能源、矿石等价格均由政府控制,长期偏低,还有是高排放造成的环境污染不收费不治理。从21世纪开始,中国价格改革的重点已转向资源和资源品价格的市场化改革,改变长期价格偏低的扭曲状态。而在价格形成的理论方面,过去我们一直认为价格是在市场交换中形成的,但价格形成没有很好考虑资源的稀缺程度和环境损害成本。针对这种情况,党的十六届五中全会通过的《中共中央关于制定国民经济和社会发展第十一个五年规划的建议》提出,"建立反映市场供求状况和资源稀缺程度的价格形成机制"。两年后的2007年,党的十七大报告进一步提出,"完善反映市场供求关系、资源稀缺程度、环境损害成本的生产要素和资源价格形成机制"。这生动证明了正是中国经济改革和发展的实践,推动着价格形成理论的深化和发展。